옥쟁이 예수

개정판

개정판

욕쟁이 예수

박총

미처 보지 못한 예수의 25가지 민낯

비아
토르
viator

10대, 20대, 30대, 40대, 50대

1980년대, 1990년대, 2000년대, 2010년대, 2020년대

5번의 10년을 길벗해 준 情人

순영 씨에게

*

순영 씨, 난 저녁에 순영 씨라고 부르는 게 좋더라.

그러게, 낮엔 '여보' 하더니 지금은 왜 이름을 불러요?

이름은 원래 저녁에 부르는 거예요.

응? 뭔 소리요?

이름 명名 자가 저녁 석夕과 입 구口 자로 이뤄졌잖아요.

먼 옛날엔 캄캄한 저녁이 오면 서로를 알아보려고 이름을 불렀대요.

지금이야 등불이 환해서 그럴 필요가 없지만 사람은 어둠 속에

이름이 불리던 시절을 무의식에 간직하고 있어요.

그래서 저녁에 부르는 이름이

더 마음에 와 닿는 거예요.

순영 씨…

차례

절판을 꿈꾸며

———

개정판 서문

《욕쟁이 예수》가 단행본의 몸을 입고 첫선을 뵌 지 12년이 지났다. 그 기간에 15쇄까지 나오며 한국 교회의 스테디셀러라는 평가를 받았다. 허다한 독자에게 이 책을 써 줘서 얼마나 감사한지 모른다며 과분한 인사도 받았다. 이번에 비아토르로 적을 옮겨서 개정판을 낸다. 《욕쟁이 예수》의 원고가 처음 잡지에 실린 시절을 포함하면 20년 가까운 세월이 흘렀다. 그럼에도 꾸준히 읽히는 것은 본서가 시대의 흐름을 넘어서는 통찰을 지녔기 때문이라고 믿고 싶다. 그런 까닭에 초판 원고를 크게 건들지 않았다. 문장을 다듬고, 옛 된 사례를 최근 것으로 바꾸고, 필요한 내용을 추가했다.

《나와 너》로 유명한 마르틴 부버Martin Buber는 말했다. 종교처럼 신의 얼굴을 멋지게 가리는 것은 없다고. 가리기만 한 게 아니다. 우리는 예수를 '소비'하기 좋게 길들였다. 《욕쟁이 예수》는 그런 우리에게 예수의 맨얼굴을 정직하게 직면하자고 도전한다. 엄밀히 말하면 예수의 민낯이란 없다. 예수의 모든 얼굴은 다 해석되고 재구성된 얼굴이다. 다만 내 입맛에 맞는 모습만이 아니라 나를 불편하게 하는 그분의 모습도 껴안자는 것이다. 이제껏 믿어 온 예수는 잠시 내려 두라. 에크하르트Meister Eckhart는 "나는 하나님을 만나기 위해 하나님을 버리게 해 달라고 기도한다"라고 했다. 그동안 알던 예수를 버리는 용기가 나와 여러분에게 있기를. 그분 눈동자를 고스란히 응시하는 은총이 우리 모두에게 있기를.

노파심에 덧붙이자면, 이 책에서 제시한 예수를 닮되 먼저 자신이 되어야 한다. 스팅Sting의 노랫말처럼 "그들이 뭐라 하든 자신이 되어라Be yourself no matter what they say". 자신을 수용하지 못한 채 예수를 닮으려는 자는 예수도 못 닮고 자신도 못 된다. 예수가 단지 십자가에 못 박히려 이 땅에 온 걸로 생각하지 말라. 누구보다 자기답고자 이 땅에 오셨다.

비아토르에서 개정판 제안을 받은 지 몇 해가 지났다. 개정판을 내기 전에 초판을 18쇄까지 찍고 싶었다. 명색이 '욕쟁이' 예수 아닌가. 아쉽게도 15쇄에 그쳤지만 말이다. 개정판은 18쇄를 찍으면 좋겠다. 근데 이 책이 18쇄를 찍을 만큼 오래 읽힌다는 것은 본서의 메시지가 계속 유효하다는 뜻이고, 달리 말하면 교회가 달라지지 않을 거란 뜻이 아닌가. 오, 노노. 차라리 《욕쟁이 예수》가 필요 없는 책이 되면 좋겠다. 부디 가까운 미래에 한국 교회가 새로워져서 "욕쟁이 예수? 다 뻔한 얘기야. 안 읽어도 돼"

절판을 꿈꾸며

라고 말할 수 있는 날이, 그래서 이 책을 기쁘게 절판할 날이 속히 오면 좋겠다.

2022년 5월
도봉구 쌍문동 전태일길에서
저자

길들여지지 않은 예수

반쪽짜리 예수를 넘어서서

서문을 쓰고자 자판에 손을 얹으니 전작《밀월일기》를 냈던 기억이 새삼스럽다. 데뷔작을 살뜰한 애정담으로 채우고는 후속 작을 제목부터 드센《욕쟁이 예수》로 택했으니 그 부조화가 지킬 박사와 하이드 씨 같다. 내가 이런 순서로 책을 낸 것은 한국 교회에 로맨스와 혁명을 겸비한 영성이 절실하기 때문이다. 성경은 연인과 투사의 모습을 아우르는 인간상을 제시한다. 하나님의 마음에 꼭 드는 사람이란 상찬을 받은 다윗도 전사-시인 warrior-poet이었다. 그는 성전 건축이 불가할 정도로 손에 피가 흥건한 용사이면서 동시에 수천 년이 지난 지금도 애송되는 시편을 쓴 전설적인 시인이었다.

전사-연인이신 예수

예수야말로 투사-연인fighter-lover의 전형을 보여 준다. 사마리아 여인과 간음한 여인에게는 세상 부드러우면서도 바리새인의 위선에는 서슬 퍼런 독설을 퍼부었다. 당시 귀찮은 존재로 여겨진 아이들을 다감하게 안아 주면서도 성전에선 강도의 소굴이 된 상을 둘러엎는 등 깽판을 놓았다. 친구 나사로의 죽음에 눈물을 뚝뚝 흘릴 만큼 속정이 깊으면서도 기존 체제에는 열혈 폭력단원인 바라바보다 더 위험한 인물이었다.

이뿐이 아니다. 예수는 한데 모두세우기 힘든 두 패를 한 품에 끌어안았다. 사역은 거룩하고 유흥은 속되다고 보는 우리와 달리 세상 죄를 다 지고 가면서도 먹보와 술꾼이라 불릴 만큼 인생을 즐겼다. 기념비적인 첫 이적을 다른 데도 아니고 파티를 계속하도록 베풀 정도였으니 말이다. 흔히 지구적으로 생각하고 지역적으로 행동하라think globally, act locally고 하지만 큰 구호와 실제 생활이 별개인 우리와 달리 십자가에선 우주를 품고 죽었지만 사역에서는 철저히 마을 단위에 집중했다. 먹고 사느라 주의 일에 소홀했다며 죄책감을 갖는 우리와 달리 공생애 사역의 열 배가 넘는 세월을 가난한 육체노동자 집안의 장남으로 가족의 생계를 책임졌다. 이렇듯 예수는 언뜻 모순된 면모를 한 몸에 성취함으로써 우리가 닮아야 할 하나님이 어떠한 분인지 보여 주었다.

반쪽짜리 예수

예수님이 양쪽을 넘나든 분이라는 사실은 은혜로운 예수와 같이 그분의 단면에만 천착하는 우리를 불편하게 한다. 새 애인을 두고 주위의 평가가 극단적으로 갈리면 어느 모습이 진짜일까 번민하듯이 우리는 두 얼굴의 예수 사이에서 곤혹스러워한다. 토머스 머튼Thomas Merton의 말대로 "기독교 신앙은 확신과 평안의 원리 이전에 의문과 갈등의 원리"이지만 인간의 본성은 모순과 긴장에서 벗어나 확신에 거하고 싶어 한다. 교회는 버거운 예수의 모습은 폐기하고 친숙한 예수의 손을 들어 줌으로 혼돈과 갈등에서 벗어나며, 이 반쪽짜리 예수는 정통이란 이름으로 굳어진다.

이제 반쪽 예수는 뺄 수 없을 정도로 신앙의 속살에 깊숙이 박혔고, 이것은 우리네 삶에서 '제2의 원죄'와 같은 가장 심각한 문제이다. 실제 삶의 자리에서 우리를 추동하는 것은 성경 공부나 제자훈련보다는 예수님 하면 탁 떠오르는 이미지와 이야기이다. 서사 신학narrative theology을 들먹이지 않더라도 생활과 인격을 빚는 것은 교리가 아니라 이야기, 이미지, 상징, 메타포, 상상력 같은 것이다. 따라서 우리가 닮기를 그토록 사모하는 역할 모델로서의 예수님이 한쪽으로 고착된 한, 아무리 성경을 많이 읽고 훈련을 오래 받아도 내게 맞갖은 예수의 얼굴만 주야장천 우러르는 법이다.

무너짐 속에서

한국 교회가 무너진다. 이는 일부의 조바심어린 우려가 아니라 우리가 날마다 경험하는 현실이다. '개독'과 '먹사'만큼 국민의 지탄거리, 네티즌의 악플거리, 술자리의 안주거리로 선호

되는 것이 있던가. 실제로 개신교인의 수는 날로 줄어든다. 기독基督('그리스도'의 음역)이 개독으로 왜곡된 것은 우리가 먼저 기독을 왜곡했기 때문이다. 입체적인 예수를 단면적 존재로 박제하고, 무지개색 예수를 무채색으로 탈색했다. 생명의 떡이신 분을 제 입맛에 맞는 부분만 떼서 편식해 왔다. 그렇게 한 번 받아들인 예수를 죽는 날까지 참된 예수라고 받드는 외곬의 태도는 한국 교회를 좀먹는 가장 고약한 벌레이다.

자신의 입맛을 위해 왜곡된 예수는 얼마든지 자신의 이해를 위해서도 왜곡된다. 평생 시골 교회 집사였던 권정생 선생은《우리들의 하느님》에서 이렇게 탄식했다. "기독교 2천 년 역사 가운데서 예수님은 많이도 시달려 왔다. 한때는 십자군 군대의 앞장에 서서 전쟁과 학살에 이용당하기도 하고, 천국 가는 입장료를 어마어마하게 받아 내는 그야말로 뚜쟁이 노릇도 했고, 대한민국 기독교 백년사에서는 반공 이데올로기의 선봉장이 되어 무찌르자 오랑캐를 외쳤고, 더러는 땅투기꾼에게 더러는 출세주의자들에게, 얼마나 이용당하며 시달려 왔던가." 바로 이러한 '예수 학대' 내지 '예수 착취' 때문에 사람들이 교회라고 하면 고개를 절레절레 흔드는 게 아닌가.

이들이라면 사랑하리라
이제 예수의 '반모습'이 아닌 '온모습'을 재발견하여 좁아터진 보수 신앙의 지평을 확장하지 않는다면 우리에게 미래가 없을 거라는 절박감으로 이 책을 펴낸다. 예수가 보여 줬듯 언뜻 상극으로 보이나 필히 반려伴侶해야 할 두 얼굴을 한 아름에 품지 않는다면 양식 있는 사람이 다 교회를 떠나고 말 거라는 절박감으로 이 서문을 쓴다.

혹이나 평안이나 축복의 약속을 기대한다면 이 책을 내려놓으라. 이 책은 번민과 갈등을 선사할 것이다. 좀 미안한 말이지만 목회자에게 예쁨받기를 바란다면 이 책을 덮어 버리라. 이 책은 화평이 아니라 검을 주러 왔다. 한국 교회를 향한 장밋빛 벽지 같은 희망과 비전을 기대한다면 이 책을 남 줘 버리라. 이 책은 한국 교회가 얼마나 외통수인지 충분히 절망하게 만든 다음에야 희망의 좁은 길을 제시할 것이다.

하지만 교회의 편협함과 완고함에 숨쉬기가 고통스러운 이라면 이 책을 사랑할 것이다. 복음 안에 든든히 뿌리박으면서도 자유로운 영적 보헤미안이 되게 해 줄 것이다. 삶과 신앙이 따로 논다는 죄책감에서 자유롭지 못한 이라면 이 책을 사랑할 것이다. 교회와 세상, 은혜와 자연, 영혼과 물질, 묵상과 일상, 예배와 사회참여의 이원론을 뛰어넘는 통전적 영성을 누리게 될 것이다. 기독교를 향한 비판이 안티기독교인의 악다구니가 아니라 교회의 책임임을 인정하는 이라면 이 책을 사랑할 것이다. 우리를 개독이라 욕하는 사람과 대화를 나눌 수 있는 '쿨'함과 신학적 수준을 갖게 될 것이다. 단군상 목을 따고 사찰만 보면 대적 기도를 올리는 교인을 부끄러워한 이라면 이 책을 사랑할 것이다. 오직 예수만이 구원의 길임을 단도리하면서도 불자와도 협력하는 그리스도인이 될 것이다. 무한 경쟁 사회에서 대조대안 공동체를 일구기보다 체제 순응적인 모습의 교회에 실망한 이라면 이 책을 사랑할 것이다. 세상이 정한 게임의 규칙을 거부하고 하나님 나라가 가리키는 삶의 방식을 꿈꿀 것이다. 목사나 선교사로 사는 것이 회사원으로 사는 것과 똑같이 거룩하다고 믿는 이라면 이 책을 사랑할 것이다. 내 일이 성직이요 내 일터가 성소임을 깨닫고 영성의 길이 '왕의 길 *via regia*'이 아닌 '노동의 길 *via laborosa*'임을 고백할 것이다.

이 모든 약속은 길들이지 않은 날 것 그대로의 예수를 재발견함으로 성취될 것이다. 이에 이 책은 우리가 미처 보지 못했거나 고의적으로 외면한 예수의 스물다섯 가지 얼굴을 보여 준다. 물론 이 책에서 소개한 예수가 본래 예수님의 모습이라고 장담할 수는 없다. 누구의 예수도 온전한 예수는 아니다. 다만 그분의 얼굴을 조금은 정직하게 대면하고자 하는 것이다.

홀로 돋은 싹이 더불어 숲이 되리라

산에
산에
피는 꽃은
저만치 혼자서 피어 있네

소월의 산유화가 저만치 혼자서 피듯 《욕쟁이 예수》는 교계 주류에서 저만치 떨어져 핀 책이다. 성도들의 신앙적 감상주의를 자극해서 베스트셀러가 되려는 흐름과는 선을 그었기에 많이 팔릴 만한 책은 아니다. 하지만 이 책의 모태가 된 글을 4년간 연재하면서 뜨거운 반응을 받았듯이 비주류인 본서에 호출당할 독자도 적지 않으리라 믿는다. 나만의 착각일지 모르나《욕쟁이 예수》에 감응하는 이가 늘어날수록 한국 교회가 변화될 희망도 성장할 거라 믿는다.

오, 주님. 이 책이 돋아 낼 새싹을 하나둘씩 모아 '더불어 숲'이 되게 하소서.

욕쟁이 예수 1

성내는 것이 하나님의 의를 이룬다

"야, 이 씨발 새끼야!"

예쁘장하니 생긴 여자애가 같은 반 친구로 보이는 남자애에게 욕을 한다. 초등학교 앞에서 거침없이 쌍욕을 해 대는 작은 사람들을 보고 깜짝 놀란다. 한국이 얼마나 욕설이 난무한 사회인지 새삼스럽다.

누구나 욕설은 불쾌하게 여긴다. 하지만 누군가가 조금만 입을 거칠게 놀려도 막 돼먹은 사람으로 재단하는 중산층 부르주아지 윤리는 내 마음을 더 불쾌하게 만든다. 그리스도인들은 욕 잘하는 친구가 없어서인지 아니면 입술로 죄짓지 말라는 경고를 자주 들어서인지, 욕설 한 마디로 상대를 판단하는 성향이 더 짙은 것 같다.

그리스도의 걸쭉한 입담

그런데 말이다. 예수님과 세례 요한이 욕을 했다는 사실은 입술로 덕을 세워야 한다고 배운 우리를 곤혹스럽게 한다. 그동안 교회는 성경 인물을 점잖은 양반으로 길들여 왔고, 도발적인 발언을 일삼거나 스캔들을 일으키는 자로 생각지 않았으니까. 예수님과 세례 요한이 입에 올린 "독사의 자식"(마 3:7; 12:34; 눅 3:7)은 날로 번역하면 '뱀 새끼'란 말이 되고 한국식으로 번안하면 '개새끼'가 아니겠는가(고대 근동에서 독사 새끼가 어미를 잡아먹었던 점에 착안한다면 '독사의 자식'을 '지 어미애비까지 잡아먹을 놈'이라는 저주로 볼 수도 있다). 십자가에서 죽은 어린양 예수와 여자에게서 난 사람 중에 가장 큰 자라 칭함을 받은 요한이 "야, 이 개새끼들아!"라고 하는 상황, 이게 접수가 되는가?

주님은 한술 더 떠서 손수 당신의 형상으로 지은 존재에게 마귀 새끼라고 퍼부어서(요 8:44) 입심에 관한 한 당신의 친척 형을 훌쩍 뛰어넘었다. 누구보다 주님을 닮고자 했던 바울도 주님의 걸쭉한 입담을 본받음에 거침이 없었다. 할례를 받아야 구원받는다고 주장하는 이들을 '개놈들'이라 부르기에 서슴지 않았으니 말이다(빌 3:2). 하지만 우리가 이들 3인방이 퍼부은 욕지거리를 문제로 보기는커녕 거룩하다고까지 느끼는 것은 이분들의 쌍시옷에 의문이 묻었기 때문이리라.

우리는 본래 하나님의 형상을 따라 노여워하는 자로 지어졌다. "매일 분노하시는 하나님"(시 7:11)처럼 우리도 매일 분노한다. 보통 분노와 함께 짝을 이루는 비웃음도 '이마고 데이*Imago Dei*'의 일부이다. 그분이 비웃으시는 분(시 2:4)이기에 우리도 풍자와 해학을 발휘할 수 있다. 그러나 '전적 타락'이란 교리대로 죄란 놈이 우리의 전인the whole being에 해를 끼치는 바람에 우리네 말과 행동, 생각과 감정까지 다 일그러졌다(노파심에 덧붙이자면—노파도 아니면서—전적 타락은 우리가 담지한 하나님의 형상이 깡그리 파괴됐다는 뜻이 아니라 이 지구별에 죄의 영향하에 놓이지 않은 구석이 한 군데도 없다는 뜻이다. 만약 죄가 하나님의 형상을 완전히 파괴했다고 믿으면 죄가 하나님의 능력과 신성보다 더 강하다고 고백하는 신성모독죄가 된다). 분노도 예외는 아니다. 타락 이후 우리는 "분을 내어도 죄를 짓지 말라"(엡 4:26)라는 말씀과는 달리 화를 내면서 죄를 범한다. 다른 한편으론—어쩌면 이것이 훨씬 더 심각한 문제인데—마땅히 화를 내야 할 일에 화를 내지 않게 되었다.

우리가 사는 세상은 성냄을 미성숙으로 치부하거나 나의 평화로운 오후를 깨뜨리는 적으로 간주한다. 심지어 정당한 분노마저도 거칠고 천박한 것으로 낙인찍는다. 오늘 당장 하루 벌어 하루 먹어야 하는 처지의 일용직, 혹은 비정규직 노동자들이 자신들의 생계를 내팽개치면서까지 거리로 나와 울분을 드러내는데도 그들의 분노에 담긴 절박감을 보지 못하고 그 안에 담긴 이 땅을 향한 하나님의 경고를 보지 못한다. 하나님의 경고를 받잡기는커녕 고작 퇴근길이 막힌다며 화를 내는 한없이 옹졸한 존재가 바로 우리다. 김수영 시인이 "어느 날 고궁을 나오면서"에서 탄식했듯 "왜 나는 (커다란 불의에는 침묵하면서) 조그만 일에만 분개하는가." 그런 우리의 근시야적인 반응이 이 땅에 불의가 무성하게 번식하게 해 준 숙주임은 주지의 사실이다.

분노, 거듭남의 증거

그리스도의 구속은 우리에게 분노할 수 있는 능력을 회복시키고, 다른 이의 분노에 연대하게 하는 것에 다름 아니다. 사실 분노하지 않는 사람은 진정한 그리스도인이 아닐지도 모른다. 여기서 "사람이 성내는 것이 하나님의 의를 이루지 못함이라"(약 1:20)를 떠올리는 분도 있겠지만 이 말씀을 자신의 인격에 적용해야지 불의에 대해 잠잠하라고 받으면 곤란하다. 구약의 선지자들은 사회구조적 불의에 맞서 불처럼 격노하고 차갑게 경고했다. 그들에게는 **성내는 것이 하나님의 의를 이루는 방편**이었다.

한국 교회는 평안과 축복의 메시지가 넘치지만 의분을 일으키는 말씀과 의분을 일으키는 찬양은 태부족이다. 안타까운 말이지만 교회 나와 예수 잘 믿을수록 불의에 불감증 환자가 되기 딱 좋다. '황홀경의 박사'라고 불린 14세기의 신비가 루이스브렉의 요한John of Ruysbroeck은 자신의 내적 평안과 영적 회복에만 집착하는 사람들을 두고 "스스로를 세상에서 가장 거룩한 사람이라고 믿지만 실은 살아 있는 모든 사람 중에 가장 사악하고 해로운 존재들"이라고 통렬하게 비판했다. 그에 의하면 이들의 영적인 열정은 '영적 정욕'에 불과하다.

분노하는 것은 함께 고통당한다는 뜻이다. 만약 그대가 고난당하는 이들과 함께 고난받기를 원하고, 그들 속에 계신 그리스도와 함께 고난받기를 원한다면 분노를 피해 갈 수 없다. 사람들은 신경 쓰기 싫고 피곤해지기 싫고 아프기 싫어서 세상을 외면한다. 하지만 분노를 회피하고 자신의 영혼에만 살뜰한 것은 그리스도와 함께 고난받기(롬 8:17)를 거부하는 것이다. 십자가의 요한John of the Cross이 말한 대로 "영혼이 사랑에 의하여 하나님과 더욱 합일된다면, 이웃을 위한 고난이 점점 더 성숙된다."

분노 없는 기도는 가짜이다

임금근로자 열 명 중 네 명이 비정규직이고, 세월호 진상 규명을 외치는 유가족들은 아직도 길바닥에 있고, 특수학교를 세우려면 장애아를 둔 게 죄라서 부모가 지역민들 앞에 무릎을 꿇어야 하는데도 화 한 번 안 내는 착한 사람들을 보면 나로선 이해하기 힘들다. 비정규직 같은 거야 능력 없는 루저loser나 잉여를 위한 자리이고, 내 자식은 바다에 빠져 죽을 일이 생기지 않을 테고, 우리 집에 장애인은 전에도 없고 앞으로도 없을 거라는 자신감으로 똘똘 뭉쳐서 그런가?

우리 곁에서 늘 보던 이웃들, 즉 동네에서 소박하게 가게를 운영하고 다세대 주택에서 바듯하게 사는 분들이 건설사의 이익만 위하는 무리한 재개발 추진으로 삶의 터전을 빼앗겼다. 그 힘없는 사람들이 어떻게든 살아 보겠다며 저항하다가 불에 타 죽은 지 1년이 다 되도록 시신이 냉동실에 방치되어도 남의 일 보듯 하는 사람들을 보면 납득이 가질 않는다. 철거 따윈 구질구질한 인생들이나 당하는 일이라서? 신도시 주민이고 뉴타운 입주 예정자인 나와는 상관없는 얘기라서?

대학 입시가 점점 돈 있는 집안에 유리하게 돌아가고 사교육이 부담스러운 저소득층을 절망시키는 교육 현실을 보면서도 안타까움 한 점 없이 그저 내 자식과 우리 교회 애들이 주의 능력을 힘입어 이 무한 입시 경쟁에서 승리하도록 100일 기도를 드리는 교인들을 하나님은 어떻게 보실까. "다녀오겠습니다." 아침에 이 말을 남기고 출근해서 저녁에 싸늘한 주검으로 돌아오는 노동자가 하루에 세 명이나 된다는 참담한 뉴스에는 사는 게 다 그렇지 하면서도, 운전대를 잡은 배우자의 '오늘도 무사히'를 구하는 성도를 하나님은 어떻게 보실까. 우리는 오랜 세월 분노가 빠진 기도를 드렸다. 하지만 의분과 절망이 없는 기도는 습관적인 종교 행위이지 진정한 의미의 기도가 아니다. 거대한 불의 앞에 희생당하는 약자들을 보며 분노의 눈물을 흘리고, 그럼에도 할 수 있는 게 하나도 없는 무기력한 자신에게 절망의 눈물을 흘릴 때에야 전능자이신 하나님만을 바라보는 참된 기도가 터져 나온다.

"나는 너희 제사가 역겹고 너희 제물은 구역질이 난다!"(사 1:13, 저자 사역) 정의는 나 몰라라 하고 종교 생활에만 열심인 이스라엘에게 하나님은 역정을 내셨다. 의분을 품어 마땅한 사안엔 심드렁하면서 비본질적인 욕 한마디에 펄쩍 뛰는 우리의 이중성을 두고도 똑같이 반응하시지 않을까. 미국의 기독교 지성인 토니 캄폴로Tony Campolo 교수가 한번은 집회에서 일부러 f로 시작하는 욕을 한 다음 청중이 발끈하자 미운 말 한마디에 그토록 흥분하는 분들이 하나님이 미워하는 사회악에는 왜 그리 잠잠하냐고 꼬집은 적이 있다. 미국이나 한국이나 이런 이중성은 언제 바뀔까.

욕 가르치는 아빠

영어권 국가에 '에프 워드F-word'라는 말이 있다. 우리나라의 '쌍시옷'이란 표현처럼 'fuck'이란 욕설을 완곡하게 표현한 것이다. 캐나다 학교에서 애들이 이 말을 쓰면 모두가 두려워하는 교장 선생님 방에 가야 한다. 우리 큰애가 4학년 때였던 것 같다. 캐나다 동네 도서관에서 인종차별racism, 난민refugee, 인권human rights, 생태ecology 등의 책을 빌려와 아이랑 함께 읽는데 하루는 책에 'IMF'가 나왔다. 당시 '신자유주의 시대의 신학' 논문을 읽고 IMF의 악행에 치를 떨던 나는 이 몹쓸 기관이 경제가 파탄 난 국가를 구제한다는 명분으로 어떻게 한 나라의 경제 구조를 제 맘대로 주물렀는지 그 만행을 아들에게 토해 냈다.

우리나라에서 비정규직이 급증한 것도, 러시아에서 빈부격차가 상상을 초월할 정도로 심해진 것도, 남아공에서 수돗물이 민영화가 되면서 수도 요금이 급증하자 가난한 사람들이 지하수를 마시고 집단으로 병에 걸린 것도 다 IMF의 작품이라고 일러 줬다. 그러고 나서 비판적 지식인들이 반농반진으로 하던 말, 즉 "IMF는 'International Monetary Fund'가 아니라 'International Mother Fucker'야"라고 선포해 버렸다. 교회 사역자로 은혜로운 말만 일삼던 아빠의 입에서 에프 워드가 나오자 아이의 눈이 동그래진다. 이어서 캐나다 싱어 송 라이터인 브루스 콕번Bruce Cockburn이 "IMF is dirty MF"라고 노래한 걸 들려준다. "여기서 MF는 mother fucker야!"라고 재차 에프 워드를 내뱉고는 한마디를 덧붙인다. "아들아, 나중에 커서 진짜 분노해야 할 때는 화를 내고, 진짜 욕을 해야 할 때는 욕을 하렴."

과격한 그리스도
이른바 폭력적인 행동이란 것도 그렇다. 교회에선 내부의

지오토 디 본도네(1266?~1337),
〈성전에서 환전상을 내어 쫓는 그리스도〉(1304~1306),
스크로베니 성당 프레스코 벽화, 200×185cm, 파도바.

만민의 기도하는 집을 강도의 소굴로 만드는 종교 권력에 맞선 예수. 실제로 이랬는지 알 길은 없지만, 다분히 폭력적인 모습이 되레 은혜롭다.

치부를 폭로해도 과격하게 표현하면 미성숙하다고 찍히지만, 예수님은 격노를 거침없이 온몸으로 표현하는 본을 친히 보이셨다. 성전 정화 사건 당시 주님은 가판대를 둘러엎고 짐승에게 채찍질을 해 댔는데 이를 슬로모션으로 하듯 점잖게 하셨을까? "잠깐만요, 지금부터 제가 동전을 쏟을 테니 조금만 비켜 주세요." 노노, 이런 식이 아니라 깜짝 놀랄 정도로 거칠게 하셨을 것이다. 예수님은 제사 드리러 오는 백성의 주머니를 털어먹고자 상인들과 결탁한 대제사장들의 '종교적 폭력'에 맞서 상을 둘러엎는 '폭력적 행동'으로 저항했다. 중세의 화가 지오토Giotto di Bondone는 이 장면의 예수님을 화폭에 옮기면서 주먹을 쥐고 환전상을 한 대 칠 것 같은 난폭한 모습으로 그려 냈다. 하지만 "주의 전을 사모하는 열심이 나를 삼"(요 2:17)켰던 경험이 없는 사람들은 이런 과격한 그리스도를 받아들이지 못하고, 교회에서도 그런 열정을 드러내는 이를 용납하지 못한다.

"만일 미친 사람이 자동차를 몰고 큰길로 나간다면 나는 목사라고 해서 그 차에 희생된 사람들의 장례나 치러 주고 그 가족들을 위로나 해 주는 것으로 만족해야겠는가? 만일 내가 그 자리에 있었다면 달려가는 자동차에 뛰어올라 그 미친 사람한테서 핸들을 뺏어 버려야 하지 않겠는가?" 존경하는 본회퍼Dietrich Bonhoeffer가 이런 말을 하며 히틀러 암살을 꾀한 것이나 독실한 기독교인 김구가 이봉창과 윤봉길을 통해 일본 제국주의에 폭탄을 던진 것도 같은 맥락에서 이해할 수 있다. 우리가 예수님의 성전 정화를 폭력이라 하지 않듯이 본회퍼를 암살자라 부르지 않고 독립투사를 테러리스트라 칭하지 않는다.

코다: 분노의 속살을 어루만지길

나는 예수님께 기대어 욕을 옹호하거나 폭력을 부추기려는 의도는 추호도 없다. 부디 누가 욕을 하거나 폭력적인 행동을 하거든 은혜가 안 된다며 정죄하는 대신 그 사람의 분노와 아픔을 읽었으면 한다. 욕을 거치지 않고서는 자신의 감정을 전할 방법을 찾지 못하는 이들이 얼마나 억울하고 원통한지 헤아렸으면 한다. 무엇보다 나와 여러분이 하나님 닮은 의분을 가진 사람이 되기를, 우리가 예수님 닮은 의분을 가진 공동체가 되었으면 한다.

욕쟁이 예수 2

하나님 앞에서 격하게 솔직하라

앞에서 예수님과 세례 요한, 바울의 욕을 살펴봤는데 입이 걸기론 예레미야도 만만치 않다. 예레미야는 하나님이 전하라는 말씀을 그대로 전했다가 백성에게 배척당하고 살해 위협까지 받았다. 그러자 눈물의 선지자라는 별명과 달리 하나님이 자기를 유혹하고 사기를 쳤다며 분노를 터뜨린다.

주님, 주님께서 나를 속이셨으므로 내가 주님께 속았습니다.
주님께서는 나보다 더 강하셔서 나를 이기셨으므로 내가
조롱거리가 되니 사람들이 날마다 나를 조롱합니다(렘 20:7,
새번역).

여기서 '속이다'에 해당하는 히브리어 '파타흐'는 유혹을 뜻하고, '강하여 이기다'로 옮긴 '하자크'는 강간을 뜻한다. 예레미야는 드센 남성인 하나님이 처녀인 자신을 유혹하여 성폭행했다고 고발한 것이다. 대부분의 성서 역본은 점잖게 번역했지만, 나의 지도교수였던 브라이언 왈시Brian Walsh의 제안대로 "I was fucked!", 즉 "나는 당신 땜에 좆 됐다"라고 옮기는 편이 더 적확하다.

하나님 땜에 좆 되다

예레미야가 하나님에게 입에 담기 심한 막말을 해 댔지만, 하나님은 당신의 이름을 욕되게 했다며 벌하지 않으셨다. 사실, 자살한다고 무조건 지옥행이 아니듯 하나님 앞에서 욕한다고 다 벼락을 맞지는 않는다. 하나님은 예레미야의 거친 입놀림보다는 거침없는 진솔함을 먼저 보셨다. 욕설의 기표記表, signifiant에만 발끈하는 우리와 달리 하나님은 정제되지 않은 기표를 쓸 만큼 절박한 기의記意, signifié를 읽을 줄 아는 분이다. 일례로 '갈멜산 대첩'에서 바알 선지자들을 일당 사백오십으로 무찌르고 기념비적인 승리를 거둔 엘리야가, 뒤이은 이세벨의 암살 위협과 꿈쩍도 않는 견고한 권력의 벽 앞에 차라리 자신을 죽여 달라는, 어찌 보면 상당히 고얀 말을 해도 하나님은 곧이곧대로 듣지 않고 엘리야의 속내평을 읽으셨다.

"God is good all the time. All the time God is good." 이 말에 '아멘'으로 화답하지만 살다 보면 주님이 야속할 때도 잦고 그분께 분노가 치밀어 올라 험한 말이 나올 때도 있다. 유치부 선생님은 하나님께 그러면 안 된다고 가르치겠지만, 둘 사이가 틀어지는 것은 관계가 인격적이라는 반증이다. 수학 공식처럼 원칙적이기만 하다면 그거야말로 기계적 관계가 아닐까? **하나님에게 실망이 클 때는 괜히 '쿨'한 척하지 말고 과격할 정도로 솔직해지라.** 대표 기도야 함께 고개 숙인 회중을 배려해야겠지만 골방에서도 세련되고 완곡한 표현을 구사할 이유는 뭔가. 주님 편에서는 경건이 뚝뚝 떨어지는 목소리로 "사랑과 은혜가 충만하신 하나님 아버지"와 같은 틀에 박힌 관용어구로 여는 기도보다는, 예수 믿고 나서도 여전히 입이 걸걸한 자녀가 "아 주님, 씨발 이게 뭡니까!"라고 덤벼드는 기도가 더 반갑지 않을까? 물론 우리는 "어떠한 더러운 말도 나오지 아니하게 하고 오직 덕을 세우는 데 필요한 좋은 것만을 말하여 듣는 자들에게 은혜를 끼치게 하라"(엡 4:29, 저자 사역)라는 권면을 새겨야 한다. 하지만 하나님에게까지 말로 은혜를 끼치려 들 필요는 없다. '날 것 그대로의 심령'이야말로 주께서 반기는 것이다.

막말 열전: 다윗과 욥

내가 다윗의 시편을 애송함은 그의 꾸밈없는 속내의 발산 때문이다. 정신과 의사라면 조울증 환자로 진단할 만큼 하나님 앞에서 울다가 때론 야웨를 원망하다가 나중에는 기뻐하며 찬양하는 지독히 감정적이고 지극히 인간적인 그의 모습을 아낀다. 다윗은 원수를 저주함에도 제 감정에 충실하기 그지없었는데 그의 저주 시편은 섬뜩할 정도이다.

그의 자녀들이 고아가 되게 하시며, 그의 아내는 과부가 되게 하소서. 그의 자녀들은 음식을 구걸하는 거지들이 되게 하시고, 폐허가 된 그들의 집에서 쫓겨나게 하소서. 빚쟁이가 그의 가진 모든 것을 빼앗게 하시고, 낯선 자들이 그의 수고의 열매들을 약탈하게 하소서. 그에게 동정을 베푸는 자가 한 사람도 없게 하시고, 고아가 된 그의 자녀들을 불쌍히 여기는 자도 없게 하소서. 그의 자손들이 끊어지게 하시고, 다음 세대에 그들의 이름을 완전히 지워 주소서(시 109:9-13, 쉬운성경).

다윗이 이런 저주를 퍼부었음에도 하나님은 그를 "내 마음에 맞는 사람"(행 13:22)이라고 부르셨다. 아니 어쩌면 이토록 무서울 정도로 솔직한 기도를 올렸고, 그럴 수 있을 만큼 주님과 가까웠기에 내 맘에 쏙 드는 사람이란 상찬을 받은 게 아닐까? 다윗의 저주 시편을 물려받은 히브리인들 역시 바벨론 포로기에 끔찍한 복수의 노래를 불렀다.

멸망할 딸 바벨론아, 네가 우리에게 행한 대로 네게 갚는 자가 복이 있으리로다. 네 어린 것들을 바위에 메어치는 자는 복이 있으리로다(시 137:8-9).

우리 맘 한쪽에는 악담을 하려면 혼잣말로 하지 하나님 앞에서 어떻게 이런 노래를 부를 수 있느냐는 의문이 남을 것이다. 하지만 나치 독일 치하에 순교한 디트리히 본회퍼는 저주 시편에 드러난 감정을 이해함에 어려움이 없었다. 다윗의 저주는 나치 통치에 저항하는 독일 신앙인의 심정을 고스란히 담아내기 때문이었다. 내 여자 선배 중 한 명은 어릴 적 친척 아저씨에게 성추행을 당했다. 그땐 무슨 일을 겪었는지도 몰랐다가 커서 성추행임을 알았고 나중엔 친언니들도 같은 봉변을 당했음을 듣게 됐다. 끓어오르는 증오를 삭이며 그리스도인답게 그 사람을 용서하게 해 달라고 거듭 간구했지만, 나중엔 자신의 감정에 진실하지 않았음을 깨닫고 날선 분노를 주님께 털어놓았다. 그러고 나서 다윗처럼 원수 갚는 일을 주께 맡기면서도 '하나님 안에서' 그 사람을 저주하고 나니 심령이 자유로워졌다고 한다.

솔직하기로는 욥도 빠지지 않는다. 대개 욥기로 설교를 하면 달랑 1, 2장만 갖고선 "끝까지 순전함을 지키며 입술로 죄를 짓지 않은" 욥을 본받자며 결론을 맺지만, 몇 장만 뒤로 넘기면 정말 다른 욥을 보게 된다(그렇지 않았다면 지금처럼 욥을 좋아하지 않았을 것이다. 그게 신앙봇이지 인간이냐). 자기가 태어난 날을 저주하는 걸로 시작한 욥은 자신에게 회개를 촉구하는 친구들을 거짓말쟁이요 돌팔이 의사라며 공격한다. 핏발 선 목울대를 하늘로 향해 든 욥은 하나님에게 고작 사람 수준밖에 안 되느냐(10:4-5), 겉으론 사랑해 주면서도 속으론 늘 자신을 해치려 드는 표리부동한 존재가 아니냐(10:13)고 힐난하기까지 한다. 구어체를 살린 번역으로 욥기를 읽다 보면 주님에게 이런 말까지 할 수 있다니 간이 부었구나 싶어 오금이 저린다.

욥이 자신을 의롭다 하고 하나님을 불의하다고 하자 엘리후는 분개한다. 그는 욥이 악인과 불의한 자들의 친구가 되어 하나님을 비방하고 다닌다며(34:8-9) 종교 심판을 가한다. 엘리후는 욥이 아직 정신을 못 차렸다며 죄를 인정할 때까지 고난을 더 받아야 한다는 독설까지 한다. "나는 욥이 끝까지 시험받기를 원하노니 이는 그 대답이 악인과 같음이라"(34:36). 욥처럼 불행해지기도 어려울 텐데 사람이 이렇게까지 잔인해질 수 있구나 싶다. 하나님은 "누구에게나 행한 대로 갚으시고 살아온 대로 대하신다"(34:11, 공동번역)는 자신의 '교리'에 집착한 엘리후는 교리 수호가 인간애보다 먼저였다.

이런 점에서 엘리후는 근본주의의 원형prototype이다. 근본주의자들은 평소 누구보다 좋은 사람으로 보인다. 그러다가 기성 교회에서 요구하는 점잖음의 외피를 벗고 '신 앞에 솔직히' 서려고 하는 이들, 기존 교리에 불편한 의문을 제기하고 교회의 전통을 문제 삼는 이들이 나타나면 긍휼과 관용 한 점 없는 실체를 드러낸다. 그들은 열이면 열 신앙과 교회를 지키려면 단호해야 한다며 자신의 호전성을 옹호한다. 하지만 그들은 하나님 말씀이 아니라 자신들이 신봉한 교리가 무너질까 겁먹고, 살아 계신 하나님이 아닌 자신들이 상정한 하나님이 와해될까 두려워한다. 그리고 두려움은 늘 그렇듯 모든 폭력의 모판이 된다.

하나님은 욥의 무지함을 나무라긴 했지만 엘리후와 달리 욥의 직설적인 감정 표출을 정죄하지 않으셨다. 도리어 욥의 친구들이 솔직하지 않다며 노하셨다. "여호와께서 욥에게 이렇게 말씀하신 뒤 데만 사람 엘리바스에게 말씀하셨다. '나는 너와 네 두 친구에게 분노를 참을 수 없다. 너희는 나에 대하여 이야기할 때 솔직하게 말하지 않았으나 내 종 욥은 얼마나 솔직하게 말하더냐? 그러니 이제 너희는 수소 일곱 마리와 숫양 일곱 마리를 끌고 욥에게 가서 너희들을 위하여 번제를 올려라. 그래서 내 종 욥이 너희를 위하여 빌면 내가 그의 기도를 들어줄 것이다. 이는 너희에게 벌을 내리지 않겠다는 말이다. 너희는 내 종 욥처럼 나에 대하여 솔직하게 말하지 않았다'"(42:7-8, 현대어성경). 하나님은 끝까지 경건한 체했던 욥의 친구들에게 욥과 같은 솔직함이 없다고 두 번이나 책망하심으로 '거친 정직함'이 '미끈한 경건함'보다 낫다는 것을 보여 주셨다.

혹자는 말한다. 범사에 감사하라는 명을 받은 우리는 고난에도 감사해야지, 광야의 이스라엘 백성들처럼 불평해서는 안 된다고 주장한다. 맞다. 감사는 내 상황과 기분이 어떠하든지 감사하라는 주님의 뜻에 순종하려는 의지적 결단이다. 하지만 의지적으로 감사한다는 것이 아무리 감사하려고 해도 안으로는 부글부글 끓고 있는데 입바른 소리로만 감사를 외치는 것은 아닐 것이다.

진심이 서리지 않은 감사 대신 '쑥떡처럼 말해도 찰떡처럼 알아들으시는 하나님'께 욥이나 다윗처럼 심령을 그대로 쏟아내는 것이 감사로 가는 지름길이 되지 않을까? 예레미야나 엘리야처럼 주의 존전에서 막말을 하고 원망을 늘어놔도 입술이 부정하다며 꾸중하는 대신 진솔한 토로를 환영하는 하나님을 경험한다면, 감사라고는 생각조차 할 수 없는 상황에 놓인다 해도 하나님의 너른 품만큼은 감사할 수 있을 것이다.

은혜라는 폭력

한 공동체의 성숙도는 은혜로운 모습 추구에 반비례한다. 내가 속한 단체나 교회가 '그리스도인다운' 모범생 이미지와 정답만을 허락하는 분위기인지, 아니면 은혜에 반하는 모습과 불편한 발언도 받아들이는지를 보면 얼마나 성숙한 공동체인지 가늠할 수 있다. 물론 꾸밈없음은 신중함과 짝을 이루지 못할 때에 여린 자매형제를 베는 칼날이 될 수도 있다. 하지만 모든 언행 심사가 거룩하기만 한 스테레오 타입을 벗어나지 않는 이른바 은혜 필터링이 강하게 작동하는 공동체라면 그곳은 이미 '은혜 파시즘'이 창궐한 상태이다.

사실 그동안 교회는 '있는 모습 그대로'보다 '되어야 하는 모습'을 지나치게 강조했다. 자아의 진정한 색깔true color을 드러내도록 격려하기보다는 받아들여질 만한 색깔—일종의 보호색이다—을 덧입는 위장술에 능숙해지게 했다. 이런 점에서 기독교가 해방의 기제가 아닌 일종의 억압 기제로 작용해 왔다는 비판을 우리는 달게 받아야 한다.

나는 교회의 획일성과 반문화주의에 대한 소심한 항의의 표시로 저항과 혁명의 상징인 밥 말리와 체 게바라 티셔츠를 자주 입는다. 교회에 갈 땐 까만색 목회자 셔츠에 하얀색 목회자 칼라(흔히 로만 칼라라 부르는)를 하지만, 평소엔 히피처럼 옷을 입어서 캐나다 시절엔 학교 친구들에게 크리스천 히피라는 말도 들었다. 강사 입장에서는, 미주 코스타 같은 큰 규모의 연합 집회는 문화적으로 관대한 분위기인데 개교회 수련회일수록 편협한 점이 흥미롭다. 암튼 자유로운 내 옷차림을 신선한 시도로 보는 사람도 있지만, 사역자의 '패션 문법'을 지키지 않는다며 혀를 차는 사람도 있다. 날 비난하는 이들을 아디아포라adiaphora(비본질적인 것)도 모른다며 비난하고 싶지는 않다. 다만 옷차림과 말투에서도 '박제된 은혜'를 바라는 버릇 때문에 '날것의 은혜'를 걷어차는 건 아닐까 안타깝다. 본질보다 문화적인 것에 더 예민하게 반응해서 젊은이들이 교회를 떠나게 하지 않을까 염려스럽다.

미국 보스턴 지역 연합 집회에 강사로 참여했다가 겪은 일이다. 첫날 미디어팀 자매가 불쑥 카메라를 갖다 대며 집회를 맞는 기대를 말해 달라고 한다. 내가 머뭇거리자 은혜를 기대하며 왔다는 식으로 말하라며 답변까지 제시한다. 당시 여러 일로 지친 나는 강의를 제외하곤 조용히 쉬고 싶었기에 "사실 은혜를 크게 기대하는 맘은 없는데…"라고 입을 뗐다. 이어서 그 연유를 설명하려던 찰나, 자매의 불쾌한 표정에 입이 턱 막혀 버렸다. 집회에서 받을 은혜를 사모해 온 자매의 심정을 모르는 바 아니고 또 동영상을 통해 참가자에게 은혜를 끼치려는 바람도 모르는 바 아니나, 왜 자신의 열정이 앞선다고 해서 다른 이에게도 같은 열정을 강요하는가? 왜 집회라면 빤히 나올 법한 정답을 요구하고 모범 답안이 나오지 않으면 불편해할까?

나는 그리스도인의 입에 발린 '은혜성 멘트'보다는 비그리스도인의 조악하지만 꾸밈없는 문장에 감동을 받는다. 앞에서 언급한 집회 전에 보스턴 지역 노숙인을 섬기는 흑인 활동가 그렉Greg을 만났다. 비기독교 단체 '브레드앤드잼Bread and Jams'에서 일하는 그렉은 헌신이나 희생 같은 말을 쉽게 내뱉는 우리와 달리 고상한 어휘를 쓰지 않았다. 자신은 생계와 같은 이기적 이유로 일한다며 겸연쩍게 웃었다. 그의 화장기 없는 대답에 나는 큰 은혜를 받았다. 그런 그렉의 모습은 빤한 대답을 바라던 수련회의 미디어팀 자매와 겹쳐지곤 했다.

코다

내가 '욕쟁이 예수'라는 자극적인 제목을 걸고 글을 쓴 것은 '욕 권하는 사회'를 꾀하거나 막말로 가득 찬 기도를 부추기려 함이 아니다. 다만 과거의 바리새인들이나 오늘날 통속적 윤리를 따르는 사람들처럼 욕 한마디로 사람을 싸잡아 도매금에 넘기는 대신 욕이 담고 있는 영적·사회적 함의를 톺아보자는 것이다. 바라기는 예수님이나 세례요한처럼 욕설을 내뱉을 정도로 강한 의분을 품었으면 하고, 골방에서는 예레미야처럼 하나님 앞에서 막말을 쓸 정도로 친밀함을 누렸으면 한다. 거기에 시험에 드는 사람도 분명 있겠지만, 그런 은혜롭지 못한 모습이 받아들여진다면 그것이야말로 한국 교회의 성숙을 보여 주는 지표가 될 것이다.

양다리 예수

'하나님의 뜻'은 위험하다

"내 삶을 향한 하나님의 뜻이 뭔지 모르겠어."

"나 너무 힘든데⋯교회를 옮기는 게 하나님 뜻일까?"

"그 사람이랑 결혼하는 게 하나님 뜻인 거 같아."

"쉽게 말하지 마. 그게 하나님 뜻이란 걸 어떻게 아냐?"

"무슨 하나님 뜻이 이랬다저랬다 하냐."

"지금 나한텐 하나님 뜻이란 말도 사치스러워."

그리스도인들의 대화를 녹음했다가 '하나님 뜻'이 들어간 문장만 골라내 본다. 예수 믿는 이들에게 가장 흔하고도 가장 어려운 질문은 단연 하나님의 뜻이지 싶다. 사실 그리스도인의 삶이란 하나님의 뜻으로 태어나 하나님의 뜻을 살다가 하나님의 뜻대로 죽는 것이 아닌가.

내 뜻과 하나님 뜻 사이에서

얼마 전 지인의 블로그에 올라온 사진 한 점을 소개해 본다. 하나님의 볼륨만 'on'에 놓고 나와 세상의 볼륨은 'off'하라는 발상이 발랄하다. 그래, 하나님의 뜻만 흥하고 내 생각과 세상의 소리는 쇠해야지. "퍼가요~♡"를 남기며 공유하려는데 몇 가지 문제가 맘에 걸린다.

먼저 하나님의 볼륨만 올린다는 것을 그분의 주권과 섭리에 복종하겠단 뜻으로 이해하면 다행이지만 내 생각을 완전히 폐기한다는 식으로 이해할까 우려된다. 주님 앞에서 내 생각 자체를 포기한다는 말이 일견 거룩해 보이지만, 그것이 옳은지, 심지어 가능한지 의문이다.

인격적인 존재끼리의 관계는, 한 인격체가 다른 인격체에게 전적으로 순종한다고 해도 녹음기처럼 아무 의지도 없이 한쪽 뜻을 일방적으로 재생하는 것이 아니다. 우리는 성경의 저자들이 하나님의 손에 들린 타이프라이터처럼 그분이 불러 주는 대로 받아 적은 것(이를 기계적 영감설이라고 한다)이 아님을 안다. 각 저자의 실제 경험과 수집한 자료를 비롯해 그들의 문화, 인종, 성, 교육, 직업, 기질, 계급 배경 등이 성령의 영감과 유기적으로 어우러져 '기록된 하나님의 말씀'이 탄생한 것이다. 우리가 성경을 찬찬히 읽어 보면 저자의 열등감, 부족한 인품, 직설적인 분노, 시대 인식의 한계, 심지어 정치적 입장까지 고스란히 드러남을 본다. 하나님은 그것을 '부정하다'거나 '인간적'이라며 차단하지 않고 그 모든 것을 말씀의 재료이자 통로가 되게 하셨다(이를 유기적 영감설이라고 한다).

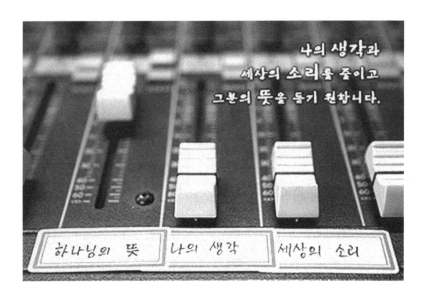

나의 생각과
세상의 소리를 줄이고
그분의 뜻을 듣기 원합니다.

하나님의 뜻   나의 생각   세상의 소리

하나님의 볼륨은 키우고 나와 세상의 볼륨은 꺼 두라는 발상이 재기 발랄하지만,
이는 건강하지도 않고 가능하지도 않다.

익숙한 예를 들어보자. 마태는 팔복을 소개하면서 "심령이 가난한 자"가 복이 있다(마 5:3)고 한 반면, 자신의 복음서 내내 가난한 이들에게 깊은 애착을 보인 누가는 그냥 "너희 가난한 자"가 복이 있다(눅 6:20)고 했다. 하나님은 두 저자의 볼륨을 끄는 대신 그들의 각기 다른 관심사를 사용하여 복음을 더 풍요롭게 하셨다. 바울의 편지에는 종종 그의 실망과 분노가 날 것 그대로 드러나서—그래도 성경 말씀인데 바울의 볼륨이 너무 큰 게 아닌가 싶을 정도로—읽다가 민망할 때도 있지만 그 덕분에 주의 교훈이 선명하게 돋을새겨진다. 바울은 로마서 13장에서 로마 정부를 하나님의 종으로 보고 순복하라고 한 반면에, 사도 요한은 계시록 13장에서 로마를 음녀로 표현하는데 여기엔 계급/신분 차이나 정치적 견해의 차이가 작용한 것으로 보인다. 혹자는 계급 운운하면 '좌파적 성서 읽기'라고 몰아붙이지만, 저자의 민족의식(요나서를 보라)이나 직업의식(누가복음에 쓰인 의학 용어를 보라) 등이 성경에 반영된다면 거기에 계급의식만 쏙 빼놓는 것은 분명한 모순이다. 이러한 일관성 없는 태도는 '사회정치적 성서 읽기'에 알레르기 반응을 보이는 친자본주의적 기독교의 거부감이다. 암튼 이러한 차이에도 불구하고, 아니 오히려 이런 차이 덕분에 나는 "모든 성경은 하나님의 감동으로 된 것"(딤후 3:16)임을 더욱 확신하게 되었다.

이러한 유기적 영감이 왜 중요한가 하면 하나님이 우리를 사용할 때도 똑같은 방식을 구사하시기 때문이다. 그분은 우리의 의지, 생각, 입장을 당신의 주권적인 뜻으로 '덮어씌우는overwrite' 분이 아니라 우리의 의지를 당신의 의지와 교감하게 하시고, 우리의 생각을 당신의 생각과 어울리게 하시며, 우리의 입장을 당신의 입장과 마주치게 하는 분이다. 그러므로 "내 욕망과 계획은 절대 포기 못 해!"와 같은 강퍅한 심령이 아니라면 '나의 생각' 볼륨을 올려서 '하나님의 뜻' 볼륨과 화음을 이루는 것이 성경적이지 않을까? 물론 '하나님의 뜻'보다 볼륨이 더 커지면 안 되겠지만 말이다.

다시 말하거니와, 하나님의 뜻을 찾는 작업은 노예가 주인의 입에서 떨어진 명령을 받듯이 하늘에서 떨어진 음성을 맹신적으로 받는 것이 아니다. 존 스토트John Stott의 책《변론자 그리스도》가 보여 주듯 하나님은 당신의 뜻을 일방적으로 강제하는 분이 아니다. 당신의 생각과 우리의 생각을 동등하게 놓고 시시비비를 밝히길 원하며(사 1:18), 이러한 과정을 거쳐 '주의 뜻'이 드러나기를 원하신다. 소돔의 의인을 악인과 함께 멸하는 처사가 부당하다는 아브라함의 이의를 경청하고 수용한 하나님, 니느웨와 박 넝쿨의 운명을 놓고 요나의 격렬한 반론에 조목조목 답변하는 하나님을 생각하면, 하나님의 뜻을 구하는 작업이란 "말씀하옵소서. 주의 종이 듣겠나이다"(삼상 3:10)라는 마음가짐을 전제하지만 동시에 문제 제기도 하고 필요하다면 항의를 하거나 논쟁도 벌이면서 그렇게 인격 대 인격의 만남으로 수행하는 것이 아닐까 싶다.

복음과 상황 사이에서

앞 사진의 두 번째 문제점은 '나의 생각'만 아니라 '세상의 소리'도 꺼 둔 것에 있다. 이를 세상 가치관에 휘둘리지 않고 하나님의 뜻만 받든다고 이해하면 다행이지만 자칫하면 우리가 속한 시대와 이웃을 염두에 두지 않은 신앙으로 이해할 위험이 있다. **신앙이라는 것은 세상이야 어찌 됐든 하나님만 죽어라 찾는 것이 아니다. 신앙은 불변하는 하나님의 '복음gospel'과 급변하는 우리의 '상황context' 사이에서 빚어지는 '긴장tension'을 살아 내는 예술이다.**

사도행전 13:36에 의하면 다윗이 하나님의 뜻을 구하되 자신의 시대를 향한 하나님의 뜻을 좇아 섬겼다고 했다. NIV는 다윗이 자신의 세대 속에서 하나님의 '목적'을 섬겼다David had served God's purpose in his own generation고 옮겼다. 내가 몸담은 시대와 지역을 고려하지 않고 사회적 진공 상태에서 발견한 하나님의 뜻은 대개가 공허한 종교적 레토릭일 수밖에 없다는 것이 내 생각이다. 단언하건대, 세상이 결여된 하나님의 뜻은 존재하지 않는다. 예수님이 2천 년 전 팔레스타인의 유대인으로 태어나 인류 역사 속으로 들어오신 사건을 묵상해 보면 왜 우리의 삶이 영원을 향하면서도 우리가 속한 시대에 충실해야 하는지 깨닫게 될 것이다. 주님은 자신을 누르는 중력하에 살았다. 하나님의 뜻도 우리를 누르는 중력하에서 온전히 드러난다.

릭 워렌Rick Warren의 《목적이 이끄는 삶》은 좋은 책이다. 청소년부 전도사 시절, 학생들과 영문판인 *The Purpose Driven Life*를 강독하면서 풍부하고도 강력한 성구 인용에 깊이 감탄했던 기억이 선하다. 다만 성경에 깊이 닻을 내린 그 책에 우리 시대를 통찰하려는 노력이나 우리 시대 안에서 하나님의 목적을 찾으려는 노력이 없어서 안타까웠다. 한때 '목적이 이끄는 삶'과 '목적이 이끄는 교회'를 내건 40일짜리 캠페인, 특새, 큐티, 워크숍을 절찬리에 진행했음에도 세상에 미치는 교회의 영향력이 늘지 않는 것은 이런 까닭일지도 모른다.

긴장과 고통 속에서

정리해 보자. '나의 생각' 없는 '하나님의 뜻'은 없다. '세상의 소리' 없는 '하나님의 뜻'도 없다. 신앙은 (1) 인간의 의지와 신적 의지 사이에서 발생하는 긴장과 (2) 그리스도의 복음과 우리의 상황 사이에서 발생하는 긴장을 창조적으로 승화하는 예술이다. 나는 이를 '두 겹줄의 긴장'이라고 부른다. 세상과 나는 간 곳 없고 하나님의 뜻에만 '올인'하는 모습은 언뜻 거룩해 보이지만 실은 두 겹줄의 긴장에서 발을 빼는 꼼수에 불과하다. 반복한다. 예수 믿는 우리네 삶이란 긴장을 살아 내는 삶이다. 토머스 머튼은 "기독교 신앙은 확신과 평안의 원리 이전에 의문과 갈등의 원리"임을 천명했다. 하지만 우리의 본성은 긴장을 원치 않는다. 교회와 세상, 은총과 자연, 내세와 현세 간의 팽팽한 장력을 기피하고 한쪽으로 기울어진다. 전자로 기울면 이원론이 되고 후자로 기울면 세속주의가 된다. 일명 헌신된 그리스도인은 대부분 이원론을 택한다. 이원론은 답이 딱 떨어지기 때문에 심령이 편안하다. 번민도 갈등도 없다. 나의 헌신이 부족한 것만 탓하면 된다. 하지만 거기까지이다. 더 이상의 영향력은 없다. 긴장에서 오는 창조적 에너지를 상실했기 때문이다.

예수님은 신성과 인성 사이에서, 하나님의 아들과 마리아의 아들 사이에서, 전능함과 자기 제한 사이에서, 십자가를 지고자 하는 의지와 회피하고픈 심정 사이에서 긴장을 체휼했다. 그분조차도 두세 겹줄의 긴장 속에 끼어 살았는데 우리가 어찌 긴장을 피해서 살아가겠는가? 복음서를 찬찬히 읽어 보면 예수님은 그러한 긴장에 치여 고통하고 번민하지만, 같은 이유로 그분의 삶과 사역이 얼마나 창조적이고 풍성하게 영글었는지를 발견한다.

신앙, 불확실성의 고통을 끌어안는 과정

긴장은 우리를 불확실성으로 몰아넣고 구도하는 자세로 살아갈 것을 요구한다. 사람들이 긴장을 기피하는 까닭이다. 프랑스의 철학자 발리바르Etienne Balibar는 신인종차별neo-racism을 다룬 글에서 사회관계에 대한 '즉각적인 지식'을 폭력적인 욕망으로 보았다. 굳이 발리바르를 언급할 필요도 없다. 사람과 사회와 하나님에 대한 즉각적인 지식과 단정적인 발언이 얼마나 폭력적인지 우리는 경험으로 잘 안다. 문제는 우리의 죄성이 그 폭력을 선호한다는 데 있다. 액션 영화의 주인공이 거치적거리는 놈들을 싹쓸이할 때 통쾌함을 느끼듯 단순명쾌한 답변이 복잡다단한 고려 요소를 날려 버릴 때 우리는 희열과 함께 '아멘'을 외친다.

많은 사람이 단순화의 폭력에 기대는 것은 '불확실성의 고통the pain of uncertainty'—개혁주의 미학의 거봉 캘빈 시어벨트 Calvin Seerveld의 책에서 언급된—을 없애 주기 때문이다. 그렇잖아도 복잡한 세상에서 신경 쓸 것도 많은데 불확실성이란 놈은 우리의 평안을 갉아먹는다. 그때 설교자가 성경을 탁 펴서 '하나님의 뜻'이라며 어떤 주저함도 없이 속 시원한 결론을 내려 주면 성도들은 은혜를 받고 교회는 성장하기 마련이다. 확신과 체험의 욕구가 유독 강한 한국 교회가 이런 욕구를 내려놓아야 하는 관상기도를 어려워하는 것도 같은 맥락이리라. 한국 교회가 영성의 두 길 중에 '긍정의 길 *via positiva*'에만 능숙하고 '부정의 길 *via negativa*'을 기피하는 성향 역시 불확실성과 동행하는 삶을 어렵게 만들었다.

매번 확신 속에만 머무르려 하는 것은 하나님이 아닌 심리적 안정감을 의뢰하는 일종의 우상숭배이다. 용한 점쟁이를 찾아가 뭔가 기댈 만한 것을 구하는 것도 똑같은 정신병리학적 현상이다. 명토 박아 말하건대, **신앙은 불확실성의 고통을 끌어안는 것이다.** 하나님의 뜻을 찾는 작업은 딸기향 해열제로 해결될 간단한 것이 아니다. 아브라함은 안정감의 상징인 본토 친척 아비 집을 떠나 갈 바를 알지 못하는 불확실성의 고통 속에 길을 떠났다. 모세는 40년간 미디안 광야에서 양치기 노릇을 하며 언제 하나님이 자신과 민족을 구원할지 모르는 불확실성의 고통을 통과했다. 욥도 하나님이 왜 그런 엄청난 재앙을 내렸는지 모르는 불확실성의 고통을 견뎌야 했다. 그런 욥에게 친구들은 "선인은 잘되고 악인은 망한다"라는 즉각적 지식, 단정적 답변으로 욥에게 폭력을 가했다(오늘날 목회자나 리더가 동일한 폭력을 행사하곤 하는데 그들의 입에서 나온 말은 영적 권위가 더해진 거룩한 폭력이 된다. 너무나 쉽게 "네 문제는 믿음이 부족해서 그런 거다", "촛불 시위는 나라를 분열시키는 마귀의 역사이다", "그 나라는 우상을 섬겨서 쓰나미가 덮친 거다"라고 단정하는 이에게 화 있을진저).

우리네 삶도 그러하다. 왜 사랑하는 이를 갑작스런 사고로 데려가셨는지, 왜 지독한 고독과 실패 속에 나를 두시는지, 왜 세상의 힘없는 자들이 짓밟혀도 가만히 계시는지 우리는 알지 못한 채 살아간다. 시간이 흐르면서 하나님의 경륜과 섭리를 헤아리기도 하지만, 어떤 문제에 관한 한 죽는 날까지 하나님의 뜻을 알 수 없다. 그런 가운데에도 변함없이 하나님을 믿고 사랑하는 것이 신앙이다.

코다: 긴장과 고통이 박힌 기도

우리는 하나님에게 받은 신적 소명이나 거룩한 사역도 때론 우상이 될 수 있다는 것을 경험과 사례를 통해 배웠다. 그리고 오늘 우리는 하나님의 뜻을 구하는 거룩한 일조차도 왜곡된 신앙의 도피처가 될 수 있음을 보았다. 앞으로 우리가 찾는 하나님의 뜻은, 두 겹줄의 긴장과 불확실성의 고통이 촘촘히 박힌 것이기를 감히 빌어 본다.

술꾼 예수

음/금주는 아무나 하나

예수님이 겟세마네 동산에서 고난의 잔을 놓고 했던 세 번
의 발언은 재미나게도 오늘날 한국 교회 교인들이 술잔을 대하
는 세 가지 태도를 정확히 예견한 것이었다. 술잔이 넘어올 때마
다 "아버지여, 이 잔을 내게서 지나가게 하옵소서" 하며 한 방울
도 입에 대지 않는 이가 있고, "내 아버지여, 만일 내가 마시지 않
고는 이 잔이 내게서 지나갈 수 없거든 아버지의 원대로 되기를
원하나이다" 하며 조심스레 한두 잔을 마시는 이가 있는가 하면,
"아버지가 주신 잔을 내가 마시지 아니하겠느냐" 하며 연거푸 원
샷을 해 대는 사람도 있다.

깔깔깔 웃으면서도 또 주초 문제냐며 식상해할지도 모르겠
다. 나 역시 한국 교회 역사가 140년에 이르는데 아직도 음주, 흡
연이 논란거리라는 사실에 짜증이 난다. 하지만 말이다, 아직도

많은 교인에게 술 문제가 시험거리라는 엄연한 현실이 이 케케묵은 주제를 다시 집어 들게 한다. 오늘날 지나치게 술에 찌든 한국 사회의 현실과 술을 무조건 정죄하는 보수 교회의 입장이 씨줄과 날줄로 어지럽게 얽힌 정황은, 이 주제를 한국 교회의 건강 지수를 측정할 일종의 영적 리트머스시험지로 써도 손색이 없게 만든다.

하나님의 선물인 술

먼저 우리 동네 교차로에 떡하니 붙은 광고판 하나를 보자. 맥주잔 아래에 적힌 할렐루야, 어색한가? 하지만 시편은 "사람의 마음을 기쁘게 하는 포도주"(104:15)를 주신 주님을 찬미한다. 신명기는 십일조에 대한 규례를 베풀면서 "그 돈으로 마음에 드는 것을 사십시오. 소든지 양이든지 포도주든지 독한 술이든지, 어떤 것이든지 먹고 싶은 것을 사서, 주 당신들의 하나님 앞에서 당신들과 당신들의 온 가족이 함께 먹으면서 즐거워하십시오"(14:26, 새번역)라고 말한다. 실제로 성경에는 족장 아브라함과 이삭(창 14:18; 27:25)부터 시작해 신실한 하나님의 종들이 포도주를 마셨다는 기록이 허다하다.

성경에서 포도주의 넘침은 하나님의 복과 선물을 의미하고(신 7:13; 11:14; 잠 3:10), 포도주의 그침은 심판의 표현이다(사 16:10; 24:7-13). 따라서 이스라엘의 회복을 포도주가 재생산되는 장면으로 예언한 것(렘 31:12; 욜 2:19; 암 9:13-14)은 극히 자연스럽다. 심판 아래 놓인 이스라엘에게 산마다 언덕마다 포도주가 넘친다(암 9:13)는 표현만큼 하나님의 회복하는 은혜를 더 아

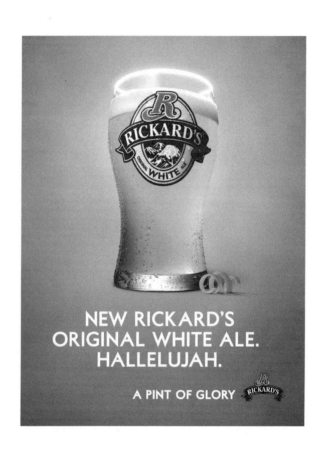

캐나다의 옥외광고판에 등장한 맥주 광고.
"새로운 리카즈 오리지널 화이트 에일. 할렐루야. 한 잔의 영광."

름답게 묘사할 수 있는 것도 없었다.

어떤 이는 하나님이 이스라엘에게 포도주를 선사한 것은 와인 없는 식탁을 상상하기 어려운 그들의 식문화를 고려하신 것이고, 문화적 배경이 다른 우리나라에서는 술을 하나님의 선물로 보기 어렵다고 주장한다. 하지만 술 자체가 죄악이라면 이스라엘이 누구보다도 거룩한 백성으로 살아가길 원하는 하나님이 취하게 하는 포도주를 주시되 그것도 은혜의 산물로 넉넉하게 주셨을까? 구약성서에서 술을 마시는 것은 결코 죄가 아니며, 하나님의 은혜를 감사하면서 공동체와 더불어 마시는 것은 아름다울 뿐만 아니라 권장되는 일이었다. 하나님은 십일조로 바친 포도주를 가족과 종들, 지역 레위인까지 다 함께 어우러져 먹고 마시는 공동체적 축제에 사용하라(신 12:18)고 말씀하셨다. 이 얼마나 아름다운 광경인가? 농민들이 새참으로 막걸리를 주고받으며 풍년을 주신 하나님을 기뻐하는 자리에는 주님도 함께하신다. 몇 번이나 시험에 떨어졌다가 어렵사리 합격한 친구를 위해 샴페인을 터트린다고 해서 누가 정죄할 수 있겠는가.

성부 성자, 술꾼 부자父子

흔히 디오니소스를 술의 신이라고 하지만 그 백성을 위해 "잘 익은 포도주로 잔치를 베푸시는"(사 25:6, 새번역) 야웨야말로 참된 주신酒神이시다. 그 아버지의 뜻을 잘 받든 아들은 최상급 와인 대접을 그의 첫 이적으로 삼았다. 아버지는 술잔치를 베풀고 아들은 술잔치를 계속하게 했으니 "그 아비에 그 아들"이다. 이 아들 되시는 분으로 말할 것 같으면 술을 잘 빚기만 할 뿐 아니라 술을 잘 마시기로도 유명했다. 갈릴리 근방에 이름난 '술꾼 *oinopotes*'(마 11:19; 눅 7:34, 쉬운성경)으로 유명세를 치렀으니 말이다. 호사가의 농처럼 우리 주主님은 실로 주酒님이었다.

　간혹 성경의 포도주가 아니라 포도 주스라고 해야 맘이 편한 분들도 있지만 미안하게도 그건 사실이 아니다. 대체 누가 이런 코미디 같은 문제에 시간을 낭비할까 싶지만, 영미권에서 나온《성서백과사전》에 "성서는 취하게 하는 포도주와 취하게 하지 않는 포도주를 구분하지 않는다"고 언급한 걸 보니 외국에도 '애주가 예수Jesus, The Drinker'(해방신학의 기념비적 저서 해방자 예수 Jesus, The Liberator의 패러디)를 구해 내려는 충성된 종들이 있었나 보다. 애석하게도 성경의 포도주는 포도 주스이기는커녕 종종 독주와 같이 언급될(민 6:3; 신 14:26; 잠 31:4, 6; 눅 1:15) 정도로 사람을 취하게 하는 술이었다.

금주가를 위한 성경

　그렇다고 성경이 온통 '술 권하는 사회'를 지향한다고 믿는다면 이는 완전한 곡해이다. 성경엔 금주가들이 반격을 펼치게 해 주는 구절도 적지 않으며, 성서해석학적으로도 금주주의는 구약의 나실인 전통에서 보듯이 일정한 성서적 지분을 갖고 있다. 예컨대 전도서에는 기쁨으로 포도주를 마시라(9:7)고 권면하지만 같은 지혜서인 잠언에는 포도주를 쳐다보지도 말라(23:31)며 금한다. 예수님은 소문난 술꾼이었지만 동시대를 산 그의 친척 형 세례요한—여자에게서 난 자 중에 가장 큰 자라는 격찬을 받았던—은 술을 입에 대지 않았다.

그밖에도 성서는 "술을 즐겨 하는 자들과 고기를 탐하는 자들과도 더불어 사귀지 말라"(잠 23:20)라고 하고 "아침 일찍 일어나 독주를 찾아 마시고 밤늦게까지 포도주에 취해 있는 자들… 술 마시는 곳에서는 언제나 영웅인 자들아, 독주에 대해서는 전문가가 다 된 자들에게 저주가 있다"(사 5:11, 22, 현대어성경)라고 경고한다. 더구나 술 취함은 성령의 열매와 대비되는 명백한 육체의 일이며 하나님 나라에 들지 못할 이유(갈 5:21; 고전 6:10)가 될 정도의 대죄이다. 그렇다고 해서 이 두 구절이 철저한 금주를 강제한다고 보기는 어렵다. 이 구절은 술의 지배를 받을 정도로 자주, 심하게 마시는 경우에 해당하는 것이고 그 앞에 인용된 이사야 말씀은 약자를 착취하는 부자들의 방탕한 생활을 저격하는 맥락에서 나온 것이다.

성경은 음주 자체보다는 음주로 야기되는 폐해에 집중하는 것처럼 보인다. 잠언이 시사하듯이 우리가 적절히 술을 다스리지 않으면 나중엔 술이 사람을 다스리는 경우가 빈번히 발생한다(잠 23:19-24). 또한 "포도주를 마시면 방자해지고 독주를 마시면 행패를 부린다. 술에 빠져 곤드라지는 것은 슬기로운 일이 못된다"(잠 20:1, 공동번역)라는 말씀대로 술은 노아처럼 언행에 치명적인 실수를 유발하기도 하고(창 9:20-27), 롯처럼 끔찍한 음란에 빠지게도 한다(창 19:30-38). 르무엘왕의 어머니가 술에 빠지면 왕으로서 맡은 일을 제대로 수행하지 못한다(잠 31:5)고 경고하듯이 지난 밤 무절제한 과음을 하고 다음 날 직장에서 때우기식으로 하루를 보내는 사람들도 적지 않다. 또 술 취함은 폭력(잠 4:17, 보통 악인이 폭력으로 뺏은 포도주를 마신다고 이해되나 *Eerdmans*

*Dictionary of the Bible*은 술에 취해 저지른 폭력으로 해석한다), 가난(잠 21:17; 23:20-21), 방탕(엡 5:18), 사회정치적 무관심(암 6:6)을 가져온다.

구약시대 제사장들과 신약시대 교회 지도자들은 술을 어떻게 다뤄야 했을까? 하나님께 첫 소산으로 드려진 포도주가 제사장과 레위인을 위한 것(민 18:12)에서 보듯 야웨를 섬기기 위해 구별된 그들도 포도주를 즐기는 데에 전혀 문제가 없었다. 다만 성소의 임무를 수행할 때는 금주해야 했다(레 10:9). 바울도 목회 서신에서 디모데와 디도에게 엄격한 금주를 명하지 않았다. 오히려 건강을 위해서 정기적인 음주를 권한다. "그대는 모든 죄에서 떠나시오. 그렇다고 해서 아예 포도주를 마시는 것까지 완전히 끊어 버리라는 말은 아닙니다. 그대는 자주 병을 앓고 있으니 위장약 삼아 때때로 조금씩은 마시도록 하시오"(딤전 5:22하-23, 현대어성경). 물론 교회 지도자들이 상습적으로 술 취하는 것은 분명히 금지되었다(딤전 3:3, 8; 딛 1:7; 2:3).

음주의 자유, 금주의 자유

이와 같이 성경은 양쪽을 넘나든다. 하나님의 선물로서 술을 노래하면서도 술 취함만큼은 엄중 경고하고, 예수님처럼 즐겨 마시는 분을 보여 주다가 나실인처럼 술과 담을 쌓은 사람을 제시한다. 절대 금주를 맨 오른쪽이라고 치고 "많은 술의 종"(딛 2:3)이 된 것을 맨 왼쪽이라고 치면, 성서는 맨 왼쪽에 위치한 절제 없는 음주와 거기에서 발생하는 합병증(음란, 주사, 방탕, 무질서한 생활 등)을 제외한다면 우리의 신앙적 양심, 가정의 기풍, 몸의 상태, 몸담은 교단이나 교파, 학교와 직장 등에서 맺은 인간관계, 당대의 사회적 분위기 등에 따라 자신의 위치를 정해도 좋다는 자유를 우리에게 선사한다. 좀 더 세분화하면 절대 금주, 일부 허용적인 금주, 자발적이되 제한적인 음주, 비교적 자유로운 음주에 이르는 폭넓음이 주어졌다. 아, 다양성의 아름다움이란! 언제나 그렇듯 딱 떨어지는 정답을 주시지 않는 주님을 찬양할지어다.

우리는 이 자유의 테두리 안에서 서로의 다름을 정죄하지 말고 마시든지 않든지 하나님의 영광을 위해서 하라(고전 10:31)는 가르침을 받았다. 그러므로 예의상 한잔하거나 죄를 짓지 않는 범위 안에서 술을 즐기는 것을 두고 '묻지마 정죄'를 가하는 것도 우습고, 어떤 상황에서든 술을 전혀 입에 대지 않는 것을 두고 율법주의라고 비난하는 것도 그르다. 교단과 교파 차원에서 말하자면 보수 교회 신자가 술 담배에 비교적 자유로운 진보 교단이나 가톨릭의 자매형제들을 방탕하다며 재단하는 것이나 진보 교단의 교인이 술 한잔을 놓고도 쩔쩔매는 보수 교단의 자매형제를 비웃는 것은 양자가 공히 무지와 오만의 소치이다. 개인마다, 교단마다 구체적인 방법론이 달라서 그렇지, 기본적으로 거듭난 그리스도인이라면 주님을 위해 살아간다는 상호 존중을 가져야 한다.

사랑을 절제를 낳고

음식 문제를 다루는 바울의 권면(롬 14장)은 오늘날 음주 문제로 걸려 넘어지는 우리에게 들으라고 하는 소리인 것 같다. 우상 앞에 놓였던 고기를 먹어도 거리낌이 없는 사람은 먹지 않겠다는 사람을 업신여기지 말고, 그런 고기를 먹느니 차라리 채소를 먹는 것이 낫다고 생각하는 이들은 먹는 사람을 비난하지 말라고 한다. 이런 문제로 누가 옳은지 논쟁하지 말고 먹는 사람이나 금하는 사람이나 다 주님을 위해서 한다는 상호 신뢰를 가지라고 권면한다. 그러면서 내린 결론은 좀 길어도 직접 인용할 필요가 있다.

나는 주 예수의 권위로 분명히 말합니다. 우상 앞에 놓았던 고기를 먹는 것은 조금도 나쁠 것이 없습니다. 그러나 만일 그것이 나쁘다고 믿어지거든 이미 먹는 자체가 나쁜 일을 저지르는 셈이니 먹지 마십시오. 만일 또 그것을 먹는 것을 보고 마음에 상처를 입는 형제가 있는 줄 알면서도 그대로 먹는 것은 사랑의 행동이 아닙니다. 먹는 일을 가지고 사람을 파멸시켜서는 안 됩니다. 그리스도께서는 그 사람을 위해서도 죽으셨기 때문입니다. 비록 여러분이 하고 있는 일이 옳은 일이라 할지라도 다른 사람에게 비판거리가 되지 않게 하십시오.⋯사소한 음식 문제로 하나님께서 하시는 일을 그르치지 마십시오. 고기 그 자체는 나쁘지 않으나 고기 먹는 일이 다른 사람을 걸려 넘어지게 한다면 그것은 좋지 않습니다. 고기 먹는 일뿐 아닙니다. 술 마시는 일이나 어떤 일이라도 형제를 걸려 넘어지게 하거나 죄짓게 하는 일은 하지 않아야 합니다. 여러분의 하는 일이 하나님께서 보시기에 잘못된 것이 없다고 판단되더라도 그것은 마음속에만 간직해 두십시오.

술꾼 예수

여러분의 믿음을 다른 사람들 앞에서 자랑해 보이지 마십시오. 다른 사람에게 상처를 줄지도 모르니까 말입니다. 자기가 옳다고 생각하는 일을 밀고 나가면서도 아무에게도 해를 주지 않는 사람은 행복한 사람입니다. 그러나 자기가 하는 일이 다소라도 남에게 해가 되거든 그 일을 하지 마십시오. 이미 그 일이 나쁜 줄 알면서도 계속하는 것은 죄를 저지르는 일이기 때문입니다. 믿음에서 벗어난 일이라고 느끼면서 하는 일은 무엇이나 죄가 됩니다(롬 14:14-23, 현대어성경).

기존의 음주 논의와는 뭔가 다른 것을 바란 독자들은 실망했을지도 모르겠다. '술꾼 예수'라며 세게 나오더니 결국 기존 교회에서처럼 로마서 14장을 인용하고는 "형제를 시험에 들게 하는 술은 금해야 한다"는 결론을 내릴 거라면 왜 이렇게 먼 길을 에둘러 왔냐며 볼멘소리를 할지도 모르겠다. 하지만 이 글을 쓰는 나도 식탁에 맥주나 와인을 곁들이며 나누는 오붓한 대화를 누구보다 아끼는 사람이요, 제사 음식을 누구보다 맛있게 먹는 사람이요, 절만 보면 대적 기도를 올리는 교인들과 달리 사찰 음식을 배우고 싶어 할 정도로 절밥을 좋아하는 사람이요, 절의 호젓함이 좋아 신혼여행을 사찰로 다녀온 사람이요, 명절이면 가족들과 화기애애한 고도리판을 벌이는 사람이요, 캐나다에서는 학교 수양회에 가서 백인 친구들에게 'Korean traditional poker game'이라며 '꽃싸움'의 묘미를 소개한 사람임을 밝혀 둔다.

교회 사역자답지 않다고 할지 모르지만 내가 삶의 소소한 즐거움을 워낙 귀히 여기기 때문인지는 몰라도 교인들 때문에 내 즐거움을 꿍쳐 둬야 하고 소위 말하는 연약한 이들을 위해 내 자유를 담보 잡히는 상황이 달갑지 않다. 더 솔직하게 말하면, 자기들의 경직된 사고를 조금만 유연하게 하면 나도 내 원대로 즐기고 그쪽도 정죄하는 죄를 피하면서 서로 다름을 받아들이는 연습도 할 수 있는데 왜 항상 내 쪽에서만 피해를 봐야 하느냐는 억울한 심정이 든다. 그렇지만 내가 인정할 수밖에 없는 것은 나의 그런 즐거움이 그리스도께서 핏값을 치르고 사신 내 자매, 내 형제보다 귀하지는 않다는 것이다. 더구나 개인 취향이 우상이 되고, 내 즐거움을 이웃의 생존 문제보다 우선하는 못돼 먹은 시대에 그리스도인까지 그럴 수는 없잖은가.

이것이 진짜 금주주의이다

그렇다고 해서 믿음이 약한 자매형제를 생각하라는 바울의 권면을 '닥치고 금주파'의 손을 들어 주는 것으로 이해해서는 안 된다. 한 공동체 내에서 무조건 금주만을 음주 담론의 정설로 인정하고 다른 주장은 비성경적으로 몰고 가는 근거로 사용해서는 안 된다는 말이다. 금주파 형제만 배려 대상이 아니다. 술이라면 무조건 정죄하는 시선 때문에 건강하게 음주하는 자매가 받을 상처는 어쩔 것인가. 더구나 초신자라면 죄다 음주에 시험이 들 거라고 단정해서는 안 된다. 신앙에 갓 입문한 이가 음주 문제 등에서 교회가 내보이는 경직성과 일방적인 모습에 질려 공동체를 떠나는 일도 왕왕 있다. 그렇다면 금주파의 율법주의가 끼치는 폐해를 심각하게 따져 봐야 하지 않겠는가. 게다가 언제까지 음주파만 형제를 실족하게 하는 자라는 불명예를 뒤집

어쎄야 하는가. 자기의 신앙 양심에 따라 술 한잔 했다는 이유로 무조건 시험에 든다며 상대를 정죄하고 보는 금주파는 더 악하고 더 위험하다.

물론 나는 보수 교인으로서 "어떠한 경우에도 술을 입에 대지 않겠다"는 금주주의가 존중받아야 한다고 믿는다. 앞에서 다뤘듯 금주주의는 나실인 전통 같은 성서적 지분을 확보한 데다 '술 공화국'이라 불리는 한국의 과도한 음주 문화에 저항하는 사회적 실천의 성격도 띤다. 좋게 말하면 젊음의 대명사이고 나쁘게 말하면 방탕의 대명사인 신촌으로 대학과 대학원을 다니던 시절, 서울이 "술에 빠진 자의 성"(사 28:1) 같다고 자주 느꼈다. 아침 등굣길에 만나는 비둘기들이, 지난밤 술꾼들이 가로수 옆에 게워 놓은 것을 쪼아 먹는 것을 보면서 이사야서 말씀이 그대로 응하였구나 싶었다. "이 유다 사람들도 포도주로 인하여 옆걸음 치며 독주로 인하여 비틀거리며 제사장과 선지자도 독주로 인하여 옆걸음 치며 포도주에 빠지며 독주로 인하여 비틀거리며 이상을 그릇 풀며 재판할 때에 실수하나니 모든 상에는 토한 것, 더러운 것이 가득하고 깨끗한 곳이 없도다"(사 28:7-8, 개역한글).

본디 한국 교회의 주초 금지 전통은 보수 교단 출신인 서구 선교사의 영향을 받았지만, 단순히 개인 윤리 차원에 머물지 않았다. 구한말과 일제강점기를 거치며 패배 의식에 젖은 온 겨레가 술 담배와 노름에 빠져 현실을 도피하고, 문학과 예술에서도 심미적 감상주의와 퇴폐주의에 빠졌다. 오죽하면 폐병에 걸린 창백한 모습이 유행하여 부러 폐병 환자인 냥 하던 시대가 아니었나! 그때 교회의 금주금연 운동은 일종의 국민계몽 운동이었으며, 주초를 끊고 모은 돈이 국채보상운동을 견인했던 사회정치적 실천이요, 생활 속 독립운동이기도 했다. 술 공화국이자 음란퇴폐 공화국 소리를 듣는 요즘에도 술이 가정 폭력, 성 문란, 망국적 접대 문화, 유흥업 및 성매매 종사자 증대와 직결됨을 생각한다면 술잔을 꺾는 것이 일제강점기 금주운동 못지않은 사회 참여의 몸짓이 된다.

하지만 교회 강단에서나 성경 공부에서 이런 얘긴 전혀 없다. 그냥 술이라면 인상부터 찌푸리고 음주는 무조건 죄라는 단순 무식한 논리밖에 없다. 마치 "주일날은 돈 쓰지 말지니라"라는 암묵적인 계명을 고수하는 교회가 왜 그래야 하는지 설득력 있는 답변을 내놓지 못한 채 그저 구약의 안식일 계명을 문자적으로 적용하여 일요일 외에는 장을 볼 시간이 없는 성도들, 그날 말고는 어디 나가서 가족끼리 오붓하게 저녁 한 번 먹기 힘든 성도들에게 불필요한 죄책감을 심어 주듯이 말이다. 소비가 유일한 행복의 근원이 된 이 시대에 반소비주의 운동의 연장선상에서 일요일을 'No Shopping Day'로 정한다든지, 교회 주변 식당이나 가게가 교인들이 올려 주는 일요일 매상에 맛 들리는 상황을 문제 삼는다면 몰라도 이런 재해석이나 실천성을 담보하지 못한 상태에서 무조건 일요일에 돈 쓴다고 정죄하는 것은 성서해석학적으로도, 실천신학적으로도 틀렸다.

가만 보면 그런 분들이 엄연한 교회당을 성전으로 미화하고, 목사를 제사장 취급하고, 강대상을 지성소 취급하는 오류를 범한다. 이왕 그렇게 하신 거 아예 화끈하게 금요일 저녁부터 안식일을 지키고 교회 물건은 다 성물로 받들고 생리 중인 여성은 부정하다며 교회 출입을 금하는 편이 나을 텐데 말이다. 유대인이 아니라서 삼겹살을 드신다면야 뭐랄 순 없지만, 구약을 그토록 살뜰하게 지키는 분들이라면 고기를 피 채로 먹지 말라는 말씀 정도는 국적을 뛰어넘어 지켜야 하는 거 아닌가. 그런데도 목회자 모임만 하면 뭔 개고기(피를 빼지 않고 잡는다)를 그렇게 자시는지 알 수 없는 노릇이다.

더 큰 연자 맷돌을 매야 할 자들

나는 음주파에게만 무시무시한 말투로 '연자 맷돌' 운운하며 그들을 가해자로 몰고 그들에게만 절제와 희생을 요구하는 목회 방침에도 이의를 제기하고 싶다. 음주로 시험에 드는 것은 분명 관계의 문제, 즉 쌍방의 문제인데도 우리는 그간 가혹하게도 한쪽만 나쁜 놈을 만들었다. 술에 비교적 자유로운 이가 그렇지 않은 자를 실족시키는 것만 정죄할 뿐 술을 살짝 입에 대기만 해도, 아니 술자리에 앉기만 해도 이유 불문하고 세상과 타협한 사람처럼 취급하는 그놈의 율법주의 때문에 실족하는 경우가 더 잦다는 생각은 하지 않나 보다.

만약 짧지 않은 신앙의 연륜을 가진 사람이 가볍게 술 한두 잔 하는 비본질적이고 사소한 문제를 놓고 차갑게 정죄하거나 거기에 시험을 받는다고 한다면 이 사람은 그리스도 앞에서 자신의 교만과 옹졸함을 뼈저리게 참회해야 한다. 음식으로 형제를 판단하지 말라는 말씀을 배워 놓고도 주의 말씀보다 자기들의 통념을 앞세우는 이들은 바울이 말한 '약한' 형제가 아니라 자신들이 한 번 정해 놓은 기준은 절대 바꾸려 들지 않는 '강한' 이들이며, 자신들과 '다른' 것은 '틀린' 것으로 규정해서 음주보다 훨씬 더 많은 사람을 실족케 하는 '악한' 자들이다.

이런 사람들이 대개는 비본질적인 사안에 오직 하나의 지침만 있다고 주장하여 교회를 분열시킨다. 이들은 걸핏하면 성경을 인용하여 자신들의 입장을 옹호하지만 그들의 주장은 성경적이기는커녕 지독히 비성경적, 아니 반성경적이며 미국 남부 기독교 근본주의자들의 문화관을 아무런 반성 없이 신봉하는 신학적 사대주의자일 따름이다. 내가 왜 이렇게까지 흥분하는가 하면 이들이야말로 한국 개신교가 세상에서 가장 옹졸하고 편협한 집단으로 비치게 만든 장본인이기 때문이다. 예수 믿는 것을 고작 술 담배 끊고 십일조나 내는 싸구려 율법주의로 만든 것도 바로 이들이다. 이들의 상상력으로는 결코 하나님의 영광을 위해서 술을 마실 수 없고, 그렇게 주장하는 사람들을 거듭난 그리스도인으로 취급해 주지도 않는다. 이 얼마나 섬뜩한 독선이며 독단인가.

술로 인해 세상의 판단을 받지 말라

술 한잔에 형제를 판단한 이들은 아이로니컬하게도 바로 그 술 한잔 때문에 세상의 판단을 받는다. 만약 술자리의 그리스도인이 비그리스도인 동료에게 넉넉한 이해를 받으면서 점잖게 술잔을 물릴 수 있다면—이를 위해선 평소에 동료들에게 삶으로 인정받는 것이 요구된다—이는 실로 높이 살 만한 것이다(물론 평소에 모범적인 삶을 살면서도 술자리에서의 파시즘과 전체주의 때문에, 즉 혼자 술을 마시지 않으면 역적이 되고 마는 분위기 때문에 부당한 핍박을 당하는 일도 있음을 부인하지 않는다). 한술 더 떠서 술자리 친구들이 기분 좋게 사이다를 시켜 줄 정도로 인정받는다면 그 사람은 금주주의자로서 주님을 영화롭게 하는 경지에 이르렀다.

하지만 현실은 어떠한가. 술 마시는 자매형제를 이유 불문하고 정죄한 이들은 그러한 편협하고 공격적인 자세 때문에 평소 주위의 비그리스도인과 좋은 관계를 유지하기 어렵고, 축하의 자리에서 돌리는 기분 좋은 샴페인 잔마저 차갑게 거부하다 보니 결국엔 전혀 본질적이지 않은 곁다리 문제로 세상과 각을 세우게 된다. 시험에 들지 않도록 깨어 있고 술을 대할 때에도 영적인 긴장감을 갖는 신앙 역시 존중한다. 하지만 세상이 감당치 못할 사람(히 11:38)인 우리가 기껏 술 한잔을 가지고 노골적인 경계심을 뿜어낸다면 우리는 기독교가 얼마나 '쪼잔하고' 매력 없는 종교인지 널리 홍보하는 셈이다.

전에 내가 사역하던 교회 청년들과 취미 사진 강좌를 열면서 사진가의 주요 피사체인 누드를 사례로 들곤 했다. 나는 청년들에게 예술 누드를 감상하면서 음란한 마음 없이 육체에 깃든 주님의 아름다움을 찬미하면 좋겠다고 말했다. 죄악에 틈을 주지 않으려 깨어 있되 편협함이 가득 찬 얼굴로가 아니라 세상이 다 우리 것(고전 3:21)이라는 자신감을 갖고 그리했으면 좋겠다고 말했다. 후자는 간 곳 없고 전자만 나부낄 때 우리는 예수쟁이들은 옹졸하기 그지없다는 낙인이 찍힌다. 그것을 세상에서 고난을 받는다고 착각한다면 그야말로 '영적 오버'이다.

술 마시는 본을 보이라

술이라면 알레르기 반응을 보이는 신앙이 저지르는 또 하나의 문제는, 하나님께 감사함으로 술잔을 드는 이들의 양심을 왜곡하고 억압한다는 것이다. 술 마시는 성도들이 술을 안 마시는 척해야 하는 분위기를 조성함으로 공동체를 연기 지망생 소굴로 만든다. 와인을 즐기는 사역자 역시 교인들에겐 꽁꽁 숨겨야 하고, 자식들에겐 우리 오늘 와인 마신 거 아무에게도 말하지 말라며 입단속을 하고, 애들은 부모가 말과 행동이 다르다며 실망을 하고…. 대역죄인도 아니고 대체 이 꼴이 뭐냔 말이다. 그깟 붉은 음료 한잔이 뭐라고.

애들이 다 잠든 밤, 육아에 지친 젊은 목회자 부부가 서로 힘내자고 건배한다고 누가 정죄하겠는가? 친구 생일이나 홈파티에서 샴페인을 따르며 우정과 가족애를 다진다고 누가 세속적이라 하겠는가? 교회 안 다니는 처갓집 잔치에서 맥주잔을 기울이며 예수쟁이하고도 이렇게 말이 잘 통할 줄 몰랐다는 칭찬 아닌 칭찬을 듣는 걸 누가 손가락질하겠는가?

앞서 살펴보았듯 성경은 술을 선물로 보면서도 음주로 야기되는 죄는 엄히 경계한다. 그렇다면 우리가 해야 할 일은, 술을 바르게 마시는(혹은 바르게 금하는) 법을 가르치는 것이다. 혹자는 술이 죄를 잉태할 위험성이 있다면 그냥 금주하면 되지 그렇게까지 마시고 싶으냐고 한다. 이런 말은 돈을 사랑함이 일만 악의 뿌리가 되니 아예 돈도 벌지 말란 얘기와 같다(성경은 술의 부작용보다 돈의 부작용을 압도적으로 크게 다룬다!). 이는 또한 공동체의 유익을 위해 주어진 각종 은사를 부작용 탓에 금하는 입장과 다를 바 없다. 은사 활용을 억누르는 교회마다 활력을 잃은 싸늘한 종교 기관이 되고 마는 것처럼 음주를 무조건 죄악시하는 교회 역시 같은 운명에 처할 것이다.

술을 바르게 마신다고 하면 대개 이런 지침에 공감할 것이다. 건강을 해치거나 인사불성이 되도록 마시지 않는다. 룸살롱처럼 돈을 내고 술 시중을 들게 하는 곳에서 마시지 않는다. 펜스룰Pence Rule을 지키는 사람이라면 배우자 외의 이성(혹은 동성)과 단둘이 마시지 않는다. 괴로울 때 주主님보다 주酒님을 더 의지하지 않는다. 전부 부정문이긴 해도 이들을 빼놓으면 다 긍정이란 뜻이 아닌가. 물론 과거 술의 노예가 된 적이 있거나 현재 절제의 열매를 맺지 못하는 사람에게는 엄격한 금주와 같은 다른 기준이 필요하겠지만 말이다.

역설적인 말이지만 한국 교회 목회자들은 술을 정죄하는 대신 죄짓지 않고 복되게 술 마시는 본을 보여야 하는지도 모른다(물론 바른 금주관과 음주관을 동시에 잘 가르치는 것만으로 충분한 경우가 많을 것이다). 그것은 음주가들의 거짓과 가책을 씻어 줄 뿐만 아니라 금주가들의 오만과 독설도 벗겨 줄 것이다.

맥주와 찬송

예전에 한국의 '청어람' 팀과 함께 영국에 가서 세계에서 제일 크고 잘 운영되는 기독교 축제인 그린벨트Greenbelt Art Festival를 경험했다. 거기에 지저스 암스Jesus Arms라는 선술집pub에서 열린 '맥주와 찬송Beer & Hymns'이라는 순서가 가장 은혜로웠다. 입간판에서부터 예수님이 두 팔 벌려 부르신다. 맥주 한잔 들며

영국 그린벨트 축제 현장의 선술집 간판.
예수님이 두 팔 벌려 환영하고 계시다.

찬송하라고 말이다(이런 참람한!). 전 세계에서 모여 맥주잔을 들고 찬송하는 그리스도인들, 개중엔 감격의 눈물을 흘리기도 했다. 우리 팀의 젊은 동행에게 구닥다리 찬송가를 이렇게 뜨겁게 불러 본 적이 없단 얘기를 들었다.

술 마시며 찬송을 부르다니 기가 차다는 사람도 있겠지만 주님께서 우리의 찬양 가운데 함께 즐거워하심은 그 자리의 모든 영혼이 느꼈다. 제발 부탁인데 자신이 생각하는 방식으로만 성령이 역사한다고 단정하지 말라. 외국엔 신학교 수양회에도 학생들 마시라며 맥주를 박스로 사 오는 교수들이 있다. 이런 사람은 소위 자유주의 신학이나 가르치는 어용 교수인가?

하나님은 내 생각과 경험보다 훨씬 넓다. 성소수자 교회에 가 보라. 거기도 성령께서 일하신다. 동성애자가 눈물 흘리며 기도하는 모습을 보았는가. 그들은 하나님 나라를 유업으로 받지 못할 죄인들이라 그럴 리가 없다고? 그런 논리라면 당신은 고린도전서 6장 9-10절에서 천국을 유업으로 받을 수 없다고 단정한 음란함, 우상숭배, 간음, 탐색, 도적, 탐람the greedy, 술취함, 후욕 (비방), 토색(강탈)에 걸리지 않을 자신이 있는가? 당장 떠오르는 것만 해도 여성을 음란한 맘으로 보며 간음하고, 돈과 성공을 우상으로 숭배하고, 교인들끼리 다른 사람 뒷욕을 하고, 외국의 값싼 농산물과 공산품을 구입할 때마다 힘없는 제3세계 형제자매의 것을 토색하는 우리가 아닌가. 하나님 긍휼이 없이는 우리도 하늘나라 영주권 발급이 거부되기는 일반인데 동성애자들만 용서받을 수 없는 죄를 지은 것처럼 대하는 무지와 오만은 실로 당혹스럽다.

로드니 클랩Rodney Clapp이 《사람을 위한 영성》에서 바로 짚었던 것처럼 성적 지향은 중요한 사안이지만 신조에 포함되는 항목은 아니다. 동성애가 신실한 자와 배교한 자를 가르는 기준은 아니라는 말이다. 동성애를 지지하는 그리스도인들이 동성애를 반대하는 그리스도인보다 성경과 전통을 덜 존중한다고 말할 수 없다.

코다: 음/금주는 아무나 하나

"사랑은 아무나 하나"라는 노래도 있지만 술은 아무나 하는 것이 아니다. 역설적인 말이지만 술은 아무나 하는 것이 아니다. 성숙한 그리스도인이야말로 제대로 술을 즐긴다. 무절제하거나 음란에 빠지지 않고, 음주에 대한 분명한 기준을 가지고, 주신酒神이신 주님과 더불어 건배할 수 있다면 하나님께 영광을 돌리는 음주를 실천하는 것이다. 금주 역시 아무나 하는 것이 아니다. 율법주의에 빠지지 않으면서도 철저한 금주, 편협해지지 않으면서도 일관된 금주, 반사회적으로 비치지 않으면서도 당당한 금주를 할 수 있다면 하나님께 영광을 돌리는 금주를 실천하는 것이다.

그러니 그대가 금주를 택했다면 술을 안 마시고도 세상 친구들과 흉허물 없이 어울리며 즐기도록 하고, 만약 한잔하는 쪽을 택했다면 술잔을 들며 "할렐루야!" 하길 주저하지 말라. 나는 어느 쪽이냐고? 나야 찬양을 좋아하니까 "할렐루야!"

겁쟁이 예수

짝퉁 공포에서 진퉁 공포로

아리스토텔레스 미학에 의하면 비극의 효과는 '공포와 연민'에 있다. 그리스 원어로 풀어 보면 '공포*phobos*'는 경악에 가까운 강렬한 감정이고, '연민*eleos*'은 파멸에 처한 남의 처지를 자신의 처지로 느끼는 감정이입 상태를 의미한다. 공포와 연민은 전혀 달라 보이지만 매우 유사한 감정이다. 상대방의 불행이 내게도 일어날 수 있다고 느끼면 공포가 유발되고, 내게는 그런 일이 일어날 수 없다고 전제하면 연민이 발생한다. 연민은 아무리 남의 불행을 내 것처럼 받아들인다 해도 나는 그런 일을 겪지 않을 거라는 토대 위에 피어난다.

작가나 영화감독은 바로 이러한 차이를 이용해 독자나 관객에게 의도한 감정을 불러일으킨다. 공포 영화나 스릴러를 볼 때 관객은 재난을 당하는 인물을 보며 처음엔 연민을 느끼다가 차차 심리적 동일화identification가 이뤄지면 극중 사건을 자신의 일로 받아들이면서 공포에 몸서리치게 된다. 이러한 원리는 일상에도 고스란히 적용된다. 지진과 쓰나미로 폐허가 된 나라를 보며 대개 공포가 아닌 긍휼을 갖는 것은 그런 유의 자연재해는 우리나라에 거의 발생하지 않기 때문이고, 동남아에서 태풍과 호우로 막대한 인명 피해가 났다는 소식에 두려움을 품는 것은 물난리는 한국에서도 발생하기 때문이다. 남편과 금슬이 좋은 아내는 친구 신랑이 몰래 바람피운 얘기에 동정의 눈물을 흘리지만, 평소 남편의 행실을 의심스럽게 봐 온 아내라면 제 남편도 그러진 않을까 겁을 먹는다.

공포에 눌린 개인, 교회, 국가

사람이 공포에 붙들리면 스스로를 지키려는 보호 본능이 발동하여 타자를 배려하지 못하고 나아가 공격적인 모습을 띠게 된다. 중요한 면접을 앞두고 불안에 떠는 사람이 이미 면접을 망친 지원자의 좌절을 인식이나 하겠는가. 무리한 주식 투자로 전 재산을 날리기 직전인 사람에게 바로 옆에서 울리는 구세군 종소리가 들리겠는가. 사랑하는 이에게 버림받을 거라는 공포는 치정 폭력범을 낳기도 하고, 부모에게 절대 인정받지 못할 거라는 공포는 패륜아를 낳기도 한다.

공포에 눌리면 공격적으로 변하는 것은 개인만이 아니다. 교회가 두려움에 덜미를 잡히면 "너희 관용을 모든 사람에게 알게 하라"(빌 4:5)라는 권면과는 달리 극도로 편협하고 악에 받친 얼굴로 바뀐다. 교회가 세상 문화를 두려워하면《사탄은 대중문화를 선택했습니다》라는 책이 주장하듯 록 음악은 마귀의 음악으로 금지되고, 교회가 동성애를 두려워하면 성소수자 축제를 향해 "지옥에나 떨어져라!"며 저주를 끼얹는다. 몰트만Jürgen Moltmann이 적실하게 지적했듯이 경직된 정통을 앞세우는 교회가 두려움에 거할 때 옹졸하기 짝이 없는 신앙이 탄생한다.

나 역시 보수 신앙을 가진 사람으로서 교회가 세상을 향해 사랑 대신 공포를 품는 심정을 십분 이해한다. 동성애란 말이 한국에 첨으로 회자되던 1980년대만 해도 "동성연애가 뭐지?" 하며 낯설어했는데 이제는 법이 그것을 보장해 주는 상황이 되었으니 보수 교단이 보기에는 세상이 바뀌어도 너무 바뀌었다. 동성애뿐이던가. 많은 나라에서 낙태를 여성의 권리로 보장하고, 포르노와 마약을 허용하며, 고등학교에서조차 성관계 경험이 없으면 매력 없는 애로 취급한다. 필립 얀시Philip Yancey가 《놀라운 하나님의 은혜》에서 언급했듯이 이러한 변화를 위협으로 느낀 교회는 세상에 방어적인 표정에 그치지 않고 호전적인 얼굴로 변해 갔다. 위협을 받을 때 적대적이 되는 것이야 인간의 본성이라지만 주님의 몸 된 교회는 어떠한 상황에서도 공포에 놀아나지 않아야 한다.

공포가 사회와 국가 단위로 작동하면, 중세의 마녀사냥에서 현대의 좌파 색출과 인종청소까지 악마도 놀랄 만큼 끔찍한 비극이 발생했음을 우리는 역사에서 배웠다. 독재자는 권좌에서 축출될까 두려워 공포정치를 실시하고, 정부는 반군이 두려워 반군 점령지역의 민간인에게도 무차별 폭격을 가한다. 팔레스타인은 조상 대대로 살던 땅을 빼앗길까 두려워 자살폭탄테러를 감행하고, 이스라엘은 팔레스타인의 테러가 두려워 국제사회의 비난에도 8미터의 차단벽을 쌓는다. 어쩌면 공포야말로 이 세상 모든 야만과 폭력의 원인일지도 모른다.

전능의 왕이 지독한 겁쟁이가 되다

그렇다면 주님은 이 땅에 사실 적에 두려움을 어떻게 다루셨을까? 예수님이 우리의 모든 연약함을 몸으로 체험했다는 히브리서 기자의 말(히 4:15)이 옳다면 공포 역시 겪어 보았을 것이다. 내가 아끼는 작가 켄 가이어Ken Gire의 표현을 빌리자면 "그분의 아들도 앞에서 잡아끄는 힘과 뒷덜미를 놓지 않으려는 힘을 동시에 느끼던 시기들. 그분의 아들도 떨리고 자신 없이 심지어 두렵기까지 하던 시기들"이 있었다. 분노한 군중이 예수님을 낭떠러지에서 밀치려고 했을 때(눅 4:28-30) 그분이라고 왜 무섭지 않았겠는가. 유대인들이 돌을 던지려 하자 도망칠 때(요 8:59)나 나사로를 살리신 이후 대제사장과 바리새인의 암살 공모를 피해 숨어 지낼 때(요 11:53-54)를 생각해 보자. 예수님은 대본을 펴 보고는 "음, 아직은 십자가의 때가 아니군" 하며 유유자적하게 무대 뒤로 사라진 것이 아니다. 그분은 우리처럼 무섭고 겁이 나서 숨고 또 달아났다.

예수님은 겟세마네에서 거대한 공포에 짓눌렸다. 이 잔을 내게서 옮겨 달라고 할 때 십자가의 고통을 미리 헤아린 그분은 몹시도 두려웠다. 오죽했으면 근심과 번민이 가득한 얼굴로 "내 마음이 괴로워 죽을 것 같구나"(마 26:38, 현대어성경)라고 하셨을까. 공포에 질린 사람이 옆 사람에게 가지 말라고 애원하듯 예수님은 제자들에게 다른 데 가지 말고 여기 있으라고, 자신을 위해 함께 기도해 달라고 부탁하셨다. **우리를 죽음의 공포에서 건져내려고 전능하신 분이 겁쟁이가 되셨다.**

내적 고뇌를 마친 그분은 십자가를 졌고 거기서 우리가 겪는 모든 종류의 공포를 맛보았다. 우리가 가장 두려워하는 것이 무엇인가. 죽음, 수치, 연약함, 버림받음, 배신당함, 그리고 실패와 같은 것이 아닌가. 예수는 십자가에서 죽었고, 극심한 모욕과 조롱을 당했고, 철저히 무력했다(바울은 그 유명한 '약함의 신학'을 전개하면서 그리스도가 연약해서 십자가에 못 박혔다고 한다). 어디 그뿐인가. 예수의 공생애 사역은 철저한 실패로 여겨졌고, 이 땅에서 유일한 친구였던 제자들에게 버림을 받았고, 그중 하나에게는 배신을 당했다. 이런 점에서 예수의 십자가는 인간사人間事 모든 공포의 결정판이다.

십자가의 공포 중 으뜸은 하나님에게조차 버림을 받았다는 것이다. 사람은 버리고 배신해도 하나님은 우리를 받아주신다. 다윗도 "내 부모는 나를 버렸으나 여호와는 나를 영접하시리이다"(시 27:10)라고 노래하지 않았는가. 모두가 우리를 떠나도 하나님만 함께하신다면 그 지점에서부터 다시 시작할 수 있다. 그런데 예수님은 하나님에게도 버림을 받았다. 그 어떤 고통과 수치에도 털 깎이는 양처럼 말이 없던 분이 딱 한 번 "나의 하나님, 나의 하나님, 어찌하여 나를 버리셨나요!"라고 절규하였다. **아버지를 버리고 떠난 우리를 그 품에 돌려보내려면 아들이 대신 '유기遺棄의 형벌'을 받아야 했다.** 십자가에서 죽어 가는 독생자를 외면해야만 한 아버지의 심정은 어떠했을까. 등을 돌린 아버지의 두 눈에서 피눈물이 흘렀으리라(피는 십자가에서만 흐른 것이 아니다).

공포를 껴안은 예수

　놀랍게도 주님은 이 모든 공포를 피하거나 거기에 굴복하지 않으시고 온몸으로 받아 내셨다. 겟세마네의 기도를 마치신 후에 예수님을 잡으려고 군인들이 들이닥쳤다. "한 떼의 군인"(요 18:3, 이하 공동번역)이란 수백 명의 군인을 뜻하고 거기에 대제사장의 경비병과 종들까지 합세했으니 기세가 등등했을 것이다. 횃불을 들고 흉악범을 잡을 때처럼 칼과 몽둥이를 들었으니 그 분위기에 위압된 제자들이 주님을 버려두고 도망갔을 법도 하다. 이때 성경이 홀로 남은 주님의 생각과 행동에 주목한 것은 우연이 아니다. "예수께서는 **신상에 닥쳐올 일을 모두 아시고 앞으로 나서시며** '너희는 누구를 찾느냐?' 하고 물으셨다"(요 18:4).

　임박한 공포를 다 아시고도 앞서 나가 두려움을 맞이하는 주님의 모습은 두려움에 뒷걸음질 치는 우리에게 커다란 용기를 준다. 이렇듯 주님은 공포를 껴안으면서도, 아니 공포를 껴안았기에 끝까지 긍휼과 배려의 마음을 잃지 않았고, 세상에 가장 큰 공포를 경험하는 와중에 더 큰 사랑을 보여 주셨다. 베드로는 체포의 두려움 속에 칼을 들어 말고의 귀를 잘랐지만 예수는 그 귀를 붙여 주셨다. 십자가상의 강도는 죽음의 두려움 속에 애꿎은 주님을 비난했지만 예수는 저들의 죄를 용서해 달라고 구하셨다. 심지어 숨을 거두기 직전임에도 어머니 마리아를 사랑하는 제자 요한에게 부탁하는 효심을 보여 주셨다.

　그런데 잠깐만, 겟세마네 동산에서만 해도 지독한 겁쟁이로 묘사된 그분이 어떻게 갑자기 이런 용자勇者가 되었을까? 먼저, 하나님 아버지의 뜻에 전적으로 순종했기 때문이리라. 처음엔 이 잔을 옮겨 달라며 두려움을 회피했지만, 아버지의 뜻을 받들기로 작심한 뒤로는 십자가를 자청하며 온몸으로 공포를 받아내셨다. 두려움은 피하지 않고 맞설 때에 극복할 수 있다는 격언을 몸소 증명하셨다. 둘째로, 주님은 사랑으로 공포를 패퇴시켰다. 말고의 귀를 고쳐 주는 장면에서 보듯 그분은 극도의 두려움 속에서도 사랑 안에 머물렀고 그 결과 자신을 잡아 죽이려는 이들에게도 공격성 대신 동정심을 쏟았다. "사랑 안에 두려움이 없고"(요일 4:18)라는 사도 요한의 말은 예수의 죽음을 끝까지 지켜본 그가 주님을 떠올리며 쓴 것인지도 모른다.

이렇게 볼 때에 공포를 떨쳐 내고 연민을 품는 것은 그리스도를 따르는 증거요 표식이 된다. 제자들은 사흘 굶은 무리를 어떻게 먹일지 두려웠지만, 주님은 배고픔을 불쌍히 여겼고(마 15:32), 이것이 바로 삶의 문제에 접근하는 우리와 주님의 차이를 보여 준다. 예수님은 '선한 사마리아인' 비유에서 사마리아 사람은 제사장이나 레위인과 달리 강도 맞은 사람을 보고는 불쌍한 마음을 품었다(눅 10:33)고 말한다. 에바브로디도에게도 같은 면모를 발견한다(빌 2:25-27). 죽을병에 걸려도 두려움에 사로잡히기는커녕 빌립보 교인들에게 심려를 끼칠까 봐 걱정한 그의 모습은, 죽어 가면서도 다른 이들을 배려하는 주님의 모습과 포개진다. 바울도 이런 점에서 빠지지 않는다. 내 목숨 하나 부지하기 힘든 파선의 공포 속에서도 동승한 이들을 위로하는 그의 모습(행 27:21-26)은, 우리가 인생이라는 배를 타고 가면서 함께 승

선한 사람들을 어떻게 대해야 할지 보여 준다.

공포 마케팅의 천국 대한민국

주님과는 정반대로 딴 사람은 염두에도 없이 자신만 악착같이 챙기는 이를 보면 부아가 난다. 하지만 알고 보면 다른 사람을 돌아볼 여유를 갖지 못할 정도로 두려운 사람일 따름이다. 돈을 갈고리로 긁어모으면서도 가난한 이에게 도움 한 번 베풀지 않는 사람도 마찬가지이다. 더 모으고 쌓아 두지 않으면 안심할 수 없을 정도로 두려움에 빠진 것이다. 그런 사람들을 보면 뭐라 한마디 해 주고 싶지만 공포에 떠는 자에게 보여야 할 마땅한 반응은 비난이 아닌 연민이다.

피곤한 얼굴을 달고 바쁜 걸음으로 거리를 지나가는 사람들을 보라. 어쩌면 우리는 다들 두려움에 빠져 사는지도 모른다. 카드빚은 느는데 수입은 늘지 않는 공포, 치열한 경쟁 탓에 점점 어려워지는 진학과 취업의 공포, 내세울 만한 대학과 직장 없이는 사람들 앞에 당당할 수 없다는 공포, 발버둥을 쳐도 내 인생이 더 나아지지 않을 것 같다는 공포, 조금만 빈틈을 보이면 우습게 아는 이들 때문에 완벽한 것처럼 포장해야 하는 공포, 외모지상주의 사회에서 점점 자신의 몸과 얼굴에 자신감을 잃어 가는 공포, 나이는 먹어 가고 좋은 사람은 안 나타나고 영영 결혼 기회를 놓치지 않을까 하는 공포, 자녀의 성적은 자꾸 떨어지고 이러다 끝내 뒤처지는 것은 아닐까 하는 공포… 공포 속에서 다른 이들을 향한 배려는 모조리 휘발하고 세상은 점점 제 몸 하나만 살뜰히 챙기는 물기 없는 곳이 되어 간다.

교활한 자본은 이러한 공포를 이윤의 계기로 전환할 기회를 놓치지 않는다. 아니, 돈을 벌기 위해 없는 두려움조차 창조해낸다. 이 시대의 선지자인 마이클 무어Michael Moore 감독이 〈볼링 포 콜럼바인Bowling for Columbine〉에서 공포와 불안을 조성, 총기와 안전 관련 상품을 팔아먹는 미국의 공포 마케팅을 비난한 바 있지만, 늘 다른 사람과의 비교를 통해 행복을 느끼도록 강요받는 한국이야말로 공포 마케팅의 천국이다.

자녀의 현재 성적이 평생을 좌우한다, 영어 못하면 이제 취업도 못한다, 꾸준한 자기계발 없이는 도태된다, 보험 몇 개 가입하는 거야 필수이다, 주식이나 부동산에 투자하지 않으니까 그 모양 그 꼴로 산다, 명품 하나 없으면 주눅이 든다, 오래된 핸드폰이나 카메라는 내놓기가 두렵다, 키 작고 돈 없고 차도 없으면 연애 따윈 꿈도 꾸지 마라, 탄력 없는 피부는 노화의 징표이고 늘어나는 뱃살은 자기 관리의 실패이다…. 우리가 두려워해야 할 대상은 엄연히 따로 계신데 인위적인 두려움을 조작, 유포하여 돈과 소비로 공포를 물리치며 살아가게 한다. 죽는 날까지 거짓 공포와의 싸움에 평생을 소모하게 만든다. 이런 **소비문화 사회에서 복음 전파란 사람들을 '짝퉁 공포'에서 자유롭게 하고 대신 진짜 두려워할 분을 경외토록 하는 것**이리라. 실제로 히브리서는 예수를 "평생토록 공포의 노예가 되어 있는 인간들"의 구원자로 소개한다(히 2:15, 현대어성경).

코다: 내니 두려워 말라

한밤중에 물 위를 걸어오시는 예수님을 유령으로 알고 떨던 제자들. 그들에게 주님은 말씀하신다. "내니 두려워 말라"(요 6:20). 삶의 갈피마다 깃든 공포 속에 벌벌 떠는 우리에게도 주님 말씀하신다. "두려워하지 말라. 내가 너와 함께함이라. 놀라지 말라. 나는 네 하나님이 됨이라"(사 41:10). 어찌 보면 두려움이야말로 주님을 만나고 주님을 본받는 훌륭한 연습의 장場이기도 하다.

이 세상 살아가며 두려움이 엄습할 때마다 이 세 가지 말씀을 곱씹으며 살자. 하나님은 사랑이시다(요일 4:16). 그 사랑 안에는 두려움이 없다(요일 4:18). 사랑은 공포 대신 긍휼을 불러온다(벧전 3:8).

모노태스커 예수

———

내 경험 속에 내가 현존하기 위하여

멀티태스킹multitasking. 본디 하나의 CPU(컴퓨터의 중앙처리장치)로 여러 작업을 수행한다는 뜻의 이 말은, 생활 속에서 여러 가지 일을 동시에 한다는 뜻으로도 쓰인다. 안 그래도 성질 급한 한국 사람들인데, 세상마저 더 많은 일을 더 짧은 시간에 하라고 요구하는 담즙질 사회로 변해 가면서 점점 멀티태스킹형 인간이 는다. 인터넷에서 가끔씩 "여러분은 한 번에 몇 가지 일을 할 수 있나요"라고 물어보곤 하는데, 거기를 클릭해 보면 서너 가지는 기본이고 심지어 대여섯 가지 일도 동시에 한다는 이들의 간증이 올라온다. 컴퓨터 앞에 앉아 밥을 먹으면서 음악을 듣고, 책은 펴 놓고, 메신저를 하면서, 동시에 건너편에 있는 TV 화면을 보며 웃음을 터트리는 모습은 더 이상 남의 모습이 아닐지도 모른다.

한 번에 한 가지씩만 하라

사람들은 할 일도 많고, 즐길 것도 많고, 신경 쓸 일도 많은 세상에서 몇 가지를 동시에 병행하는 습관이 불가피하다고 한다. 그런 생활에 익숙해진 나머지 다중 작업을 하지 않으면 되레 불안한 지경에 이르렀는지도 모른다. 그러나 나는 주어진 한 번의 시간에 한 가지 일을 하는 편이 낫다고 믿는다. "무슨 일을 하든지 마음을 다하여 주께 하듯 하고"(골 3:23)라는 말씀대로 한 가지 일에 맘과 몸을 다해 보라. 그러면 그곳에 새로운 신비가 열림을 발견할 것이다.

예배나 묵상, 기도나 찬양만을 주께 하듯 하란 말이 아니다. 교회 봉사나 제자 양육, 해외 선교와 사회 참여만을 주께 하듯 하란 말이 아니다. 고맙게도 한국 교회는 이런 일에 관한 한 하나님의 임재를 구하면서 최선을 다하는 훈련이 되어 있다. 내가 말하는 바는 특이할 것도 새로울 것도 없는 일, 정지용의 시 〈향수〉의 한 구절을 빌리자면 "아무렇지도 않고 예쁠 것도 없는 사철 발 벗은" 일과를 주께 하듯 해 보라는 것이다. 십수 년 전 일기장의 한 쪽을 들춰 본다.

요즘 나의 하루는 이렇게 채워진다. 지극히 당연한 얘기지만 수천 명을 놓고 말씀을 전하는 자리에만 주님이 계시는 것이 아니다. 소소한 일상사 속에 우리 주님이 임하신다. 그러한 주님의 현존을 느끼며 모든 일을 주께 하듯 하면 기쁨이 넘친다. 아주 작은 일도 지성으로 임하면 삶의 신비를 발견한다. 밥을 먹을 때도 밥 먹는 행위에 집중하면 음식물

섭취 자체가 하나의 신비로 다가온다. 반찬의 재료가 된 피조물의 맛 하나하나가 생생하게 느껴지고 내 마음은 감사로 가득 찬다. 국문과 대학원 시절 박사과정 선배가 날더러 "넌 무슨 오렌지 주스를 그렇게 맛있게 마시니?"라고 말했듯 한 잔의 음료를 마셔도 맛에 집중하면 삶이 풍성해진다. 설거지를 해도 물과 세제를 아끼는 노력을 들이며 지성으로 임하면 닦이는 그릇을 보며 기쁨이 충만해진다.

밥을 먹을 때에도 주께 하듯 먹어 보라. 수저를 들기 전에 "잠든 이내 오감을 깨워 온몸으로 밥을 먹게 하소서"라고 기도한 다음, 이전에 습관적으로 하던 '밥 먹는 행위 자체'를 의식하면 서 먹어 보라. 섭식이라는 행위가 얼마나 신비롭고 감사한 일인 지 절감할 것이다. 수저를 들 때마다 벼를 키운 들판의 햇살과 바람이 느껴지고, 베어 문 김치 한 조각에서 빗소리를 듣고 흙내음을 맡는다. 자연스레 이 모든 것을 주신 하나님께 감사와 찬양이 절로 터져 나온다. "당근 한 조각에 한 줌 햇빛과 구름, 땅이 들어 있으며, 따라서 그것을 먹으면 온 우주와 만나는 것"이라는 틱낫한Thích Nhất Hạnh 스님의 말은 허튼소리가 아니다.

생활 속의 영성, 일상 속의 신비
이런 자세와 태도는 생활 구석구석으로 번져 나간다. 매번 습관적으로 하는 일도 '깨어서mindful' 하면 완전히 달라진다. 손을 씻을 때도 손 씻는 행위 자체에 주목하면 수돗물이 시냇물 소리처럼 경쾌하게 들리고 "비누는 때를 바라보지 않는다"는 앙리

미쇼Henri Michaux의 말처럼 비누의 존재도 새롭다. 말갛게 닦인 내 손과 얼굴은 어쩜 이리도 아름다운지!

앞에서 잠시 언급했듯이 설거지도 '깨어서' 하면 손과 물과 그릇이 어우러지는 기쁨을 맛보게 된다. 내가 설거지를 좋아하는 까닭이 이것이고, 틱낫한 스님이 프린스턴대학 유학 시절 설거지를 도맡아 했던 것도 같은 이유에서이다. 스님은 접시와 물, 그리고 손의 움직임 하나하나를 완전히 자각하면 접시와 보내는 시간이 즐거워진다고 했다. 그는 《깨어 있는 마음의 기적》에서 설거지를 즐기는 비결을 두고 "무슨 일을 하든지 당신의 온 마음과 몸을 다하는 것"이라고 했다(이럴 수가. 우리는 바울이 한 말과 똑같은 말을 노승에게서 듣는다. 그런데 왜 교회에서는 이런 이야기를 일상 영성의 맥락에서 듣지 못할까. 스님에게라도 들으니 감사하지만 우리의 생활 신학이 얼마나 빈곤한지를 보여 주는 사례라 잠시 우울해진다). 이러한 의미에서 보면 "설거지할 때조차도 기도한다"는 일부 헌신된 그리스도인의 고백이 무척 깊은 신앙심을 드러내는 것 같지만, 실은 설거지하는 동안 머릿속을 기도 제목으로 꽉 채우기보다는 설거지 그 자체를 주께 하듯 하는 것이 더 깊은 기도요, 더 깊은 영성의 발로가 아닌가 싶다.

설거지나 회사일 같은 일만 아니라 놀 때도 온 맘을 다해 놀아 보라. 그러면 하나님이 우리를 '노는 인간Homo Ludens'으로 지었다는 것, 신神나는 놀이 속에 신명神明을 일으키는 성신聖神이 계시다는 것, 놀이 치료사들이 말하듯 놀이에 치유하는 힘이 있음을 느낄 것이다. 아이와 놀 때도 의무적으로 '놀아 주지' 말고 놀이 자체에 몰입해서 아이보다 더 흥겹게 놀아 보라. 누가 그런 엄마와 아빠, 그런 이모와 삼촌을 좋아하지 않겠는가? 애들이 유난히 따르는 사람을 보면 어른에게 시시해 보이는 놀이를 아이보다 더 재미나게 한다는 공통점이 있다.

채팅할 때도 마찬가지이다. 채팅도 '온맘 다해' 해 보라. 나는 채팅조차도 진지 모드로 하라는 엄숙주의자가 아니다. 다만 습관처럼 내뱉고 장난처럼 읽어 넘기는 말 한마디 한마디를 '깨어서' 받아들이라는 것이다. 깃털처럼 가벼운 대화 속에 묻은 상대의 진심, 상대의 공허함 같은 것이 느껴질 것이다.

하물며 사람을 만나 눈을 마주 보며 이야기하는 것이야 무슨 말을 하겠는가. 사랑하는 이를 앞에 두고서도 머릿속이 다른 생각, 다른 걱정으로 꽉 찼다면 어떻게 영혼과 영혼이 맞닿는 시간을 보내겠는가? 어렵게 시간을 내서 만나면서도 정인情人을 정성으로 대하지 않는다면 그 만남이 무엇이겠는가? 남녀노소를 떠나 우리 모두는 단 몇 분이라도 좋으니 내게 온전히 몰입해 주는 사람, 나를 온전히 환영하고 받아들여 주는 사람을 원하는 것이다. 그러니 한 사람에게 최선을 다하자. 마더 테레사 Mother Teresa의 말대로 우리는 한 번에 한 사람을 사랑할 수 있을 뿐이다.

> 난 결코 대중을 구원하려고 하지 않는다
> 난 다만 한 개인을 바라볼 뿐이다
> 난 한 번에 단지 한 사람만을 사랑할 수 있다
> 한 번에 단지 한 사람만을 껴안을 수 있다
> 단지 한 사람, 한 사람, 한 사람씩만…

따라서 당신도 시작하고

나도 시작하는 것이다

난 한 사람을 붙잡는다

만일 내가 그 사람을 붙잡지 않았다면

난 4만 2천 명을 붙잡지 못했을 것이다

모든 노력은 단지 바다에 붓는 한 방울, 물과 같다

하지만 내가 그 한 방울의 물을 붓지 않았다면

바다는 그 한 방울만큼 줄어들 것이다

당신에게도 마찬가지이다

당신의 가족에게도

당신이 다니는 교회에서도 마찬가지이다

단지 시작하는 것이다

한 번에 한 사람씩

차나 커피, 와인을 마실 때는 어떠한가. 흥미롭게도 우리는 마실 때만큼은 행위 자체에 집중하는 편이다. 특히 첫 모금을 음미할 때는 방금 전까지 만지던 핸드폰도 뒤로 깔리는 음악도 앞에 앉은 사람도 다 잊은 채 맛과 향에 집중한다. 내가 무언가 마시는 순간을 사랑하는 까닭이다. 어쩌면 현대인이 하루 중 거의 유일하게 멀티태스킹을 잠시 접고 모노태스킹을 실천하는 순간이리라. 특히 손수 우린 차와 직접 내린 커피, 자신이 디캔팅한 와인을 마실 땐 영성가 수준의 모노태스커가 된다. 혀를 구르는 액체가 목을 타고 내려갈 때까지 오감을 활짝 열고 만끽하는 모습은 아름답기까지 하다.

모노태스커 예수

여기에서 한발 더 나아가 보자. 차를 예로 들면 차의 맛과 향, 빛깔과 온기에 더 깊이 젖어 들어 보라. 다원茶園의 찻잎에 드는 빗방울, 부서진 햇살, 스치는 바람결이 느껴지지 않는가? 이 모든 것 뒤에서 미소 짓고 계신 창조주의 사랑이 느껴지지 않는가? 만약 차를 마시면서 이러한 신비를 누릴 수 있다면, 다도茶道를 선禪의 수준으로 끌어올린《동다송東茶頌》의 경지에 이른 셈이다.

이렇게 한 번에 한 가지씩 깨어서 하는 모노태스킹 영성 monotasking spirituality을 가장 습관적인 행위인 걸음에도 적용해 보자. 오감을 활짝 열고 걷기 그 자체를 자각하며 한 걸음씩 내딛을 때 우리는 희열을 맛본다. 교계에서 이런 글을 찾지 못해 다시 한 번 틱낫한 스님에게 신세를 지는 점이 아쉽다. "그냥 대지 위를 천천히 걸어라. 차가운 아스팔트가 아니라 아름다운 지구별 위를 걷는다고 생각하라. 다음, 생각을 놓아 버리고 그냥 존재하라. 숨을 들이쉬면서, 마음에는 평화. 숨을 내쉬면서, 얼굴에는 미소. 그대 발걸음마다 바람이 일고, 그대 발걸음마다 한 송이 꽃이 핀다. 나는 느낀다. 살아 있는 지금 이 순간이 가장 경이로운 순간임을. 당신은 이미 도착했다You have arrived." 스님은 "당신은 이미 도착했다"라고 할 때 불교의 득도를 염두에 두었겠지만, 우리 그리스도인들은 하나님의 임재의 신비에 도착한 것으로 받아들인다면 거부감 없이 그의 '걸음의 영성'을 받아들일 수 있다.

걷기조차 신비가 된다면 하물며 청소하기, 기저귀 갈기, 음악 듣기, 식물 키우기, 버스 타고 가기, 사진 찍기, 책 읽기, 영화 보기, 전화하기, 입 맞추기에서도 신비에 감응할 수 있다. 이러한 모노태스킹 영성으로 충만해지면 "내가 온 것은 양으로 생명을 얻게 하고 더 풍성히 얻게 하려는 것이라"(요 10:10)라는 말씀이 종교적으로 의미 없어 보이는 일상에서 어떻게 꽃피는지 목도한다.

이런 점에서 "무슨 일을 하든지 마음을 다하여 주께 하듯 하라"는 말씀은 멀티태스킹 시대를 사는 우리에게 너무나 적실한 말씀이다. 알고 보면 이는 주님을 위한 말씀이 아니고 우리를 위한 말씀이다. 지극히 작은 일 하나, 습관적으로 하는 일 하나라도, 그 일 자체를 자각하는 가운데 주께 하듯 정성껏 하면, 살아가는 매 순간이 신비요 기도요 묵상이 된다.

너무 힘들지 않을까?

근데 어디선가 이런 반론이 들리는 것 같다. 무슨 일이든 '마음을 다하여 주께 하듯' 하려면 너무 힘들지 않을까요? 이 글을 쓰는 나 역시 모든 일을 의식하고 깨어서 하려면 고단하겠다는 생각이 절로 든다. 차라리 습관적으로 잠든 상태처럼 일하는 쪽이 편할 것이다. 사실 매시毎時에 매사毎事를 자각하며 수행하기는 어렵다. 주위의 요구와 타인의 속도에 보조를 맞춰야 하는 경우도 있다. 하루에 수천 번 직인이나 도장을 찍는 분이 찍는 행위를 매순간 의식할 수는 없는 노릇이잖은가. 조직 사회에서 일개 개인이 어찌할 수 없는 대목은 일단 내려놓고 내 소관대로 해도 좋을 활동부터 시작하자. 먹고 마시기, 걷고 달리기, 읽고 쓰기 먼저 모노태스킹을 훈습하자. 그렇게 하나둘씩 모노태스킹 영성에 맛을 들이면 이전 방식이 줄 수 없는 기운이 생기고, 다시 그 힘을 길어 다른 활동을 주게 하듯 해내는 선순환이 이뤄진다.

예상되는 또 하나의 반론은, 한 번에 한 가지씩만 하면 속도가 관건인 사회에서 능률이 떨어진다는 것이다. 투입된 시간과 노력에 비해 얼마만큼의 결과물을 얻었느냐는 경제성을 놓고 따지자면 도저히 멀티태스킹을 따를 수가 없다. 하지만 오늘날 양이 모자라서 사람들이 목마르고 숫자가 부족해서 허기진 게 아니잖은가. 노래가 모자라서, 책이 부족해서, 설교가 드물어서, 양육 프로그램이 귀해서 사람들이 갈급해하는 게 아니잖은가. 단한 곡을 쓰더라도 혼을 담은, 단 한 줄을 쓰더라도 삶을 부어 낸, 단 한마디를 하더라도 영감을 담은, 단 한 사람을 먹이더라도 목숨을 다하는, 그런 노래, 그런 글, 그런 설교, 그런 양육이 없기 때문에 감동이 없고, 변화가 없고, 기적이 없는 것 아니겠는가.

전복적 세계관으로서의 묵상

효율을 최고로 치는 오늘날의 가치 체계와는 달리 모노태스킹 영성은 성취보다 관계를, 양보다 질을 중시한다. 현대 사회를 사는 우리는 전자를 후자보다 중시하도록 길들여졌기에 멀티태스킹의 영토에서 벗어나기가 쉽지 않다. 우리가 반 시간에서 한시간 정도 진득이 앉아 침묵하고 묵상하기 어려워하는 까닭이 여기에 있다.

이렇게 보면 성경을 묵상하든 들꽃을 묵상하든 묵상은 단순한 영성 방법론이 아니라 이 시대의 지배적인 사유를 뒤집는 '전복적 세계관subversive worldview'의 징표요, '대조대안적인 삶의 양식counter-alternative way of life'의 열매이다. 그러니 우리가 큐티Quiet

Time이든 렉티오 디비나*Lectio Divina*이든 묵상의 시간을 갖는다는 것이 얼마나 큰 사회변혁적 함의를 지니는가!(그렇다고 해서 복음의 해방적 측면에 무지몽매하고 사회정치적 참여를 주저해 온 교회가 세상에 대고 "묵상이 얼마나 큰 사회적 의미를 지닌 일인데"라고 떠든다면 조롱만 받을 것이다)

코다: 내가 내 일에게 소외당하지 않기 위해

아담과 하와가 범죄하고 나서 노동에 고통이 결부된 이후부터였을까? 우리 존재being는 일doing에게 소외당한 지 오래이다. 도로테 죌레Dorothee Sölle 역시 《신비와 저항》에서 이 소외를 언급하면서 우리의 경험 속에 우리가 없다고 지적한다. 직장, 가정, 학교에서 일하고 공부하는 동안 거기에 내가 없다. 우리의 경험 속에 우리가 현존하는 것은 남는 시간을 빌려 하고 싶은 일을 할 때―기도할 때, 소비할 때, 여행할 때뿐이다. 자본주의가 심화될수록 일상에서는 자신이 아닌 존재로 버티다가 여가나 휴가에만 겨우 자신으로 존재하는 분열이 심해졌고, 이는 현대 사회의 정신질환 증가와 관계가 있어 보인다. 악랄한 자본은 돈이 없으면 자기가 살아 있다고 느끼는 시간조차 갖기 어렵게 만들었다. 사람들이 돈벌이에 집착하는 것은 어쩌면 더 긴 시간을 자신으로 존재하고 싶어서인지도 모른다. 물론 그게 참된 자아라는 보장은 없지만 말이다.

습관적인 몸짓을 깨어서 주께 하듯 성심으로 행하는 모노태스킹 영성은, 이러한 시대의 병증인 일상 속의 자기 부재 및 노동 속의 자기 소외를 줄여 주는 방편이 된다. 죌레는 "나는 완전한 귀ㅌ이다"라는 신비로운 표현을 쓰면서 언제 우리가 온전한 눈, 온전한 손이 될 것인가 묻는다. 사랑하는 이를 보면서 "나는 온전한 눈이다"라고 할 수 있고, 수작업을 하면서 "나는 온전한 손이다"라고 할 수 있다면 얼마나 복된 삶이겠는가.

스마트폰을 쥔 예수

인터넷과 음악 전성기 시대의 영성

요즘엔 페이스북이나 인스타그램, 하다못해 구닥다리로 취급받는 블로그라도 하나씩은 한다. 내 주변만 해도 선배의 유치원생 딸부터 후배의 연세 지긋한 아버님까지 안 하는 사람이 없는 것 같다. 나 역시 페이스북 사용자이다.

한국이든 외국이든 사진과 글을 곁들인 소셜 미디어에 푹 빠지는 이유는 무엇일까. 친구네 놀러 갔다가 우연히 그 집 가족 앨범을 들춰 보는 설렘을 선사해 준다는 점, 상대방의 일상 구석구석을 투명인간처럼 엿보게 해 준다는 점이 매력적이다. 자주 만날 수 없는 가족 및 지인과 삶을 공유하는 데 이만한 것이 없다. 인터넷에서 꾸준히 얼굴을 보면 몇 년 만에 만나도 어제 본 듯 친숙하다. 잘 사용하면 일상에 활력을 더하고 사회 이슈에 관심을 갖게 해 주는 것은 물론 예수 믿는 삶을 보여 주는 공간이 되기도 한다. 물론 문제점도 있다. 사람에 따라 방문자 숫자와 사진 댓글 하나에 일희일비하는 심리적 중독 현상을 보이기도 하고, 야심 찬 게시물을 올렸는데 반응이 썰렁하면 무심한 페친과 팔로워를 원망하거나 인기 없는 자신을 비난하는 심리적 자학 현상에 빠지기도 한다.

이미지에 포섭되다

이전에는 광고와 영화에서나 가능했던 장면이 영상 기술의 개인화 덕에 현실이 되었다. 영화의 주인공처럼 보이고픈 상상이야 누구라도 한 번쯤은 하지만, 영화나 광고 속 고급스런 이미지가 실제로 내 소유가 된다면 이는 대단한 마력을 가질 것이다. 그런데 폰카를 비롯한 디지털카메라의 보편화와 포토샵 같은 보정 프로그램의 상용화는 각 개인을 그런 이미지의 주인공으로 만들어 주었다. 이제 온 국민이 사진사가 되고 또 모델이 된다. 우리는 어떻게 찍고 어떻게 찍혀야 하는지에 관한 한 전문가가 되었다. 페이스북이나 인스타그램의 추천 사진은 어지간한 영화의 스틸 컷보다 더 근사해 보인다. 친구와 팔로워의 '좋아요'와 찬사의 댓글, 그에 따른 과도한 자기도취 및 이미지 속에 연출된 자아를 지속·확장하려는 욕망은, 있는 그대로의 '자아'를 건강하게 수용하기보다는 불건강한 나르시시즘으로 굴절하기 쉽다.

나를 보암직한 이미지로 치환하는 시도가 잦아지고 다른 이도 나를 그런 이미지로 고정하게 되면 내 모습 그대로 살아갈 자유와 특권을 상실하게 된다. 엘비스 프레슬리의 딸이자 마이클 잭슨의 아내였던 리사 마리 프레슬리가 폭로했듯, 항상 자기보다 아침 일찍 일어나 화장을 하고 하루에도 수십 번 화장을 고쳐서 배우자에게조차 한 번도 민낯을 보이지 않았던 마이클 잭슨처럼 되는 이가 몇이나 되겠냐마는 우리 역시 '가공하지 않은 날것 그 대로의 모습'으로 존재하기를 두려워할 수 있다. 오래전 가수이자 배우였던 레이니 카잔이 1986년 TV 인터뷰에 나와, 광고 사진 속에 조작된 자신의 완벽한 이미지를 현실에서는 구현하지 못하는 무능함 때문에 7년간 두문불출했다고 고백했던 것―그녀는 그때 이렇게 말했다. "나는 1969년에 잠이 들었고 1976년까지 일어나지 않았다. 나는 내 사진처럼 보이기 전에는 나오지 않으려 했다"―처럼이야 되겠냐마는 우리 역시 이미지에 투사된 나를 현실로 가져가지 못한다는 두려움에 시달릴 수도 있다.

연기하는 자아―피관음의 욕망

커피, 좋아하는가? 젊은 독자들이 기억하는지 모르겠지만, 예전에 '다방'이나 '카페'란 간판을 단 곳은 창 한 칸 없는 어둡고 폐쇄적인 공간이었다. 자리마다 칸막이를 쳐서 타인의 시선을 차단했다. 오늘날과 같이 전면을 통유리로 달고 실내를 환히 보여 주는 커피숍은 내가 대학을 다니던 1990년대 초반에 등장했다. 그러한 건축학적 변화와 함께, 다른 사람의 시선을 기피하는 사람들은 역사의 뒤안길로 사라지고 커피를 마시는 제 모습이 영화의 한 장면처럼 보이기를 바라는 사람들이 나타났다. 커피숍 안쪽 자리가 비었는데도 거리 쪽 창가 좌석이 먼저 채워지는 것이 매번 우연일까?

솔직히 말해 보자. 우리는 예쁜 찻집에 앉아 세련된 옷차림을 하고 친구와 웃으며 차를 마시는 동안 그러한 나의 모습이 지나가는 이들에게 아름답고 행복하게 비쳐지기를 원한다(서 있는 이가 앉아 있는 이와 눈이 마주치면 먼저 눈길을 돌리는 데에서도 알 수 있듯이, 차 마시는 이가 길 가는 이보다 심리적으로 우월하다는 점도 지적해 두자). 조금 더 솔직해 보자. 우리는 아무도 없는 체육관에서 혼자 운동하면서도 저 건너편 문 뒤에서 누군가가 땀 흘리는 내 모습을 멋있게 봐 주길 바라고, 실연의 아픔을 안고 텅 빈 거리를 눈물로 거닐 때조차도 가로수 뒤 누군가가 슬픈 내 모습을 지켜보며 연민의 정을 품어 주기를 바란다.

　　이렇듯 우리는 영화 〈트루먼 쇼Truman Show〉의 주인공처럼 수많은 '몰래카메라'에 둘러싸여 산다. 다른 점이라면, 영화의 주인공인 트루먼(짐 캐리 분)은 그 사실을 몰랐지만 우리는 그것을 알고 심지어 기대한다는 것이다. 누군가의 시선을 바라는 우리는 마이크 페더스톤Mike Featherstone이 말한 '연기하는 자아 performing self'가 되려는 유혹을 받고, 기꺼이 그 역할을 수행한다. 따지고 보면 인터넷에 사진을 올리는 것도 다른 이들이 나의 모습을 슬그머니 지켜봐 주길 바라는 욕망 때문이고, 또 그러한 욕망이 충족되는 쾌감 때문이 아닌가? 싸이월드에서 시작해 페이스북과 인스타그램까지 소셜 미디어의 대성공은, 내가 다른 이의 삶을 훔쳐보려는 '관음의 욕망'과, 내 삶을 다른 사람이 훔쳐보길 바라는 '피관음의 욕망'이 동시에 충족된다는 점에서 이미 예견되었다.

자유를 앗는 시선, 주는 시선

이러한 피관음의 욕망은 부정적이고, 따라서 제거되어야 한다고 말하는 것으로는 충분치 않다. 본래 우리는 하나님의 시선을 바라는 피관음적 존재로 지음받았기 때문에 누군가의 눈길을 기대하는 욕망은 불가피한 것이다. 문제는 타락 이후 하나님의 시선이 다른 이들의 시선으로 대체되었고, 그 결과 온라인이든 오프라인이든 불꽃같은 눈으로 나를 지켜보는 하나님의 시선보다는 내 이미지에 흡족해하는 나 자신의 시선과, 그것을 관음하며 댓글을 달아 주는 남들의 시선을 더 의식하게 된 것이다. 흥미롭게도 사람들의 눈길을 의식하는 것은 내게 '연기하는 자아'를 강제하면서 자유를 앗아 가는 반면, 하나님의 눈길—욥의 표현을 빌리자면, 침 넘어가는 순간도 나를 놓치지 않는 눈길—을 의식하는 것은 '내 모습 이대로' 살아갈 용기와 자유를 준다.

이러한 사실은 '하나님의 임재 연습The Practice of the Presence of God'이라는 고전적인 영성 훈련이 얼마나 중요한지를 보여 준다. 지나친 단순화로 들릴지 모르지만, 얼마나 많은 삶의 문제가 하나님의 현존을 얕게 체험하는 데에서 비롯되는가? "내가 주 안에, 주가 내 안에 있다"라는 식상한 명제가 생생한 체험으로 다가올 때 하나님의 임재보다 사람의 임재를 더 의식하는 버릇, '살기'보다 '연기'를 우선하는 버릇을 내려놓을 수 있다. 그럴 때에야 우리는 흠과 틈이 없는 이미지에 자신을 끼워 맞추려 드는 대신 흠과 틈을 가진 자신에게 어울리는, 편안한 이미지를 빚어 간다.

사람의 흠은 그의 생을 정독할

자상한 각주 같은 것이니

더러는 틈을 보이며 살 일이다

밖으로 나가려면 문을 열듯이

안으로 들이려면 틈을 내줄 일이다

_임영조의 시 〈틈〉 중에서

귀에 대한 통제권을 구입하다

여기는 토론토. 버스 옆자리에 흑인 청년이 앉는다. 그 친구 귀에 꽂은 음악 소리가 너무 커서 책 읽기에 집중하기 어렵다. 몇 번 노력해 보다가 "Excuse me!"라고 입을 열었다. 들을 체를 안 하는 걸 보니 볼륨이 크긴 큰가 보다. 팔을 살짝 건드리니까 그제 야 헤드폰을 벗으며 내 쪽을 쳐다본다. 요즘 캐나다이든 한국이든 이어폰을 귀에 꽂거나 헤드폰으로 귀를 덮은 이가 엄청나게 늘었다.

소니가 1970년대에 워크맨을 내놓은 것은 단순히 전자제품을 선보인 것이 아니었다. 워크맨 이후로 휴대용 CD 플레이어, mp3 플레이어, 스마트폰에 이르기까지 각종 휴대용 음악 기기는 신체에 대한 통제력을 증대시켜 우리 삶에 중대한 변화를 가져왔다. 생물학적으로 눈과 입은 우리의 의지에 따라 즉각적인 개폐가 가능하지만, 귀는 신체의 다른 부위를 사용하지 않고서는 여닫을 수 없다. 이것은 우리에게 **'들음'에 관한 한, 내가 원하는 소리가 아니라 주어진 소리를 들어야 하는 수동적인 존재로 지음받았음**을 말해 준다. 귀에 대한 즉각적인 통제력을 행사할 수 없는 인간은 발을 사용하여 그러한 수동성을 극복하려고 했고, 주위 환경을 원하는 대로 바꿀 수 있을 만한 돈과 힘을 가진 이들은 자리를 뜨지 않고도 얼마든지 자신의 귀를 원하는 소리로만 채울 수 있었다. 그런데 이제는 기술의 발전에 힘입어 얼마간의 돈을 지불하면 자신의 귀에 통제권을 확보하게 되었다.

하지만 이어폰이 귀를 정복하면 갖은 피조물이 자아내는 소리, 우리네 사람 사는 소리를 놓칠까 두렵다. 언 땅이 녹는 소리와 빗방울이 내 뺨을 두드리는 소리, 꽃잎 떨어지는 소리, 잠자리가 날개를 부비는 소리를 듣지 못한다면 안 그래도 빈약한 우리의 창조 영성은 한결 더 빈곤해질 것이다. 동네 개구쟁이들이 골목에서 뛰노는 소리, 하굣길 학생들이 삼삼오오 재잘대는 소리, 재래시장 상인들이 흥정하는 소리를 듣지 못한다면 살아가는 재미도 놓치고 이웃과 나누는 소소한 정도 사라질 것이다. 귀에 달라붙은 헤드폰 때문에 누군가가 나의 도움을 바라며 "저기요" 하고 묻는 소리, 생활고에 시달리는 부모님의 한숨 소리, 옆에 앉은 사람의 들릴 듯 말 듯 흐느끼는 소리, 신원을 간구하며 고아와 과부가 부르짖는 소리를 듣지 못한다면 우리의 사회적 영성은 제자리에 머물 것이다.

이어폰 꽂은 예수

이런 썰렁한 상상을 한번 해 보자. 제자들과 함께 길을 가는 주님이 주위 소음을 제거해 주는 노이즈 캔슬링 이어폰을 끼고 새로 출시된 앨범에 푹 빠져 있느라 "다윗의 자손 예수여, 나를 불쌍히 여기소서!"라는 바디매오의 외침을 듣지 못했고, 가엾은 시각장애인의 거듭된 절규는 주위의 타박에 묻혀 버리고 말았다는 썰렁한 상상 말이다. 제사장 엘리 밑에서 고된 성막 수련을 마치고 잠자리에 누운 사무엘이 습관처럼 이어폰을 꽂고 잠을 자다가 "사무엘아, 사무엘아!" 하고 부르는 주님의 음성을 듣지 못했고, 그 결과 "주여, 말씀하옵소서. 주의 종이 듣겠나이다"라는 묵상인의 영원한 기도문이 성서에 기록되지 못했다는 썰렁한 농담은 어떤가. 갈멜산에서 바알 선지자들과의 영적 싸움을 대승으로 이끈 엘리야가 급작스러운 영적 침체에 빠진 다음 호렙산에 갔다가 기분 전환 차 듣던 음악 때문에 하나님의 '세미한 음성'을 듣지 못했다는 썰렁한 우스개는 또 어떠한가. 우리의 생활 속에서 이런 일이 결단코 없을 거라고 장담할 수 있는가? 온종일 음악에 묻혀 사는 독자들은 귀에 꽂힌 이어폰 때문에, 주님의 목소리에 귀먹은 것은 아닌지 경계할 일이다.

주님의 소리, 이웃의 소리, 만물의 소리를 곧잘 놓치는 우리와 달리 주님은 새벽 오히려 미명에 한적한 곳에서 기도하며 하나님의 소리에 귀 기울이셨고, 동이 터 오는 것과 동시에 만물이 깨어나는 소리를 들었으며, 마을로 돌아오면 절망 속에 흐느끼는 이들의 소리에 민감히 반응하셨다. 이는 예수님만이 아닌 모든 하나님의 사람이 가진 공통점이기도 하다.

코다: 뮤즈만이 나의 힘이시니

내가 경험해 보니 아무 생각 없이 귀에 꽂아 넣은 이어폰은 습관적으로 귀를 향하고, 귓바퀴에 한번 둥지를 튼 이어폰은 좀체 빠져나올 생각이 없다. 그러다 보니 음악 없이는 하루를 살아갈 생기도 열정도 없는 시간이 늘어난다. 핸드폰이 없으면 불안해하듯 음악이 없으면 활력을 갖지 못하는 사람을 자주 본다. 집을 나서며 항상 이어폰을 챙기는 이는 주님의 임재가 음악의 임재로 대체된 것은 아닌지, 내 삶의 생기가 음악의 생기에서만 오는 것은 아닌지 돌아볼 일이다.

끝으로 여담이지만, 음악도 습관적으로 귀에 쑤셔 넣는 것보다는 거리를 걷다가 아끼던 곡이 어디선가 흘러 나와 귀에 착 감길 때, 한참을 그 자리에 서서 듣는 것이 훨씬 더 감동적이지 않은가.

찍사 예수

기독교적 사진 미학에 관하여

"19세기의 가장 논리적인 유미주의자였던 말라르메는 이 세상의 모든 것들은 결국 책에 쓰이기 위해서 존재한다고 말했다. 그렇지만 오늘날에는 모든 것들이 결국 사진에 찍히기 위해서 존재하게 되어 버렸다." 수잔 손탁Susan Sontag이 《사진에 관하여On Photography》에서 선포한 문장이다. 이 말이 1970년대에 나온 것임을 생각하면 카메라가 배출한 이미지의 홍수 속을 사는 오늘날에는 모든 것이 사진을 위해 존재하는 정도가 아니라 사진이 있기에 모든 것이 존재할 수 있는 것 같다. 우리는 실체가 이미지를 만들어 내는 것이 아니라 이미지가 실체를 만들어 내는 시대를 산다.

요즘 세상에 사진 잘 찍는 사람이 얼마나 많은데 한때 취미로 생활 사진을 찍은 내가 사진에 관한 글을 쓰겠다면 강호의 숨

아버지에게 물려받은 '야시카' 필름 카메라. 내 인생 최초의 사진기이다. 후문에 의하면, 아버지가 지인에게 돈을 빌려줬는데 그분이 월남에서 사 온 이 카메라로 삯쳤다고 한다. 20대 시절 가방에 넣어 두고 '결정적 순간'이라 믿어지면 꺼내 셔터를 눌렀다.

은 고수들이 코웃음을 칠지도 모른다. 눈부신 장비의 발전 속도를 무시라도 하듯 아무도 쓰지 않는 구닥다리 DSLR과 낡은 핸드폰 카메라를 든 나를 봤다면 이 글을 쓸 자격부터 문제 삼을지도 모르겠다. 하지만 인터넷을 열어 보면 '초보자를 위한 애인 사진 잘 찍는 법'부터 시작해 난해한 용어로 가득 찬 전문가 수준의 글까지 온갖 자료가 넘쳐나되 기독교인의 관점에서 사진에 접근한 글은 좀체 찾아보기 힘들다. 기독교사진가협회 같은 곳을 들러보아도 기독교적 사진 철학이나 사진 미학에 관한 논의를 접할 수 없기는 마찬가지이다. 걸핏하면 '기독교적'이란 말을 붙이는 걸 달갑지 않게 보는 편이고 사진 찍는 데에도 기독교적이란 것이 따로 있을까 싶지만, 한때 개혁주의 미학을 공부한 사람으로서 그런 것이 있다면 한번 찾아보자는 심사로 이 글을 쓴다.

빛이 있으라 하시니 사진이 있었더라

사진은 빛의 예술이다. 사진photography이라는 말부터가 '빛photo으로 그리는 그림graphy'이라는 뜻이다. 그러므로 "하나님이 가라사대 빛이 있으라 하시매 빛이 있었고"는 나 같은 사진 애호가들에게 "하나님이 가라사대 빛이 있으라 하시매 사진이 있었고"로 읽힌다.

가난한 이들을 카메라에 담느라 평생을 바친 최민식 선생은 《종이거울 속의 슬픈 얼굴》에서 "'빛과 구도와 감정이 일치된 순간'에 결정되는 것이 사진가의 중심 사상이며 그것은 삶을 창조적으로 실현시킨 것이다"라고 말한다. 흥미롭게도 '빛과 구도와 감정이 일치된 순간'은 "하나님이 가라사대 빛이 있으라 하시매 빛이 있었고 그 빛이 하나님의 보시기에 좋았더라"(창 1:3-4, 개역한글)라는 말씀과 고스란히 포개진다. 먼저 (1) 최민식 선생의 '빛'은 성경의 "빛이 있으라 하시매"와, (2) '구도'는 "하나님의 보시기에"와, (3) '감정'은 "좋았더라"와 각각 짝을 이룬다.

이 세 항목은 사진에서 필수적인 3요소, 즉 '빛'에 대한 이해와 세상을 보는 '관점'과 피사체에 대한 '애정'에 해당한다. 나는 사진이란 하나님이 지으신 '빛'을 사랑하고 활용하면서 문화명령(다스리고 정복하라)을 받드는 행위요, 그 빛이 드러내는 피사체를 그리스도인의 '관점'에서 보려는 기독교 세계관적 사유요, 빛과 피사체가 만나는 찰나를 '애정'으로 포착하는 이웃 사랑의 실천으로 이해한다.

빛이 있으라 하시매

하나님이 세상을 지으실 적마다 좋았다고 하셨는데 그 좋았다는 상찬을 제일 먼저 받은 것이 바로 빛이다. 빛은 만물에게 생명 에너지를 공급해 줄 뿐만 아니라 동료 피조물의 아름다움을 보여 주기 때문에 이 같은 칭찬을 들은 것이 아닐까? 이렇듯 빛은 자신을 드러내기 위해 존재하는 것이 아니라 다른 존재를 드러내기 위해 존재한다. 바로 이런 이유에서 예수님이 세상의 빛으로 오셨다고 하는 것이고, 우리 또한 세상의 빛으로 부름을 받았다고 하는 게 아니겠는가. 아, 우리의 삶도 빛과 같은 것이기를.

사진을 찍으면서 얻는 선물의 하나는 이 빛을 알게 되고 사랑하게 된다는 것이다. "빛이 하나님이 보시기에 좋았더라"(창

1:4)라는 말씀대로 빛이 보기에 좋아야 좋은 사진이 나온다. 또한 하나님이 빛이 좋다고 하실 때에 그분은 빛에 대한 온전한 지식을 가지고 좋다고 하신 것이 틀림없다. 그러므로 우리도 빛을 알아야 좋은 사진을 찍을 수 있다. 빛의 성질을 알고, 빛의 질이 좋을 때를 알고, 담고자 하는 피사체(인물과 풍경)의 모습과 가장 잘 어우러지는 빛을 알면 좋은 '빛그림'을 그릴 준비가 된 것이다.

빛이 피조물이라는 사실에서 "다스리라"는 문화명령(창 1:28)을 떠올릴 수도 있다. 나는 '다스림'을 서양의 그리스도인들처럼 정복과 지배로 보기보다는 피조물을 섬기고 피조물과 벗이 된다는 생태신학적 해석에 기대고 싶다. 평소 사진 작품을 감상하다 보면 서양 사진작가들은 빛을 이용하려는 경향이 짙음을 본다. 그것이 나쁘다는 것은 아니지만 빛과 사귀거나 공존하려 하기보다는 빛을 이용할 수 있는 도구나 객체로만 대한다는 느낌을 받는다. 서양 사진이 전통적으로 인공광을 선호하는 이유도 이와 관련된 게 아닌가 싶다. 스튜디오 촬영 등에서야 인공광의 사용이 불가피하지만 자연스러운 생활 사진이라면 어두우면 어두운 대로 최대한 자연광이 드러내는 피사체의 본질을 담으려고 하면 좋겠다. 서양과는 달리 일부 동양 사진가들은 피사체를 빛의 일부로 보는 경향이 있고, 심지어 사진가 자신조차 빛의 일부가 되려고 하는데 개인적으로는 이쪽을 더 높이 사고 싶다.

하나님의 보시기에

사진이란 찰나의 예술이다. 모든 시각 예술이 그렇지만 특히 사진은 피사체의 순간적인 단면을 보여 줌으로 진실에 접근하려고 한다(사진을 통해 메시지를 전달하려는 시도를 배격하고 피사체 자체의 아름다움에만 천착하는 '유미적인 사진 미학'도 물론 존재한다). 눈에 보이는 일부를 통해 눈에 보이지 않는 전부를 드러내려는 사진의 속성은 인식론적 세계(헤겔)를 통해 존재론적 세계(니체)에 접근하려는 시도와 통하는 바가 있다.

결국 사진은 프레임에 무엇을 넣고 무엇을 뺄 것인가 하는 '선택'의 문제가 되고, 선택의 문제는 단순한 취향의 문제가 아니라 세계관이나 가치관의 문제가 된다. 정말 재미나게 읽었던 존 버거John Berger의 책 제목을 빌리자면 '보는 방법 Ways of Seeing'(한국에서는《이미지》라는 제목으로 역간)의 문제가 되고, 한 기독교 고전의 제목을 패러디하자면 "예수님이라면 어떻게 보셨을까"의 문제가 된다. 그러므로 우리는 뷰파인더를 통해 주님이 간음하다 잡혀 온 여자를 보신 그 시선, 자신을 세 번 부인하던 베드로와 눈이 마주쳤을 때의 그 시선, 의분에서 나오는 욕설을 바리새인에게 퍼붓는 그 시선, 외아들을 잃고 우는 나인성 과부를 보신 그 시선, 들판의 핀 꽃을 보라behold고 하신 그분이 평소 어떻게 꽃을 보셨는지 그 시선을 배울 필요가 있다. 이를 위해서 깊은 묵상과 폭넓은 독서 및 경험을 통해 세상을 '보고 읽는' 시선을 갈고 다듬어 나가야 한다.

오늘날 우리가 세상을 보는 그릇된 관점의 하나는 보는 사람과 보이는 사람을 나누는 서구의 이원론적 시각이다. 이를 아무 반성 없이 받아들이면 사진에서도 피사체를 객체로, 사진사를 주체로만 취급하게 된다. 이런 구분을 취하는 대신 우리는 앙리 카르티에 브레송Henri Cartier-Bresson이 사진 미학의 고전《영혼의 시선》에서 쓴 것처럼 "파인더를 통해 잘라 내는 것 안에 우리 자신이 포함되어 있다고 느껴야 한다." 마르크스의 '소외' 개념을 빌려 표현하자면, 사진사 자신이 파인더에서 소외되어서는 안 된다.

세바스치앙 살가두Sebastāo Salgado는 20세기 최고의 다큐멘터리 사진작가이다. 나의 영웅 살가두의 사진이 그토록 힘이 있는 것은 "사진은 사진작가에 의해 만들어지는 것이 아니다. 당신이 촬영하려는 사람과의 관계에 따라 사진은 더 좋은 작품이 되거나 더 좋지 못한 작품이 되기도 한다"는 그의 사진 철학에 기인한다. 살가두는 브라질 광산 노동자의 현실을 담든지 아프리카의 기아 현장을 담든지 최대한 촬영하려는 사람들과 하나가 되고자 한다. 위화감을 주는 승용차 대신 3등 기차를 타고 현장에 도착해서 몇 달씩 동고동락하며 같이 먹고 같이 자고 똑같이 일한다. 그러니 그가 비판하듯이 "촬영하려는 진실을 확인할 만한 시간도" 없이 두어 시간 동안 마구 찍어 대고 떠나는 텔레비전 보도진의 사진은 "자신이 한 만큼 돌려받는다"는 진실을 확인해 줄 뿐이다.

사진이 찰나의 예술이란 사실은 살가두의 경우처럼 찰나에 진실을 담으려는 처절한 노력으로 이어지기도 하지만, 다른 한편으론 이보다 사진을 더 사기성 짙게 만드는 것도 없다. 허다한 사진 관련 자료는 피사체의 총체적인 모습holistic character을 담아내려고 하기보다는 단번에 시선을 끌 수 있는 자극적인 촬영법을 공식처럼 가르친다. 좀 더 인상적인 사진을 찍으려는 촬영 기법이나 촬영의 의도를 더 풍부하게 해 주는 후보정(포토샵) 자체를 부정하는 것이 아니다. 다만 피사체의 본모습과 촬영자의 의도는 아무래도 상관없다는 듯 '예쁘게만 보이면 다 용서가 된다'는 식의 사진은 아무래도 문제가 있다는 것이다(물론 후보정을 통해 예상하지 않았던 결과물이 생겨나기도 하고 이에 따라 본래 촬영의 의도를 넘어선 새로운 의미를 부여하는 것은 창작 행위의 일부로 이해될 수 있다).

나는 사진에서도 보암직하고 먹음직한 것 앞에 맥을 못 추는 인간의 죄성을 새삼 확인한다. 항상 강렬하고 더 자극적인 사진, 항상 예쁘게만 나온 사진만을 당연한 듯 골라내는 우리의 모습은 브레송의 이 말과 얼마나 다른가. "우리에게는 두 가지 선택이 있다. 따라서 후회의 가능성도 두 가지이다. 하나는 우리가 파인더를 통해 실제와 마주할 때이고, 다른 하나는 사진을 현상하고 인화했을 때인데, 이때 우리는 제대로 된 것이라고 하더라도 덜 강렬한 사진들을 가려내야 한다." **자극적인 사진에는 아무래도 과장과 속임수가 담겨 있기 마련이고 이는 실제의 삶에서도 사실이다.**

사진이 찰나의 예술이란 점은 우리를 눈속임에 능한 사람으로만 만들지 않는다. 찰나가 사람의 힘으로 좀처럼 포착하기 힘들다는 사실은 우리를 겸손하게 만들고 기도하게 만들기도 한다. 역설적이지만 셔터를 누르는 그 찰나는 사진가도 보지 못한다. 사진이 찍히는 순간, 즉 셔터막이 내려갔다가 올라오는 그 짧은 순간은 사진을 찍는 사람조차도 보지 못한다. 그래서 사진은 우연의 예술이고 신비한 예술이다. 그 순간에 어떤 표정, 어떤 장면이 포착될지는 아무도 모르기 때문에 셔터를 누르기 전 겸손

한 마음으로 주님의 이끄심을 구하게 되는 예술이 사진이 아닌
가 싶다.

좋았더라

사진을 찍는 이가 빛을 이해하고 나름의 관점과 구도를 갖
췄다면 다음에 지녀야 할 것은 피사체를 향한 감정이다. 창조주
가 모든 피조물의 가슴팍에 좋았더라는 감탄사를 꽂아 놓았기에
우리는 뷰파인더에 들어온 피사체에 그분의 애틋한 감정이 깃들
었음을 확인한다. 이런 의미에서 사진을 찍는다는 것은 그분이
보시기에 "좋구나! 참 좋구나!"라고 했던 그 감탄을 공유하는 작
업이다. 물론 인간의 죄악과 만물의 고통을 응시하는 그분의 아
픔과 분노 또한 사진을 찍으며 품어야 할 감정이다. 특히 역사의
격동기에 태어나 국권 잃은 나라의 변두리 우범지대에서 목수의
아들로 살아가신 주님의 희로애락이야말로 우리가 렌즈에 담아
야 할 거룩한 감정이다.

당신이 손수 지으신 것을 흐뭇하게 보신 하나님은 당신의
형상인 우리가 지은 것들, 이를테면 즐겨 사진의 소재가 되곤 하
는 거리, 건물, 패션, 음식, 소품, 공연 등을 보면서도 "좋다, 좋
아!"하며 받으실 것이다. 이 땅에 죄의 그림자가 드리우지 않은
곳이 없기에 아담과 하와가 일군 에덴동산을 대할 때처럼 순전
한 기쁨으로 받지는 못하겠지만 하나님은 당신이 의도한 인간의
각종 문화를 즐겨 받으시리라. 이 세상의 모든 창조성과 예술성
이 그분에게서 왔기에 그리스도인이든 아니든, 하나님을 인정하
든 않든 관계없이 그분은 영광을 받으신다. 남아공의 프란시스

나이젤 리Francis Nigel Lee나 화란의 한스 로크마커Hans Rookmaaker 같은 개혁주의 학자들은 **하나님께서 마지막 날에 이 세상의 예술적·문화적 소산을 불로 소멸하는 대신 죄악의 찌꺼기를 태워 정결케 한 다음 새 하늘과 새 땅으로 가져가신다**고 할 정도로 문화의 가납성可納性을 확신하였다.

다시 사진 이야기로 돌아오자. 취미 사진을 찍는 처음에는 보통 색다른 피사체를 찾는다. 평소보다 잘 차려입은 내 모습, 우리 동네에는 없는 멋드러진 건물, 고급 레스토랑에서 먹는 음식에 대고 셔터를 누른다. 그러다 특이할 것도 새로울 것도 없는 일상을 애정이 깃든 프레임에 담다 보면 매번 보는 얼굴, 매번 걷는 골목, 매번 접하는 사물에도 그분의 "좋다!"는 감탄사가 박혔음을 알게 된다. "사랑하면 알게 되고 알게 되면 보이나니 그때 보는 것은 전과 같지 않으리라"라고 했던가. 조선 정조 시대 문인 유한준이 했던 이 명언은 우리 사진 애호가들에게 "사랑하면 알게 되고 그때 찍은 것은 예전과는 같지 않으리라"로 읽힌다.

사진작가 김경갑이 권면하듯 풍경 사진을 잘 찍으려면 농부 못지않게 자연을 알아야 한다. 조팝나무가 꽃을 피우면 모내기를 하고 나리꽃이 피면 감자를 심을 줄 알아야 농사에 실패하지 않듯이 해가 지고 얼마 안 되는 짧은 시간이 황홀한 노을을 담을 수 있는 기회임을 알아야 석양 사진에 실패하지 않는다. 풍경이 그러할진대 인물이야 더 말해서 무엇하랴. 내 사진의 단골 피사체인 그 사람을 알고 사랑하는 만큼 좋은 사진이 나오는 법이다. 프로가 찍은 연예인의 인물 사진이 확실히 완성도가 높긴 하지만 아마추어가 자신이 사랑하는 사람을 애정으로 담아낸 사진이 더 감동적인 것은 왜일까?

배워 익숙한 자라

빛도 알고 관점을 갖고 피사체를 사랑한다 해도 정작 그 앎과 시선과 사랑을 카메라에 담아낼 기술이 없으면 말짱 도루묵이다. 구약시대 찬양팀이었던 헤만의 자손은 야웨를 위해 음악하는 법을 배워 익숙한 자(대상 25:7)로 소개된다. 마찬가지로 직업 사진가이든 생활 사진사이든 사진을 찍는 사람이라면 사진하는 법을 배워 익숙해질 필요가 있고, 여기에는 사진을 찍는 것 외에 후보정하는 법이 포함되어 있다. 간혹 포토샵을 하지 않았다고 자랑하는 경우가 있는데 후보정은 필름 카메라 시절부터 사진 작업의 일부로 간주되었다. 아무리 "속지 말자 뽀샵빨, 다시 보자 렌즈빨"이라지만 매번 '무후보정'이란 걸 내세우는 것도 우습다.

사진 잘 찍는 법은 워낙 자료가 넘쳐나니 내가 굳이 여기서 반복할 필요는 없다고 본다. 다만 입문자를 위해 노파심에 일러 둔다면 처음 몇 달간은 사용설명서를 숙지하면서 카메라를 충분히 테스트해 볼 것을 권해 드린다. 설명서에 모르는 말이 나오면 주위에 물어도 보고 인터넷 검색도 해서 자기 카메라의 장점과 한계를 완전히 파악해야 한다. 매뉴얼도 안 읽어 보고는 사진이 잘 안 나온다며 투덜대는 사람이 의외로 많다. 내가 그 카메라를 건네받아 B셔터나 AEL 같은 기능을 사용해서 한 장 찍어서 보여 주면 "엉, 내 카메라에 이런 기능이 있었어?"라고 반문한다.

잘 쓴 책을 꾸준히 읽어야 글쓰기 실력이 자라듯이 잘 찍은 사진을 꾸준히 봐야 사진 실력이 자란다. 좋은 작품을 꾸준히 감상하고 흉내 내다 보면 시나브로 내 사진도 진보를 나타나기 마련인데 특히 '생각하는 힘'을 키우는 것이 중요하다. 주제 의식을 가지고 글을 써야 좋은 글이 나오듯 사진도 무엇을 어떻게 찍어야 할지 개념을 탑재할수록 좋은 결과물이 나온다.

웹상에서 사진 작품을 게재하는 곳이야 협회부터 시작해 동호회까지 허다해서 일일이 다 방문할 수 없을 지경이다. 여기저기 둘러보다가 각별히 정이 가는 곳을 찾게 되면 거기에 둥지를 틀고 부족한 사진이나마 올려서 고수들의 훈수를 받으면 좋다. 온라인에서만이 아니라 교회 같은 오프라인에서 서로가 찍은 사진을 놓고 함께 감상하고 품평하면 정말 효과적이다. 공동체가 사진을 통해 철이 철을 날카롭게 하듯 주님의 관점과 세계를 향한 애정을 벼리는 곳이 된다면 이 또한 사진이 주는 선물일 것이다.

소유욕과 과시욕의 세상에서

이 시대는 사진의 시대이다. 필카, 똑딱이, DSLR, 이제는 카메라 성능을 뺨치는 폰카라도 들고 다니며 늘 사진을 찍고 찍히는 것이 우리 시대의 가장 흔한 풍경이다. 분위기 좋은 카페나 시끌벅적한 삼겹살집을 막론하고 카메라 셔터를 누르는 장면은 더 이상 누구의 시선도 끌지 못하는 일상사가 되었다. 한때 주말 홍대나 삼청동은 전 세계에서 가장 많은 DSLR을 한 자리에서 볼 수 있는 곳이었다. '뽀대'나는 육중한 카메라이든 작고 가벼운 스마트폰이든 셔터를 누르기에 여념이 없는 사람들을 보면 전 국민이 사진사란 말이 허언이 아니다. 실제로 카메라는 요즘 젊은 이들이 가장 즐겨 갖고 노는 장난감이다. 틈날 때마다 가장 많이 하는 짓이 셀카질이고 블로그나 소셜 미디어에 셀카가 반을 넘기다 보니 셀카족을 겨냥한 카메라가 따로 나오기까지 한다. 대체 이 시대는 왜 이렇게 사진에 열광하는 것일까?

최민식 선생이 "인간의 모든 삶의 요소들은 사진적 요소들을 스스로 갖고 있다"라고 했듯이 우리네 삶에 내재한 사진의 속성을 카메라에 담고자 하는 욕구란 지극히 자연스러운 것이다. 하지만 오늘날 이미지를 향한 소유욕과 과시욕은 가히 게걸스러울 정도이다. 경험한 모든 것을, 아니 그 이상을 지나치게 사진에 쓸어 담으려 하고, 그것을 다른 이들에게 지나치게 보여 주려고 한다. 나 역시 할 수 있는 한 삶을 폭넓게 담으려 하고, 할 수 있는 한 많은 이들과 나누려 한다. 하지만 문제는 식사이든 교제이든 여행이든 매순간을 충분히 누리기보다는 예쁘게 찍어서 남에게 보여 주려는 욕구가 앞선다는 데 있다. 기록의 욕구가 경험의 욕구를 능가하는 이 시대는 실제 행복을 누리지 못했어도 사진에서 '행복해' 보이기만 하면 그만이다. 농도 깊은 행복한 시간을 갖느라 미처 사진 찍을 생각을 못한 것보다는 실제로는 그저 그랬지만 행복해 '보이는' 사진을 건지는 게 더 낫다고 하는 이 시대가 좀 무섭다.

행복해 보이는 사진은 내가 실제로 행복했었다는 자기최면을 걸고, "너무 좋아 보여요"라는 다른 이의 댓글은 그 최면의 약발을 강화하고 지속해 준다. 시간이 지나면서 행복해 보이는 이미지를 점차 실제인 양 받아들이게 되고 결국엔 자신이 실제로 행복했다고 믿게 되는, 내가 이름 붙인 '사진학적 리플리병 photographical Ripley effect'(리플리병은 자신의 거짓말을 실제라고 굳게 믿고 본래의 진실을 허구로 간주하는 증상을 가리킨다)에 빠지게 된다. 이것이 바로 '선先기록, 후後체험'이라는 전도본말의 결과인 것이다. 아무리 경험하는 것이 사진을 찍는 것과 동일어가 된 시대라고 하지만 실제로 행복한 것보다 행복하게 보이는 것이 더 소중하게 취급되는 현실은 오늘날 가치가 어디에 있는 것인지를 아프게 가르쳐 준다.

이제 우리는 자신과 다른 이들의 눈에 행복해 보이기만 하면 실제로 행복해지기도 하는 새로운 인류로 거듭났다. 어쨌거나 결국에는 행복해지는 것이니 좋은 것 아니냐고 하면 나도 할 말은 없다. 그러한 정신적 병리 현상이 이미지 시대를 살아가는 우리의 숙명이자 천형天刑이라면 말이다. 하지만 적어도 여러분에게만은 이렇게 제안하고 싶다. 만약 내가 실제 행복하지 않았어도 행복해 보이기만 한 것으로 행복해질 수 있는 사람에 속한다면, 한동안 카메라를 장롱에 걸어 놓고 영화 〈비포 선라이즈 Before Sunrise〉의 두 주인공 줄리 델피와 에단 호크처럼 두 눈을 렌즈 삼아 마음의 필름으로 사진을 찍어 보시라.

코다: 삶의 방식으로서의 사진

이 세상에는 사진을 이해하는 여러 방식이 있지만 나는 앙리 카르티에 브레송의 말대로 사진은 삶의 방식이라고 믿는다. 그는 "나에게 사진을 찍는다는 것은 다른 시각적 표현 수단과 분리될 수 없는 이해 수단이다. 그것은 독창성을 입증하거나 확인하는 방식이 아니라 외침과 해방의 방식이다. 그것은 삶의 방식이다"라고 말했다. 사진을 소유욕과 과시욕이라는 양대 욕망의 실현 방식으로 보는 이 시대에 브레송의 이 말은 더 크고 널리 울려 퍼져야 한다. 글머리에서 나는 모든 것이 사진에 찍히기 위해 존재하는 시대가 되었다는 수잔 손탁의 말을 인용했다. 이를 달리 말하면 '사진의 방식으로서의 삶life as a way of photography'이라고 할 수 있을 것이다. 하지만 이것은 분명한 주객전도이다. '종교 행위로서의 기독교'가 아니라 '삶의 방식으로서의 기독교'가 옳다고 믿는 그리스도인들이라면 사진 역시 '삶의 방식으로서의 사진photography as a way of life'이 옳다고 믿고 그러한 '삶과 사진'을 추구해야 할 것이다.

　어디 사진뿐이겠는가. 예배와 섬김, 일과 공부, 우정과 연애, 취미와 놀이도 다 우리 삶의 방식이 아니겠는가.

순결남 예수

———

형제들을 위하여

나의 첫 책《밀월일기》에서 했던 것을 흉내 내자면, 형제들은 절대 이 글이 자매들의 손에 들어가게 해서는 안 된다! 만약 자매가 이 글을 읽고 있는 것을 본다면 솔직하게 다 털어놓거나 그럴 배짱이 없다면 줄행랑칠 것을 강력히 권한다. 아니, '형제들을 위하여'라더니 이게 대체 무슨 소리냐고 할지도 모르겠다. 그대들을 위한 글 맞다. 끝까지 읽어 보라.

끊을 수 없는 음욕

한국이 얼마나 음란한지는 성 산업 규모를 보면 짐작이 간다. 성매매 산업 규모는 처음 제대로 집계된 2002년 24조 원으로 일차산업인 농수산업을 능가했다. 2015년도 조사에 의하면 30-37조 원으로 추정되며 세계 6위의 성매매 대국이라니 기가

찰 노릇이다. 한 기사에 의하면 길을 가는 젊은 여성 5-7명 중의 한 명이 성 노동에 종사한다고 한다.

같은 남자로서 부끄럽지만 남자들의 음란함은 상상을 초월한다. 혼자 컴퓨터 앞에 앉으면 어김없이 포르노 삼매경에 빠진다. 오전 내내 사무실에서 나른한 시간을 보내다가, 점심시간을 이용해 대딸방(자위행위를 시켜 주는 곳)에 가거나 휴게텔에서 쓰리섬(남자 하나가 여자 둘과 성관계를 맺는 것)을 하고 오면 의욕도 넘치고 근무도 더 잘 된다는 얘기를 부끄러운 줄 모르고 떠벌린다. 내가 지금 하는 말은 과장이 아니다. 과거 장교로 군 복무할 때 회식을 나가면 단란주점에서 젊은 여성의 젖가슴을 만지다가 집에 전화해서 아내와 애들의 안부를 묻고 다시 여자들의 엉덩이로 손을 내미는 것이 남자들이다.

교회 형제는 괜찮을 거라고 생각하지 마라. 그들 역시 성매매 업소를 포함해 룸살롱과 단란주점, 아가씨를 불러 주는 노래방에 가기도 한다. 한번은 신대원생이 오피스텔에서 성 구매를 하고는 돈을 주기 싫어서 이거 다 불법이니 신고한다며 협박하고 그냥 나왔다가 나중에 포주가 스스로 경찰에 신고해서 입건된 적이 있었다. 어떻게 그리스도인이 그런 곳을 다닐 수 있느냐고 말하는 경건한 형제는 대신 핸드폰으로 야한 사진과 야동을 즐기며 여자의 몸 구석구석을 눈으로 핥는지도 모른다. 인터넷 포르노에서 벗어나지 못하자 아예 집에서는 인터넷을 끊고 전화도 피처폰으로 바꾼 다음 급한 용무를 볼 때만 PC방을 이용하는 한 형제의 고백은 포르노 중독의 실태를 잘 보여 준다. 그는 "인터넷상에서 음란 사이트를 돌아다니면서 '내가 지금 뭘 하고 있나' 하는 생각에 끊어 보려고 애도 썼지만, 시간이 가면 또 클릭하게 된다. 내가 깊은 늪에 빠진 것 같다"며 고개를 숙였다.

교우들 이전에 목사들부터 포르노에 푹 잠긴 것이 우리의 현실이다. 이미 오래전 미국의 빌 브라이트Bill Bright 박사는 "목회자들의 절반이 이혼이나 파혼으로 마감할 전망"이라며 "목회자 중 절반 이상이 인터넷 포르노 등에 중독됐다"고 개탄했다. 짐작컨대 인터넷 속도가 세계 최고 수준인 우리나라 목회자의 포르노 중독이 미국보다 높으면 높았지 낮지는 않을 것이다. 교회 당회장실에서 포르노를 보다가 발각된 목사 얘기는 새롭지 않다. 대낮에 아무도 없는 교회에서 포르노의 유혹은 그만큼 클 수밖에 없고, 일단 중독에 빠져들면 목회자라는 족쇄 때문에 누군가에게 기도를 부탁하거나 상담을 받기도 쉽지 않다. 그러한 폐쇄성 속에서 목사들은 음란의 스올을 벗어나기가 누구보다도 힘들다.

그렇다면 음란물과 거리를 둔 순결한 형제들은 전혀 없는 것일까? 물론 없지 않을 것이다. 하지만 그러한 순결파도 여자를 보고 음욕을 품는 이른바 '시각 간음죄'에서 자유롭기는 힘들다. 거리, 버스, 학교, 회사에서 접하는 여성들의 몸매와 거리 곳곳에 진열된 선정적인 광고 이미지는 형제의 시각을 통해 뇌에 '저장' 되었다가 이불 속에서 이뤄지는 음란한 상상 속에 '불러오기' 된다. 물론 교회 자매들도 형제들의 음란한 공상에서 옷을 벗고 등장한다. 형제들이 자신의 벗은 모습에 흥분하며 자위행위를 한다면 자매들로서는 소름이 끼칠지도 모른다. 하지만 이것이 우리의 현실이다.

그러나 자매들이여, 형제들을 짐승이라고 몰아붙이지 말아

달라. 형제들도 이러한 음란의 죄에서 벗어나려 발버둥 쳐 보지만, 육체의 법이 그들을 놓아주질 않는다. 지금까지 음란함의 죄로 괴로워하면서도 동시에 사랑하는 마음을 끊지 못해 신음하는 영혼을 여럿 만나 보았다(나 역시 그들 중 하나였다). 그들은 이른바 헌신된 이들이었고, 청년회 회장, 선교단체 리더, 동료 목회자였고, 교회에서는 물론 세상에서도 아름답게 살아가는 이들이지만, 거듭 음욕의 골짜기에 갇혀 낙망하곤 했다. 아무리 회개하고 굳게 결심해도 또 죄를 짓고, 자유로워졌구나 싶으면 다시 죄에 체포되고 말았다. 음란함에 관한 한, 그리스도 보혈의 능력조차 힘을 쓰지 못하는 것처럼 느껴졌다.

베드로는 그의 두 번째 편지에서 이러한 음란함의 속성을 정확히 지적한다. 음란한 눈은 도무지 만족을 모른다insatiable(벧후 2:14)는 것이다. 쉼 없이 헐떡이는 개처럼 말이다. 호세아서에서 하나님은 색욕을 없애고 음행의 자취를 지우지 않으면 마른 땅처럼 메말라서 목이 타 죽게 하겠다(2:2)며 경고하신다. 오늘날 음욕에 빠진 이들이 정확히 그런 모습으로 죽어 간다.

다윗에게서 거룩함을 완성하신 하나님

"하나님, 제 몸에 왜 이렇게 지긋지긋한 노리개를 달아 놓으셨나요!" 음란함과 지난한 싸움을 벌인 형제라면 중세의 한 수도사가 이렇게 울부짖으며 스스로 거세를 택했던 심정에 공감할 것이다. 어떤 형제는 왜 하나님은 자신처럼 음란에 시달리다 변화한 사람을 한 명도 성경에 소개하지 않느냐고, 실제로 그런 사람은 아무도 없지 않느냐고 묻기도 한다. 하지만 다윗의 인생을 주의 깊게 살피면 생각이 달라질 것이다.

알다시피 다윗은 하나님에게 "내 마음에 드는 사람"(행 13:22, 새번역)이라는 상찬을 들었던 자이다. 다윗의 삶 전체를 조 망하면 그가 왜 이런 칭찬을 받았는지 이해가 간다. 자기는 백향 목 궁에 거하는데 여호와는 허름한 천막에 거한다며 성전을 지 으려는 의도에서 보여 준 하나님을 향한 사랑, 매사에 늘 하나님 의 뜻을 여쭙고 따르는 순종의 자세, 주님의 이름을 모욕하는 골 리앗 앞에서 보여 준 하나님의 영광을 위한 열정, 그리고 모두가 두려워하는 골리앗 앞에서 보여 준 담대함, 또한 불의를 보면 참 지 못하고 의분을 터뜨리는 그 곧은 성정, 자신을 죽이려는 사울 을 두 번이나 살려 준 것에서 보듯 자신의 앞길을 주님께 온전히 내맡기는 믿음, 원수인 사울이 죽어도 진심으로 슬퍼하면서 장 례를 잘 치러 준 이들을 축복하는 그 인격과 넓은 아량, 아말렉의 급습을 받아 자신과 동료들의 처자식이 다 잡혀가고 가족을 잃 은 동지들에게 돌 맞아 죽을 뻔한 상황에도 죽어 가는 적군의 병 사를 살려 주는 자비와 긍휼…. 용사요, 시인이요, 음악가요, 왕 이요, 선지자로서 다재다능하기까지 한 다윗은 거의 완벽에 가 까운 인물이다.

그러나 이러한 다윗에게도 약한 지점이 있으니 그것은 바로 탐닉에 가까운 성욕이었다. 다윗의 성적 범죄라고 하면 보통 밧 세바에게 저지른 위계 및 위력 성폭행 건을 떠올리겠지만, 성서 를 꼼꼼히 읽어 보면 그가 얼마나 여색에 빠졌는지 발견한다. 미 갈과의 결혼 후에 아비가일을 얻었던 다윗이(물론 이때는 이미 미 갈과는 별거 상태였지만) 사무엘하 3장 2-5절에서는 아내를 여섯이나 취해 자식을 낳고, 같은 책 5장 13절에서는 더 많은 처첩을 들이는 모습을 본다. 여기에선 자식 이름만 나올 뿐 누가 어미인지 기록할 수 없을 정도로 숱한 여성과 동침했다.

다윗이 헤브론에서 낳은 아들들은 차례대로 다음과 같았다.
맏아들 암논은 이스르엘 여인 아비노암이 낳았고, 둘째 아들
길르압은 나발의 아내였던 갈멜 여인 아비가일이 낳았고,
셋째 아들 압살롬은 길르앗 북쪽에 있던 아람 족속의 작은 나라
그술의 왕 달매의 딸 마아가가 낳았고, 넷째 아들 아도니야는
학깃이 낳았고, 다섯째 아들 스바댜는 아비달이 낳았고,
여섯째 아들 이드르암은 다윗이 가장 사랑하던 아내 에글라가
낳았다. 다윗은 이렇게 여섯 아내에게서 아들을 하나씩 낳은 뒤
헤브론에서 자녀들을 더 낳았다(삼하 3:2-5, 이하 현대어성경).

다윗은 헤브론에서 예루살렘으로 수도를 옮긴 후에도 아내와
첩들을 더 얻어서 아들딸들을 많이 낳았다. 예루살렘에서
태어난 그의 아들들의 이름은 삼무아와 소밥과 나단과
솔로몬과 입할과 엘리수아와 네벡과 야비아와 엘리사마와
엘랴다와 엘리벨렛이었다(삼하 5:13).

다른 기록에 의하면 다윗은 첩을 제외한 정식 부인만 열여덟 명을 두었다고 하는데, 고대사회에는 왕들이 허다한 처첩을 거느리는 것이 일반적이었다 하더라도 하나님의 사람이었던 다윗이 여자를 바꿔 가며 성욕을 게걸스럽게 채우는 것이 죄악임

을 몰랐을 리 없다.

이스라엘의 전통 역시 다윗이 얼마나 성욕에 탐닉했는지 보여 준다. 탈무드에는 "밧세바가 왕의 방에 들어가서 열세 번이나 몸을 닦았다"는 대목이 나온다. 성교 후에 여성이 성기를 닦아야 했던 당시 관습을 생각하면 다윗이 밧세바와 하루에 무려 열세 번이나 관계할 정도로 성적 쾌락에 탐닉했다는 이야기이다. 또한 탈무드의 사무엘하 11장 2절에는 다윗이 극심한 밤의 욕정에서 벗어나고자 밤이 아닌 낮에 섹스했다고 하니 그의 성적 욕망이 얼마나 극심했는지 가늠이 된다.

보통 다윗의 성폭력이 궁궐에서 나른한 오후를 보내다가 한순간 실수를 저지른 것처럼 말하지만, 절대 우발적으로 생긴 사건이 아니다! 자신의 성욕을 다스리지 못한 다윗이 왕이라는 신분을 이용, 합법적이라는 명분하에 수많은 처첩을 취하면서 키워 온 성적 탐욕이 마침내는 밧세바를 빼앗고 그 남편 우리야까지 모살하는 인간 말종이 되게 한 것이다. 이 죄로 다윗 집안은 자식이 자식을 강간하고, 자식이 자식을 살해하고, 자식이 아비를 죽이려 드는 콩가루 집안이 된다. 다윗의 인생 최대의 오점이자 최악의 비극이 재갈을 물리지 못한 성욕에서 비롯된 것이다.

늘 그러하듯 하나님은 끝까지 포기하지 않으신다. 그의 가장 약한 부분에서 당신의 거룩함을 완성하신다. 열왕기상 1장은 다윗이 노년에 체온이 떨어지자 침소를 데우고자 이불에 넣어 둔 소녀와 동침하지 않았다고 밝힌다. 왕의 굵직한 사적을 기록하는 역사서에 사소하기 이를 데 없는 이야기를 굳이 포함한 이유가 무엇일까. 호색한이었던 다윗이 어떻게 변화되었는지 우리에게 보여 주려고 한 것이 아니겠는가. 남자는 숟가락 들 힘만 있어도 섹스를 원한다는 말이 있듯 늙어도 여색을 밝히는 욕정은 좀체 식지 않는다. 실제로 노년층 성범죄가 적지 않다. 호색한이던 그에게 한 이불 속에 든 젊은 여인과 동침하지 않는 것이 얼마나 어려운 일인가. 비록 평생이 걸리긴 했지만, **하나님은 마침내 다윗에게서 거룩함을 완성하셨다.** 우리에게도 그리하실 것이다.

궁극적 믿음을 가지라

어떤 독자들은 말하기를, 나는 다윗처럼 경건하지도 헌신되지도 않았다고 할지도 모른다. 눈만 뜨면 자극적인 이미지들이 음란함을 강요하는 이 시대는 다윗 시대와는 많이 다르다고 할지도 모른다. 매주 교회에 나가서 시각 간음죄에 대해 회개하지만 소용이 없다고 할지도 모른다. 그냥 이렇게 살다가 죽을 수밖에 없다며 죄와 싸우려는 저항의 몸짓조차도 하지 않을지도 모른다.

하지만 우리 안에 착한 일을 시작하신 이가 그리스도 예수의 날까지 이루실 줄을 확신한다고 한 바울의 고백(빌 1:6)처럼 내 안에 거룩함을 짓기 시작한 그분께서 마침내 마무리하실 것을 믿으라. 내가 아니라 그분이 하신다! 히브리서 저자가 예수님을 우리 믿음의 창시자요 완성자Jesus, the author and perfecter of our faith(12:2, 그분은 만물의 알파이자 오메가일 뿐만 아니라, 우리 믿음의 알파이자 오메가이시다!)로 부를 때에도 같은 믿음을 고백하고 있는 것이다. 거짓의 아비 마귀는, 너는 절대 음란물과 시각 간음죄를 극복할 수 없다고 속삭이지만 우리는 하나님의 약속을 믿어야 한다. 다윗처럼 평생이 걸린다고 해도 언젠가는 변화된 우리의 모습을 보게 될 것이다. 그것이 바로 성경이 말하는 궁극적 믿음이다! 이 글을 읽고 굳은 결단의 기도를 드린다고 해도 돌아서면 또 넘어질 수 있다. 하지만 말이다, 내가 아니라 내 안에 거룩함을 짓기 시작하신 그분이 완성하실 것이라고 선포해라. 나 자신에게, 그리고 마귀에게 말이다.

우리에게 한 가지 큰 위로가 되는 사실은 **이 땅에서 온전한 사람이었던 주님도 당연히 성욕을 가졌고 성적인 유혹에 노출되었을 것**이란 점이다. 신성모독처럼 느낄 수도 있겠지만 우리와 같이 모든 일에 유혹을 받으셨지만 죄는 없으시다(히 4:15, 공동번역)는 말씀에 비춰 보면 그 '모든 일'에 음란의 시험만 빼놓을 이유가 없다. 더구나 사탄이 자신의 필살기인 성적 유혹으로 건강한 미혼 남성인 예수님을 떠보지 않았을 리 없다. 하지만 주님은 그 시험을 넉넉히 이겨 내서서 우리 형제들에게 위로와 소망을 주셨다는 이 놀라운 '복음'을 어찌 믿지 않을 수 있겠는가. 〈그리스도 최후의 유혹〉이나 〈다빈치 코드〉가 예수와 막달라 마리아가 결혼하고 섹스해서 자식을 낳았다고 주장하는 거야 '창작의 자유'이겠지만, 예수님이 막달라 마리아나 다른 여성들에게 성적 유혹을 받았을 가능성이 전혀 없다고 누가 장담할 수 있는가? 당대 민중의 인기 스타로 떴던 예수님이 여러 마을을 다니며 복음을 전하는 동안 노골적으로 구애해 온 여성도 적지 않았을 것이고, 그 전도 여행에 동행하며 물질로 섬겼던 막달라 마리아와 여러 여성(눅 8:1-3)이 연정을 품고 접근했을지도 모르는 일 아닌가. 늘 그렇듯이 유혹은 친구나 동료 등 가까운 곳에서 오기 마련이지 않은가. 그럼에도 죄가 없으신 주님이, 교회나 학교, 직장 동료에게 음란함을 품기 쉬운 우리에게 본을 보이신다고 이해하면 안 되는가?

음란을 이길 힘은 공동체에 있다

이러한 궁극적인 믿음은 반드시 지혜와 함께 가야 한다. 이를 위해 몇 가지 '꾀'를 나누고 싶다. 먼저는 자신이 특정한 죄에 약할 때는 아예 틈을 주지 않는 것이 상책이다. TV와 스마트폰이 나를 걸려 넘어지게 하는 수단이 된다면, 설정을 바꾸라. 캐나다에 살던 시절, 집에 인터넷 없이 지낸 적이 있다. 가난한 유학생에게 인터넷 비용이 부담스러운데다 공부에만 집중하려는 심사로 그랬지만 덕분에 자극적인 이미지를 상종하지 않는 부가 수입도 올렸다. 급한 이메일을 확인하려면 노트북을 들고 동네 도서관까지 걸어가야 했지만 충분히 그럴 가치가 있었다. 인터넷 없이 불편해서 어떻게 사느냐고 할지 모르나 시각 간음죄로 괴롭다고 하면서 그 정도 각오도 없다면 달라질 게 없지 않은가. 우리 주님도 오른눈이 죄짓게 하면 뽑아 버리라고 하지 않았나(마 5:29). 하지만 히브리서 저자의 책망대로 우리 대부분은 피흘리기까지 죄와 싸우지 않는다(히 12:4).

다음으로 공동체의 힘을 일깨우고 싶다. "너희 죄를 서로 고백하며 병이 낫기를 위하여 서로 기도하라"(약 5:16)는 말씀에 주목하자. 죄악은 개인의 단호한 의지가 아니라 공동체 안에서 공유하고 기도할 때 극복된다. 음란함에 거듭 넘어지는 형제들이 용기를 내어 서로 죄를 투명하게 고하기 시작하면 거기에서부터 변화가 싹트기 시작한다. 당장은 모임 차원에서 서로 어둠을 드러내는 작업을 펼치기 어렵다면, 한 사람을 찾으라. 내 영혼의 속감을 겉감으로 까뒤집어 보여 줄 수 있는 한 명, 나를 정기적으로 점검하고 날 위해 기도하고 격려하는 한 명이 있다면 충분하다. 존경하는 영적 지도자라면 더 좋다. 그렇게 내 수치를 타인 앞에 꺼내다 보면 나중에는 "이번 주에도 또 음란함에 빠졌네요"라고 말하기가 미안해서라도 죄를 멀리하게 된다(물론 거짓말을 하면서까지 죄를 즐길 수도 있는 것이 우리이다). 이런 방법이 성령의 능력을 의지하기보다 인간적인 것으로 보일지 모르나, 바로 여기에 죄를 극복하는 공동체의 힘이 있다. 실제로 이혼할까 하는 충동이 '욱' 하고 들다가도 공동체 앞에서 한 혼인 서약 때문에 주저하다가, 나중에는 배우자를 향한 사랑을 회복하는 것이 우리네 인생이다.

끝으로 마귀가 주는 거짓 죄책감을 거절하라. 많은 형제가 성적 흥분과 충동만 들어도 음란의 죄에 빠졌다고 생각하며 잉여 죄책감을 갖는다. 성욕이 드는 것은 전혀 죄가 아니다. 다만 어떤 동기로 성욕과 성 충동이 일 때 자연스럽게 사라지게 두지 않고 그것을 '의지적'으로 붙들어 유지시키거나, 음란한 상상 속에 즐기려고 저장해 놓는 것은 죄다. 마르틴 루터 Martin Luther가 "새가 머리 위로 날아가는 것을 막을 수는 없지만, 그 새가 내 머리 위에 둥지를 틀게 해서는 안 된다"고 한 것을 기억하라. 사실 불필요한 죄책감에서만 벗어나도 우리 영혼이 얼마나 자유로워지는지 모른다.

코다: 진짜 남자 예수

성적 욕구와 충동은 하나님의 창조 의도이며 선물이다. 성욕이 없다면 아가서에서 아름답게 묘사된 육체의 사랑도 불가능

"새가 머리 위로 날아가는 것을 막을 수는 없지만,
그 새가 내 머리 위에 둥지를 틀게 해서는 안 된다."_마르틴 루터

하고, 생육하고 번성하여 땅에 충만하라는 말씀도 성취할 수 없다. 성욕이 일어나야 할 상황에 일어나지 않는다면 하나님이 지은 본모습과는 달리 몸과 마음이 건강하지 않다는 뜻이다. 사랑을 나누기로 한 밤, 정인情人의 벗은 자태를 보고도 흥분하지 않는다면 곤란하지 않겠는가? 물론 성욕을 품게 만드는 것이 곧 돈벌이가 되는 오늘날에는 성욕조차도 강제되고 학습된다. 우리의 성욕은 자연스럽기보다 왜곡된 성욕일 때가 잦다. 남자가 여성의 몸매를 보면 여체의 아름다움을 느끼는 것에 그치지 않고 신속하게 음욕으로 이동하는 것만 봐도, 여성을 성적 대상으로 대하는 습관이 조건반사 수준임을 절감한다.

그러한 뿌리 깊은 죄성에도 불구하고 하나님이 주신 성욕이 선물이라는 믿음을 잃어서는 안 된다. **끊임없이 샘솟는 성욕을 죄스러워하거나 수치스러워하지 말라. 도리어 감사하라. 당신은 하나님의 의도대로 잘 지어진well made 것이다.** 완전한 인간이요 건강한 남자인 예수님이 성욕과 성 충동을 가졌음은 말할 필요가 없다. 그러므로 **성욕을 느낄 때마다 기뻐하라. 당신은 확실히 주님을 닮은 것이다.** 바로 여기에 성욕을 정죄하지 않으면서도 성욕에 걸려 넘어지지 않는 지혜가 있다. 성이든, 술이든, 문화이든 위험성이 있다고 해서 하나님이 선물로 주신 것을 억압한다면 항상 더 큰 문제를 야기한다.

물론 주체할 수 없는 성욕을 다스리기 힘들 때도 있다. 그럴 때는 남자 대 남자로서 주님께 탁 터놓고 물어보라. 주님께서 이 땅에 사시는 동안 성욕을 감사하면서도 성욕의 노예가 되지 않는 '**진짜 남자the man로 사신 비결**'이 무엇인지 말이다.

연인 예수

추억은 방울방울

동짓달에도 치자꽃이 피는 신방에서 신혼 일기를 쓴다.
없는 것이 많아 더욱 따뜻한 아랫목은 평강공주의 꽃밭 색색의
꽃씨를 모으던 흰 봉투 한 무더기 산동네의 맵찬 바람에 떨며
흩날리지만 봉할 수 없는 내용들이 밤이면 비에 젖어 울지만
이제 나는 산동네의 인정에 곱게 물든 한 그루 대추나무 밤마다
서로의 허물을 해진 사랑을 꿰맨다…가끔…전기가…나가도…
좋았다…우리는….
_박라연의 시 〈서울에 사는 평강공주〉 중에서

소년, 소녀를 만나다

유난히 매미 울음소리가 멀리 퍼지던 7월의 마지막 토요일
이었다. 소년은 여름방학 보충수업이 없던 날을 틈타 교회에서

열린 중고등부 새신자 환영식에 갔다. 늘 그렇듯 환영회는 동그랗게 둘러앉아 시작했다. 문가에 앉은 소년의 눈에 육상부처럼 짧은 커트 머리를 한 소녀의 얼굴이 유난히 밟혔다. 소년은 소녀의 얼굴을 조금이라도 또렷이 보려고 안경 없는 눈을 찌푸려 가며 살짝살짝 그녀의 얼굴을 훔쳤다.

머잖은 어느 수요일, 소년과 소녀는 교회에서 다시 만났다. 둘은 동네 초등학교 '풀밭'과 낡은 아파트 놀이터에서 도란도란 정엣말을 나누는 사이가 되었다. 그 뒤로 둘은 틈만 나면 함께 가을 거리를 쏘다니며 하염없이 얘기꽃을 피웠고, 그것이 우리 부부의 10년 연애의 시작이자 지금 우리가 네 아이와 누리는 다복함의 첫걸음이었다.

You Raise Me Up

나는 안해의 영혼을 깊이 사랑했다. 안해가 주님 주신 생명을 누리되 풍성히 누리며 전인적인 성장을 경험하도록 내가 할 수 있는 모든 것을 힘이 닿는 한 다 하려고 했다.

고딩 주제에 연애를 한 대가였을까. 안해는 대학을 떨어지고 취업을 하려 했지만, 그마저 여의치 않았다. 실업계 친구들과 달리 변변한 자격증 하나 없어 안정된 일자리를 얻지 못했고 집에서는 부모님이 자주 싸우셔서 심히 괴로워했다. 엎친 데 덮친다고 병으로 몸이 약해지면서 삶에 자신감을 잃어 갔다. 반면, 난 대학에 가면서 몸이 열 개라도 모자랄 지경이었다. 자랑은 아니지만 매학기 장학금은 물론 수석 졸업할 정도로 학업에 몰두하면서도, 몸담은 교회에서 주 4회나 공동체를 섬기고 캠퍼스에선 후배들 제자 양육을 하고 선교단체에선 준 간사급으로 일했다. 동시에 사회적 제자도에 소홀할 수 없다며 야학 고등과정 선생으로 국어를 가르치고 토요일엔 보육원 어린이 합주 지도를 했다. 고3 시절보다 몸이 더 힘들었다. 우리 간사님이 10-20분 단위로 챙겨 줘야 할 사람, 해야 할 일이 빼곡히 적힌 내 일정표를 보며 "넌 어째 간사보다 더 바쁘냐"고 했으니 말 다했다.

그런 와중에 안해를 세워 주기 위해 나는 매달 묵상집을 사서 건네고, 수시로 찬양 테이프와 신앙 서적을 전하고, 내가 속한 선교단체에 데려가 제자훈련을 받게 했다. 얼굴을 볼 시간이 없을 정도로 바쁠 땐 하루 일정이 끝나는 밤 11시에 찾아가 창가에서 "니야옹~" 하고 부르면 안해가 미소를 머금으며 나왔다. 막차 시간 때문에 채 30분을 못 보면서도 굳이 물먹은 솜처럼 무거운 몸을 끌고 찾아간 것은 그녀가 사랑받고 있음을 느끼게 해 주고 싶어서였다. 그와 별도로 일주일에 꼭 한두 통씩 편지를 써서 내가 늘 곁에 있음을 잊지 않게 해 주었다. 그렇게 사랑을 받아서일까, 안해는 어려운 현실을 믿음으로 극복하며 한 걸음씩 도전해 나갔고 늦깎이로 재수를 해서 스물네 살에 대학에 들어가고 간호사가 되었다.

무엇보다도 내가 안해를 위해 얼마나 기도를 많이 했는지 모른다. 하루도 거르지 않고 날마다 그 어떤 사람보다 더, 나 자신보다 더, 안해를 위해 빌었다. 이 세상 누구보다도 더 주님을 사랑하기를, 나보다 더 주님을 사랑하기를 구하였다. 이러한 기도와 섬김이 있었기에 안해가 결혼 후 어느 날 이런 잎글(엽서)을 적어 보냈던 것이리라. "여보, 당신을 통해 사랑을 배웠어요. 앞으로 더 많이 사랑해 줘요."

새마을 데이트로 맘몬을 물먹이다

내가 앞에서 울 안해를 살뜰히 챙겼다니깐 그래도 돈이 좀
있었나 보다 하면 안 된다. 노점상 아줌마의 아들인 나와, 노가다
아저씨의 딸인 안해의 주머니는 늘 비어 있었다. 하지만 돈이 없
으면 연애도 못 한다는 **맘몬의 가르침을 잘도 어기면서 사랑을 키
워 갔다.**

가난한 연인인 우리는 주로 새마을 데이트(걷고 얘기하면서
돈 안 들이고 하는 데이트)를 즐겼다. 만나면 어디 멀리 가기보단 동
네 '맘내킨길'(맘 내키면 둘이 걷는 길)을 거닐며 걸음걸음 이야기
꽃을 흐드러지게 피웠고, 걷다가 지치면 찻집 대신 나무 아래 벤
치에 앉아 쉬었다. 배가 고프면 집에서 싸 온 귤이나 삶은 고구마
를 나눠 먹으며 함박웃음을 지었다. 그러다 보는 사람이 없으면
서로의 뺨에 도둑 뽀뽀를 감행했다.

잠시 '세상에서 가장 아름다운 책'《밀월일기》의 한 대목을
옮겨 본다.

고백하건대 사실 저는 지금껏 안해에게 돈과 여유와 안락함을
주지는 못했습니다. 연애 시절에도 줄곧 다리를 아프게 하거나
배고프게 하였고, 결혼할 때조차 그 흔한 웨딩 앨범 하나 안겨
주지 못했습니다. 대신 저는 그녀를 사랑했고 노래했고 무수히
입 맞추었습니다. 그녀를 위해 아파했고 기도했고 가없이
축복했습니다. 값나가는 꽃바구니는 여태껏 한 번도 쥐어 주지

연인 예수

못했지만, 사철 들판의 풀꽃을 달래서 셀 수 없는 꽃묶음을 안겨 주었습니다.

그랬다. 꽃집 대신 길섶에 핀 꽃에게 "우리 집에 갈래?" 묻고는 조심조심 꺾어와 안해에게 불쑥 내밀었다. 백화점 대신 노점상을 스쳐 가다 말고 되돌아와 비싸지도 않은 물건을 들었다 놓았다 하며 한참을 망설이다 지갑을 꺼냈다. 돈이 넉넉지 않았기에 그런 애틋함을 오래오래 간직할 수 있었다.

만약 예수님이 이 땅에서 연애를 했다면 어땠을까? 맘몬을 결박하면서도 낭만적인 데이트를 하셨으리라. 연애는 신앙적이어야 한다는 강박에서 벗어나면서도 연인의 전인全人을 세워 주는 시간을 보내셨으리라. 갈릴리 호숫가를 거닐며 때론 사랑하는 이의 손을 잡고 물 위를 건너는 로맨스를 연출했을지도 모른다. 가끔 연인과 광야로 나가 솔로몬의 영화보다 더한 들꽃을 보기도 하고 들짐승들을 불러 놀기도 하셨으리라. 그러다가 배가 고프면 집에서 갖고 온 보리떡 한 개를 축사해서 연인의 배가 부를 때까지 떼서 입에 넣어 주셨으리라. 특별한 날이면 망치질에 손뼈가 굵은 목수의 솜씨를 발휘, 단아한 의자를 손수 지어 선물했으리라. 로마 귀족이나 이스라엘 고위층이 사는 명품을 선물하면서까지 상대의 마음을 얻으려고 하지는 않았으리라.

오늘날 우리네 삶을 보라. 계몽주의와 산업혁명 이후 이원론의 영향으로 일과 사랑, 일상과 낭만, 노동과 여가가 엄격히 나뉘었다. 그 결과 많은 이들이 먹고살기 위해 억지로 일을 하고 메마른 일상을 겨우 버텨 낸다. 자본주의하의 사랑과 낭만과 여가는 물질적인 유한계급에게만 허락된 것이고 돈이 없으면 그것도 다 사치라고 믿어진다. 맘몬을 섬긴다는 것은 다른 것이 아니다. 돈이 없으면 연애와 결혼도 할 수 없고, 우리 부부처럼 애를 넷이나 낳는 것은 꿈도 못 꾼다는 '공중권세 잡은 자의 신화'에 묵묵히 순종하는 것이야말로 맘몬에게 무릎 꿇고 절하는 것이다. 돈이 있어야 행복해질 수 있고, 돈이 없으면 비참해진다는 무의식적 신앙고백을 하는 것, 경제적 안정에 볼모 잡혀 세상과 '다르게 사는 꿈'일랑은 언감생심으로 여기는 것, 그렇게 돈이 우리의 인생을 규정하도록 하는 것이야말로 맘몬을 인정하고 높이는 짓이 아닌가. (물론 이 문제는 사회구조적인 문제가 씨줄 날줄로 엮여 있어서 개개인의 믿음 문제라는 식으로만 말해서는 안 된다.)

하긴 맘몬이 누군가. 예수님이 하나님과 맘몬을 동시에 섬길 수 없다고까지 말하며(마 6:24) 하나님의 유일한 경쟁신a rival God으로 칭한 존재가 아닌가. 하지만 "가진 것이 많든 적든 즐겁게 살아가는 법을 배"(빌 4:11, 현대어성경)운 바울의 내공을 연애 시절부터 키워 간다면, 이후 직장과 결혼과 육아의 단계를 거쳐 가면서 하나님의 나라 따윈 엿 바꿔, 아니 돈 바꿔 먹게 되고 마는 이 세대를 거스를 수 있는 항체를 가질 수 있게 될 것이다. 연애는 사랑놀음이지만 그 놀음이 세상을 바꾸는 실천이 되기도 한다.

세상의 언어, 혹은 제국의 언어는 '불가피성inevitability'이다. '어쩔 수 없다'는 말을 입버릇처럼 내뱉는 동안 우리는 스스로 위험한 삶을 꿈꾸는 위험한 상상력dangerous imagination을 억압하고 전복적인 삶subversive life을 감행할 용기를 봉인해 버린다. 하지만 내가 늘 감탄하며 읽는 월터 브루그만Walter Brueggemann의 표현을 빌리자면, 예수를 따르는 우리네 "삶이란 불가능성에 뿌리내리는 것Life is rooted in impossibility"이다. 먹을거리와 입을 옷이 있다면 족한 줄 알라는 말씀에 '원시적'으로 순종하면서 먼저 하나님의 나라와 그 정의를 구하면, 돈과 성공을 구하며 사는 이들이 꿈도 꾸지 못한 것을 해내는 역설을 살아 낼 것이다. 그것이야말로 예수 믿는 짜릿함이 아닐까.

설렘이 다한 곳에 사랑이 싹트다

우리라고 맨날 죽고 못 사는 그런 사이는 아니었다. 사랑을 먹고 행복을 누는 날만 있던 것은 아니었다. 바울 눈에 낀 비늘 같은 것은 빠져도 내 눈의 콩깍지만큼은 빠지지 않게 해 달라고 기도했건만, 남들이 말하는 권태기라는 것이 우리에게도 찾아왔다. 소년의 눈에 소녀가 더는 사랑스럽지 않은 날이 왔고, 설렘도 두근거림도 어디론가 사라졌다. 예전엔 소녀가 하품하는 모습도 예뻤는데 어느 사이에 밥 먹는 모습도 밉상이었다. 위기를 느낀 소년은 매일 교회당에 가서 간절히 기도하였다. 기도의 응답인지 예의 소녀의 사랑스러움이 소년의 눈에 다시 찾아왔다. 하지만 사랑은 더 이상 '내가 바라는 그 모습'을 즐거워하는 것으로만 남지 않았다. 그녀의 실망스러운 모습을 '있는 그대로' 받아들이는 사랑 또한 시작되었다.

먼저 안해의 외모부터 시작하자면, 고등학교 시절엔 너무나 귀여운 사람이었지만 시간이 흐를수록 예뻐 보일 때도 있지만 그렇지 않을 때도 있는 평범한 외모의 소유자임을 알게 됐다. 때론 용모를 가꿀 맘도 없고 방법도 잘 모르는 안해에게 가끔 핀잔을 주기도 했다. 안해를 있는 모습 그대로 사랑하려고 노력함에도 여전히 그녀가 어여뻐 보이는 날은 더 사랑스럽게 대하고, 덜 예뻐 보이는 날은 덜 사랑스럽게 대하는 자신을 발견한다. 하지만 이것 한 가지는 확실하다. **하나님은 내게 항상 예뻐 보이는 사람 대신 때로는 어여뻐 보이지만 때로는 그렇지 않은 사람을 보내 주셔서, 외모에 상관없이 사랑하는 법을 배우게 하셨다**는 사실 말이다.

둘째로 안해는 내 스타일이 아니었다. 몇 년을 사귀고 나서야 그녀가 내 이상형이 아니었음을 겨우 인정하게 되었다. 내 이상형은 시와 예술에 조예가 있고, 생태적 감수성이 풍부하며, 지적이면서 애교가 있는 여자이다. 하지만 안해는 여전히 애교 같은 건 닭살 돋아서 대체 하질 못하고, 예술에 대한 감식안이 부족해서 아쉽기도 하고, 종종 화분의 꽃이 축 늘어졌는데도 물을 주질 않아 잔소리를 듣기도 한다. 하지만 이것만큼은 확실하다. **하나님은 모든 면에서 항상 만족스러운 사람 대신 때로는 나를 흐뭇하게 하지만 때로는 그렇지 않은 사람을 보내 주셔서, 나로 하여금 스타일에 관계없이 사랑하는 법을 배우게 하셨다**는 사실 말이다.

마르셀 프루스트Marcel Proust가 "미인 따위는 상상력이 없는 골 빈 남자에게 맡기라"고 했듯이 완벽해 보이는 남자와 이상적인 미모의 여자를 사랑하는 데는 상상력이 필요 없다. 그래서 미인은 빨리 싫증 난다는 말도 나온다. 사랑이라고 하는 것은 이상형이라는 말로 표현되는 어떤 유형에 대한 선호가 아니다. **사랑은 이 세상에서 그 어떤 것도 대체할 수 없는 한 사람을 향한**

끊이지 않는 관심과 수용이다. 내 눈에 차지 않는 상대를 사랑하는 데는 그 부족함을 메우기 위한 상상력과 노력, 끊임없는 자기 부정이 요구되기에 싫증이 들어설 자리가 없다. 물론 그러한 과정은 결코 쉽지 않다. 때로는 사랑을 포기하고 싶을 정도로 괴롭다. 하지만 대가를 치르지 않으려는 것을 사랑이라고 할 수 있을까? 대가를 치르는 대신 편하게 예뻐할 대상('사랑할 대상'이 아니라)을 찾기 때문에 이 사회가 외모 및 능력 지상주의 사회가 된다고 한다면 지나친 비약일까? 고든과 게일 맥도날드Gordon & Gale MacDonald 부부가 《마음과 마음이 이어질 때》에서 짚었듯 사랑이란 것은 **"한 사람과의 관계를 선택한 다음, 그 관계의 목표를 이루기 위해 요구되는 모든 대가를 지불하는 것"**이다.

사랑을 내려놓다

사랑이 괴롭다는 말이 나왔으니 말인데 처음 삼 년까지는 서로를 끔찍이도 위하며 풋풋한 사랑을 나눈 소녀와 소년은 연애 4년 차에 접어들자 사흘이 멀다 하고 싸웠다. 특히 안해는 철이 바뀔 때마다 어김없이 "우리는 도저히 맞지 않으니 헤어지는 게 서로에게 낫다"며 일방적으로 연락을 끊어 내 속을 얼마나 시커멓게 타들어 가게 했던가. 그럴 때마다 눈물로 호소하고, 때로는 겁을 주기도 하고, 한번은 자동차가 질주하는 4차선 도로에 뛰어들면서까지(흉내 내면 절대 안 된다!) 상대의 마음을 돌이키려고 했다. 그것마저 여의치 않을 때면 집에 돌아와 울며 기도하다가 차가운 바닥에 엎드려 그대로 잠이 든 적은 또 얼마나 여러 번이었는지….

그런 과정을 통해 주님은 돈이나 성공 따위는 내려놔도 사람을 포기하지 못하던 내게, 안해와의 사귐이 이어지든 깨어지든 고스란히 당신의 뜻에 내맡기도록 하는 주권 포기 훈련을 시켰다. 혹시라도 헤어지라고 하실까 봐 안해를 내려놓지 못하고 몇 년을 버티던 나는 마침내 "모든 것을 버리고 나를 따르라"는 주님의 음성에 순종하게 되었고 이후로 안해와의 관계에 얼마나 큰 평화가 찾아왔는지 모른다. 지금에 와서 돌아보면 하나님은 선교단체에서 받은 제자훈련을 통해서도 나를 다듬으셨지만 가장 즐거이 나를 빚으셨던 통로는 10년간에 걸친 연애였음을 고백하게 된다.

코다: 주의 사랑으로 사랑합니다

나란 사람이 참 별난 사랑을 했고 사랑에 관한 책도 냈지만 지난 시절을 돌아보며 내가 할 수 있는 말은 이것밖에 없다. 나라는 사람이 사랑하는 흉내는 낼 수 있어도 본질적으로 사랑할 수 없는 존재라는 것, 주님의 은혜가 아니고서는 이 관계를 유지해 갈 수 없다는 것, 따라서 그분 앞에서의 절박한 엎드림이 바로 참된 사랑의 첫걸음마가 된다는 사실 말이다.

사랑이 내게서 시작되는 것이 아니라 내 안의 주님에게서 시작된다는 것을 이 우매한 자가 깨닫기까지는, 보통 연인이 결혼해서 애를 낳고 유치원에 보내는 정도의 긴 시간이 필요했다. 부디 이 글을 읽는 여러분은 나보다 더 지혜롭기를 바란다. 여러분의 청춘에, 또 노년에 불꽃같은 사랑이 있기를!

철수 예수

———

작명의 영성

작명의 영성이라? 독자들은 마치 '한국기독교작명소장' 자리에 취임한 듯 작명을 운운하는 저자의 엉뚱함에 실소를 머금을지도 모르겠다. 본인이 마흔 살 전에 가진 남다른 경험이 있다면, 30대에 결혼 주례를 한 것이 그 하나요, 아이 이름을 네 번이나 지은 것이 그 둘이다. 사람의 일생에서 이름만큼 중요한 게 없다는 말들을 하고, 성서에서 이름만큼 한 인물의 사람됨을 잘 드러내는 것도 없다는 얘기를 하지만, 정작 작명을 두고 별다른 신경을 쓰지 않는 것이 우리 현실이다.

이름, 존재와 관계의 고갱이

먼저 '이름' 자체를 숙고해 보자. 이름에 대한 거창한 철학적 담론을 예서 장황하게 늘어놓을 생각은 없다. 다만 하나님이 창조주이실 뿐 아니라 최초의 작명가라는 사실과, 자신을 따라 피조물인 우리에게도 이름 짓는 능력을 주셨다는 것, 그리고 당신 스스로에게도 이름을 부여하시고 우리에게 그 이름을 부르라고 하신 점을 곰곰이 생각해 보자.

이름이 귀중함은 일차적으로 존재를 의미하기 때문이다. 누군가를 혹은 무언가를 이른다(동사 '이른다'에서 명사 '이름'이 파생됨)는 것은 그 존재를 인정하는 것이다. 김춘수의 시 〈꽃〉이 시사하듯이 하나님은 우리를, 이름이 주어질 때에야 존재하도록 지으셨다. 물론 이름이 없다고 해서 존재하지 않는 건 아니다. 유아론唯我論이라고 해도 좋지만, 내가 그 이름을 부르기 전에 그/그것은 내게 존재하지 않는다. 그래서 우리는 처음 만난 이의 이름을 묻고, 길섶에서 만난 들꽃의 이름을 검색해 보는 것이다. 하나님이 우리들 하나하나의 이름을 부르시는 것도, 우리 각 사람이 그분에게 아무런 관심도 일으키지 못하는 존재가 아니라 우리를 부를 때마다 그분의 속에서 긍휼이 불 일 듯 일어나게 하는 존재이기 때문이다.

그렇게 이름을 부르고 이름이 불리면 '관계'가 생긴다. 그 관계에서 사랑이 나오고 은혜도 나온다. 따지고 보면 윤리라는 것도 호명을 기반으로 한 관계에서 비롯된다. 익명성의 폐해에서 보이듯 이름을 모르는 사이에서 비윤리적인 경향이 짙어지는 것은 우연이 아니다. 사랑이 많은 사람일수록 한 명 한 명 이름을 기억하고 불러 주려고 하는 것도 같은 이치이다. 사실 **윤리는 '이름 부르기'에 다름 아니다.**

사람됨이 관계 속에서 이뤄지고, 그러한 관계가 이름을 부름으로 형성된다면, '무슨 이름으로 불리느냐'가 중요하지 않을 수 없다. 한 사람을 향한 기대가 그 사람을 만든다는 피그말리온 효과를 굳이 언급하지 않더라도, 뜻과 바람을 이름에 담아 한 사람을 되풀이해서 부르면 그 뜻과 바람이 이름 임자의 삶에 스며듦은 자연스러운 귀결이다. 유진 피터슨Eugene Peterson은 작명의 의의를 이렇게 설파했다. "이름 짓기는 본질에 초점을 맞추는 행위이다. 우리에게 이름이 붙여진다. 그 순간부터 인생의 경로는 의를 추구하는 현실의 바다 위에서 줄거리가 짜여지게 된다. 이름이란 우리가 한 인간으로 인정되는 언어적 통로이다."

이름 짓기의 영성, 창조성, 예술성

이렇듯 소중한 이름이기에 잘 지어서 잘 불러야 한다. 그런데 이름 짓기가 생각만큼 쉽지가 않다. 물론 북미 원주민처럼 '늑대와 춤을', '주먹 쥐고 일어서'라고 짓거나, 글을 갖지 않은 인도의 한 부족처럼 '아침 안개 피어오르는 호수', '동쪽에서 온 사람의 아들'이라고 지을 수도 있다. 아니면 영어권에서처럼 존John이나 메리Mary처럼 즐겨 불리는 이름을 택할 수도 있다. 흔한 이름일수록 사랑받는 서양 같지는 않지만 한국에서도 선호하는 이름이 있다.

새로 태어난 생명을 향한 하나님의 마음을 헤아리면서 그에 응하는 각별한 이름을 지어 주려고 하면, 설사 기존 이름을 차용한다 하더라도 그 과정에서 깊은 기도와 묵상이 요구된다. 글자 두 자字에 남다른 뜻을 담아야 하고 동시에 듣기 좋은 음성 이미지까지 획득해야 하는 한국인의 이름은 시詩보다도 더 압축된,

세계에서 가장 짧은 시라는 하이쿠俳句보다 더 밀도 높은 고도의 문학작품이다. 더구나 같은 세대임을 보여 주는 항렬까지 따른다면 작명의 어려움은 한결 더해진다. 이러한 속사정을 아는 어떤 외국인들은 한국인의 이름처럼 조직적인 것이 없다고 말할 정도이다. 그래서 한국에서 의미도 좋고 부르기도 좋은 이름을 지으려면, 아담이 동물의 본질을 통찰하고 그에 걸맞은 이름을 안겨 줄 때 발휘한 고도의 추상적 사고력에 더하여 영성과 창조성, 문학성과 음악성까지 요구된다는 말이 있다.

한국 개신교 작명소사作名小史

한국 개신교인들은 어떻게 이름을 지었을까? 기독교인의 작명 방식을 다룬 연구가 전무하지만, 짐작컨대 성서 인물이나 성경의 주요 단어를 가져다 이름을 붙이는 경향을 1세대 작명법이라고 하자. 소싯적 개척교회 동역자였던 절친한 후배 전도사 이름이 요한이었고, 입시 학원에서 국어를 가르칠 때 학생의 이름이 사야였다(성은 '이'였다). 이삭, 요셉, 모세, 다윗, 바울, 사무엘, 다니엘과 같이 성서에서 '퍼 갖고' 온 이들 거룩한 이름은 부모의 독실한 신앙을 보여 줄지는 모르나 요즘엔 득보다는 실이 많아 보인다. 이런 이름은 기독교인 딱지를 애들 '마빡'에 붙여 놓는 노릇이라, 성서시대나 중세시대가 아닌 다원주의 시대에서는 자녀들에게 상당한 스트레스로 작용할 수 있다. "이름 보니까 교회 다니나 본데 왜 그 따위냐" 그렇게 조롱을 받기도 하고, 온라인에서조차 "저 놈은 개독이로구나" 하며 미리 왕따를 시킨다.

성서 인물 대신 복음, 구원, 성경, 반석, 진리, 찬송, 영광, 충만 등과 같은 단어를 쓰기도 하는데 이 역시 자녀들이 곤란을 겪을 수 있다. 노골적으로 기독교 색채를 띤 이름을 짓는 것도 일종의 복음 선포이고 이 때문에 겪는 어려움 역시 감내해야 할 핍박이라고 주장할 수도 있다. 하지만 나는 사랑, 온유, 평화, 소리같이 기독교 울타리 안팎에서 두루 통용되는 단어가 신학적으로나 실용적으로나 더 낫다고 생각한다.

　　기독교 작명 2세대는 1990년대 들어 나타나는데 당시 한글 이름 짓기 유행에 큰 영향을 받았다. 예은이(예수님의 은혜), 하은이(하나님의 은혜), 주은이(주님의 은혜), 예슬이(예수님의 슬기), 예람이(예수님의 사람), 하람이(하나님의 사람), 예지(예수님의 지혜), 예민이(예수님의 백성), 하민이(하나님의 백성), 예랑이(예수님의 사랑), 하랑이(하나님의 사랑) 등이 큰 인기를 받았다. 예수님, 하나님, 주님의 앞엣자를 딴 이들 이름은 여호와를 뜻하는 '야'나 '엘'이 들어간 히브리 이름의 한국판이다. 이들 이름은 여전히 사용되지만 이제는 흔해졌고, 무엇보다도 이름에 담긴 고즈넉한 풍취랄까 그런 게 없어서 개인적으로는 별로이다. 노골적이지 않으면서도 복음의 아취雅趣를 은은하게 풍기는 이름을 지으려면 조금은 문학적인 영성이 요구된다.

성서에 나타난 작명 영성

　　이 대목에서 성서 인물의 이름이 어떻게 지어졌는지 살펴봐도 재미있을 것이다. 예상대로 허다한 이름에 하나님이 담겼다. 느헤미야(여호와께서 위로하셨다), 미가(여호와 같은 이가 누구뇨), 엘리야(나의 하나님은 여호와), 사무엘(여호와께 구함), 예레미야(여호와께서 세우시다), 오바댜(여호와의 종) 등등 숱하다. 출생 당시의 개인적·국가적 형편이 이름에 반영되기도 했다. 이삭(웃음), 유다(찬양), 므낫세(잊어버림), 게르솜(체류자) 등이 그것이다. 이러한 이름은 하나님을 직접 언급하지는 않지만 이름에 담긴 사연으로 신앙을 고백한다. 동물이나 식물의 이름이 쓰이기도 했는데, 토템 사상의 반영이거나 동식물의 좋은 특성이 아이에게 심기길 바라는 마음의 발로이다. 레아(암소), 라헬(암양), 다말(종려나무), 드보라(꿀벌), 아굴라 (독수리), 갈렙 (개), 요나 (비둘기) 등이 그러하다. 나발(어리석음)같이 "엥?" 하는 이름도 있는데 고대에는 귀신이 매력적인 아이를 소유하려 든다고 믿어서 일부러 그렇게 지었다. 과거 우리나라에서도 어릴 때는 본명 대신 개똥이, 말똥이같이 천한 이름으로 불러야 무병장수한다고 믿었다.

이처럼 성경에 드러난 작명은 천편일률적이지 않았다. 이름으로 하나님 백성임을 드러내야 한다는 강박이 없었다. 이와 관련해 신약의 서신서에 흥미로운 점이 보인다. 사도 바울은 편지 글머리에 "하나님 우리 아버지와 주 예수 그리스도로부터 은혜와 평강이 너희에게 있을지어다"(빌 1:2)와 같이 경건이 뚝뚝 떨어지는 전형적인 기독교 스타일의 인사를 한다. 반면, 사도 야고보는 "흩어져 있는 열두 지파에게 문안하노라"(약 1:1)와 같이 당시 일반인들이 안부를 묻는 방식으로 인사를 건넸다. 사도라고 해서 글에서부터 예수쟁이 티를 팍팍 내지 않았다. 별거 아니지만 이 차이는 복음 안의 다양성과 자유로움을 보여 준다. 성경에 등재된 이름 역시 하나님을 직설적으로 드러낸 것이 있는가 하면 이방인이 사용해도 좋을 정도로 탈종교적인 것이 공존한다.

사도들의 인사법과 성서 인물의 작명법에서 '다양성의 영성'을 확인하고 다원주의 사회를 사는 지혜를 발견한다고 하면 지나친 비약일까?

웃시야(여호와는 나의 힘)나 오므리(여호와를 예배하는 자) 같은 이름도 귀하지만, 나단(선물), 학개(축제), 노아(휴식, 위안), 로이스(유쾌함), 로데(장미) 같은 이름은 얼마나 매력적인가. 어쩌면 21세기를 사는 우리에게는 뒤엣것들이 더 요구되는지도 모른다. 그것은 우리가 단지 다원주의 시대를 살기 때문만은 아니다. 교회 것과 세상 것, 신령한 것과 일상적인 것을 갈라놓는 한국 교회의 고질적인 이원론을 극복할 수 있는 통합적인 영성의 단초를 이들 이름에서 슬쩍 엿보기 때문이다. 우리는 언제쯤 앞쪽 이름들 말고 뒤쪽 이름들에서도 "할렐루야, 아멘!"을 외치게 될까?

배냇이름

한 가지 이름만을 사용하는 요즘과는 달리, 옛날에는 한 사람이 꽤나 많은 이름을 가졌다. 어릴 때 불리는 아명兒名, 관례冠禮 후에 불리는 관명冠名, 관명이나 본명을 피하고자 지은 자字, 허물없이 불리는 호號 외에 남을 존중해 부르는 휘諱, 심지어 죽은 다음에 불리는 이름인 시諡 등이 있었고, 승명僧名이나 기명妓名 같은 직업적 전용명도 있었다니 저걸 어떻게 다 기억해서 불렀는지 신기할 정도이다. 하지만 오늘날에 와서는 문인과 예술가가 호 정도를 사용할 뿐 나머지는 사어死語가 되었다. 차라리 장난스럽게 불리는 별명이나 인터넷에서 사용되는 아이디가 본명 다음으로 즐겨 사용된다.

이들 사멸한 이름을 다시 살려 쓰는 운동을 할 필요는 없다. 대신 훨씬 더 실제적인 이름이 있는데 '태명胎名' 혹은 내가 만든 '배냇이름'이 그것이다. 사실 아기 엄마 아빠라면 배냇아가의 이름을 지어서 부르지 않고는 배길 수 없을 것이다. 더구나 부모와의 배냇교제가 아기 영혼의 형성에 미치는 영향을 감안한다면, 배냇교인(흔히 말하는 모태신앙이 사전에는 이렇게 등재되어 있다)이 된 태아에게 그냥 "아가야" 하고 부르기보다 구별된 태명으로 부르는 편이 낫다는 건 두말할 필요조차 없다. 태명 짓기가 사회적으로 널리 확산되어 모두가 당연한 듯이 태아의 이름을 부르는 분위기가 조성된다면—산부인과 의사도 산모와 배냇아기 이름을 나란히 차트에 기록하고, 교회에서도 배냇교인의 이름을 부르며 안부를 묻는 정도가 된다면—태아도 생명이란 인식을 확장하는 데 큰 도움이 될 것이다.

매실이와 오이

우리 큰아들 해민이의 배냇이름은 '매실이'였다. 우리 안해가 큰애를 갖고 이런 태몽을 꾸었다. 언니 집에 놀러 갔다가 처형이 하얀 쌀이 가득 들어 있는 항아리 속에 손을 넣어 파란 매실을 꺼내고 또 꺼내 줬는데(마치 화수분처럼!), 울 안해가 그걸 치맛자락에 담아서 하나도 떨어뜨리지 않고 집에 갖고 왔단다. 그래서 매실이다. 완전 단순 귀여운 작명법이었지만 의미 부여는 제법 묵직하게 했다.

"동천년로항장곡桐千年老恒藏曲이요 매일세한불매향梅一世寒不賣香"이라, 즉 "오동나무는 천년의 세월을 늙어 가며 항상 거문

고의 소리를 간직하고, 매화는 한평생을 춥게 살아가더라도 결코 그 향기를 팔아 안락함을 구하지 않는다." 이 한시가 노래하듯 매화처럼 물질의 풍요와 안락함에 굴하지 않고 주 앞에서 오롯이 살아가는 삶의 열매(매실)가 넉넉하길 바라는 마음을 '매실'이라는 이름에 담았다. 당시 나는 날마다 안해의 배를 만지며 "매실아~" 하고 이름을 불렀다. 매실이와 대화를 나누고 축복하고 책 읽어 주었다. 지방에 출장을 나가면 전화기를 안해의 배에 대어 달라고 해서 "매실아, 압바(아빠)야…" 하면서 살갑게 배냇아가의 태명을 불렀다. 그때마다 제 이름을 듣고 매실이가 얼마나 좋아라 뛰놀았는지 지금도 안해는 생생하게 간증한다. 우리가 얼마나 매실이라는 이름을 살뜰하게 불렀는지, 태어나고 한참이 지나 해민이란 이름으로 불릴 때에도 가끔 이런 전화를 받곤 했다. "매실이 잘 크고 있지?"

둘째 때는 안해가 하늘을 온통 시커멓게 다 덮을 정도로 거대한 새의 태몽을 꾸었다. 그때는 이미 '화니'란 이름을 지어 놓은 덕에 태몽에서 이름을 가져오지 않고 배냇시절부터 화니로 불렀다. 셋째 해언이를 가졌을 때에도 꿈쟁이 울 안해는 태몽을 꾸었는데 그때는 '오이' 꿈이었다. 그래서 매실이의 전례를 따라 "오이야"라고 불렀다. 오이에 부여한 뜻은 '시원함'이었다. 시골에서 살았거나 군대에서 행군을 해 본 사람은 알겠지만 여름철 타는 목마름을 씻어 주는 데에는 오이만한 게 없다. 그래서 나는 오이를 위해 축복할 때마다 추수하는 날의 얼음냉수처럼 주님과 이웃의 마음을 시원케 하는 사람(잠 25:13)이 되기를 기도했다. 넷째 해든이 때는 정체를 알 수 없는 곰 비슷한 짐승이 집에 들어

온 태몽을 꾸었다. 넷째는 딸이라고 철석같이 믿었던 터라 태몽은 신경 쓰지 않고 '사순이'라고 불렀다. 그런데 태어날 때 보니 고추가 달려 있었지 뭐냐. '해든'이란 이름으로 출생신고를 할 때까지 '사순이'가 '사돌이'로 급변한 배경엔 그런 사연이 있었다.

해민

이제 본이름으로 넘어가 보자. 풀 해解, 백성 민民인 큰아들 해민이의 이름은 한국에서 함께 개척교회를 섬기던 동료 사역자의 제안을 우리 부부가 심사숙고 끝에 선택한 것이다. 죄와 그 소산으로 고통받는 백성을 해방한다는 뜻을 담은 해민이의 이름은 그 동료의 아들인 '유겸'이란 이름과 짝을 이뤘다. 예수님의 성품은, 주님 스스로 언급했듯이, 온유와 겸손으로 요약될 수 있다(마 11:29). 그래서 유겸이다. 예수님의 사역은, 메시아 사명 선언문(눅 4:16-19)에 나오듯이 백성을 풀어 주는 것에 있다. 그래서 해민이다. 두 아이가 주님의 성품과 사역을 온 세상에 환하게 드러내는 인생을 살아가길 빈다.

해민이의 이름 뜻은 '이보다 더 좋을 순 없다'지만, 말소리만 놓고 보자면 약간 흔하기도 하고 얼마간 여성스럽기도 해서 며칠을 망설였는데, 한국 교회의 맹점인 '해방'의 메시지를 담았다는 점이 다른 단점을 압도했다. 해방이란 뜻 때문에 운동권 이름이란 우스개를 듣기도 했지만, 이 이름만큼 우리 가정이 추구하는 삶을 잘 담아낸 이름도 없었다. 김동호 목사의 장손녀인 큰딸 민희民熙는 '백성의 빛'이란 뜻을 담고 있다. 발음만 놓고 보면 흔하지만 뜻이 웅숭깊다는 점에서 해민이의 이름과 통한다.

화니

사람들이 둘째 이름을 물어봐서 "화니예요"라고 하면, 흔히 "환희요?"라고 되묻는다. 화니는 꽃 화花, 진흙 니泥, 즉 진흙에서 핀 꽃이다. 화니야, 진흙 같은 세상에서 연꽃처럼 향기를 발하렴. 화니의 영문 이름은 Hwanee Park-Kim인데, 고신대에서 영어를 가르쳤던 학교 친구 릭Rick의 도움을 받아 영어로도 예쁜 어감을 갖도록 지었다(화니부터는 캐나다에서 낳았기에 아이들 성을 Park이 아니라 Park-Kim으로 했고 내친김에 한국에서도 '박김화니'로 출생신고를 했다. 물론 공식적으로는 성은 '박' 이름은 '김화니'이지만, 일상에서는 다들 성이 '박김'이고 이름이 '화니'라는 걸 안다. 학교 선생님이든 누구든 다들 '화니'라고 부르니까).

중국의 명문을 모아 놓은《고문진보古文眞寶》에 수록된 주무숙의 〈애련설愛蓮說〉을 보면 이런 구절이 있다. "내가 오직 연꽃을 사랑함은, 진흙 속에서 났지만 거기에 물들지 않고, 맑은 물결에 씻겨도 요염하지 않기 때문이다. 속이 비어 사심이 없고, 가지가 뻗지 않아 흔들림이 없다. 그 그윽한 향기는 멀수록 더욱 맑고, 그의 높은 품격은 누구도 업신여기지 못한다. 그러므로 연은 꽃 가운데 군자라 한다." 이 대목을 읽을 적마다 우리 화니도 먼지 속에 거하며 살되 먼지와 구별된 삶居塵離塵을 일구기를 비손하게 된다.

법정 스님은 애련설의 앞 대목을 인용한 다음 이렇게 덧붙인다. "연은 하나도 버릴 게 없다. 그 뿌리는 식용과 약으로 널리 쓰이고 잎은 음식을 싸서 찌는 데 쓰이며, 그 열매인 연실은 신선들이 즐겨 먹는 음식으로 혹은 약재로 예전부터 쓰였다. 그리고 꽃과 향기는 나같이 철이 덜 든 사람을 천리 밖에서도 끌어들이는 흡인력이 있다.… 이 다음 생애 어느 산자락에 집을 짓게 되면, 꼭 연못을 파서 백련을 심고 연못가에 정자를 지어 연꽃 향기 같은 삶을 누리고 싶다. 아, 생각만으로도 가슴이 부풀어 오르네!"

이 글을 읽을 적마다 화니 역시 삶의 모든 자리가 하나님과 이웃 앞에 버릴 것이 없게 되기를, 사람들을 주님 앞으로 끌어들이는 흡인력이 있는 생이 되기를 축복하게 된다.

나는 화니의 이름을 짓고 무척 뿌듯했는데 이름 뜻이 그윽하면서도 어감이 곱다는 것이 첫째 이유이다. 화니라는 이름을 아끼는 둘째 까닭은, 에스더가 별을 뜻하는 바벨론에서 유래한 이름이지만 여호와 신앙으로 히브리화했듯이 화니의 이름 또한 연꽃이라는 대표적인 불교 상징을 기독교화했다는 의의를 지니고 있기 때문이다. 기독교 작명 3세대는 이처럼 신앙을 우리의 말과 숨결로 표현해 낼 수 있었으면 한다.

해언

세상이 하 어수선하고 반목과 갈등이 심해서였을까, 아님 나이를 먹을수록 복음이 지닌 평화의 메시지에 더 끌리는 걸까, 셋째는 낳기 전부터 이름에 '평화'와 '화해'를 담고 싶었다. 게다가 배냇이름이 '오이'였던 요 녀석을 낳고 보니 그 모습이 어찌나 평화로운지 우리 집 산파 엘리자베스도 볼 때마다 "He is so peaceful!"을 연발했다.

기도와 묵상 중에 사전을 뒤적거리다가 '화해의 언덕'이란 이미지가 떠올랐고 이를 줄여 해언이란 이름을 지었다. 한자를 화해할 해解, 몸 굽힐 언躽으로 택한 것에는 다툼과 전쟁이 가득한 이 세상에서 이 아이가 장차 자신의 몸을 굽히고 낮춤으로 하나의 '오름 직한 언덕'이 되어, 사람들이 자신을 딛고 올라가 화해를 누리게 하는 피스메이커로 살기를 바라는 아비의 간구가 담겼다.

성서적으로는 주님이 십자가에서 못 박히시기 전날 밤 우리가 하나 되기를 간곡히 비셨던 '겟세마네 동산'을 떠올렸고, 역사적으로는 마틴 루터 킹 주니어Martin Luther King Jr. 목사의 그 유명한 연설, "나에게는 꿈이 있습니다I Have a Dream"의 첫머리에 나온 조지아의 붉은 언덕을 염두에 뒀다. "나에게는 꿈이 있습니다. 언젠가는 조지아의 붉은 언덕 위에 이전 노예의 후손들과 노예 주인의 후손들이 형제애의 식탁에 함께 둘러앉게 될 날이 오리라는 꿈입니다I have a dream that one day on the red hills of Georgia, the sons of former slaves and the sons of former slaveowners will be able to sit down together at the table of brotherhood."

해든

"사모님 배를 보니 넷째는 딸이네!" 교회 권사님들이 입을 모아 말했다. 안해의 태몽엔 일종의 패턴이 있는데 매실이나 오이 같은 식물은 아들이고, 새 같은 동물은 딸이었다. 넷째도 곰같이 생긴 동물이 등장해서 권사님들의 예언에 옳거니 했다. 더구나 임신 기간 중 몸 상태가 딸인 둘째를 가졌을 때와 같았다. 그렇게 철석같이 딸로 믿었던 녀석이 고추를 달고 나오자 막내딸을 학수고대하던 나는 처음 며칠간 상심에 빠졌다. 막내딸을 잃은 대신 돼지 3형제를 얻은 셈 치자며 마음을 추스르고는, 한 달간의 기도와 묵상 끝에 넷째의 이름을 '해든'으로 정했다. 아들 세 녀석이 모두 '해'자를 두운으로 'ㄴ'을 각운으로 갖게 된 것은 문학을 전공한 애비 덕인 줄 알아라.

해든이는 태양을 가리키는 '해'와 볕이 잘 드는 집이라고 할 때의 '든'을 합한 것이니 뜻을 풀어 보자면 '햇살 든 아이'쯤 되겠다. 태양이 모든 생명체의 에너지원이 되듯 주님은 우리 생명의 원천이 되신다. 만물이 햇빛 없이 살아갈 수 없듯, 우리도 주님의 얼굴빛이 없이는 죽은 자와 같다. 그래서 하나님의 얼굴빛을 비춰 달라는 노래와 기도가 구약에 그렇게 자주 등장하는 거 아니겠는가(민 6:25; 시 4:6; 31:16; 44:3; 67:1; 80:7, 19; 85:15; 119:135; 단 9:17 등). 그중 몇 구절을 소개해 본다.

환히 웃는 주의 얼굴빛을 종에게 비추소서. 다함없는 사랑으로 이 몸을 구원하소서(시 31:16, 공동번역 및 우리말성경 조합).

즐겁게 소리칠 줄 아는 백성은 복이 있나니 여호와여 그들이 주의 얼굴빛 안에서 다니리로다(시 89:15, 개역개정).

만군의 야훼여, 우리를 다시 일으키소서. 당신의 밝은 얼굴 보여 주시면 우리가 살아나리이다(시 80:7, 공동번역).

해든이가 시편에서처럼 주의 얼굴빛이 깃든 삶, 내가 '해든 살이'라고 이름한 양지바른 삶을 살아가기를 빈다. 이 아이의 인

철수 예수

생길에서 만나는 길벗들도 해든이와 함께 주의 얼굴빛을 쪼이며 살아가기를 빈다. 그리하여 "쏟아지는 햇빛에 소담스레 오곡이 여물고 다달이 백과가 탐스럽게 열리는 땅"(신 33:14, 공동번역)으로 묘사된 약속의 땅에서처럼 햇빛이 가득 든 세상, 이른바 '해든누리'를 벗님네들과 함께 일구어 가는 사람이기를 비손한다.

첫째 해민(풀 解, 백성 民)이의 이름에는 죄와 그 구조적·개인적 소산인 억압, 착취, 가난, 차별, 폭력 등으로 고통받는 백성을 해방하는 꿈을 담았고, 둘째 화니(꽃 花, 진흙 泥)의 이름에는 연꽃처럼 진흙 같은 세상에 깊이 발 담그고 살되 거기에 물들지 않은 삶을 구했고, 셋째 해언(풀 解, 몸 굽힐 躽, 즉 화'해'의 '언'덕)이의 이름에는 다툼과 미움으로 갈라진 사람들이 해든이란 언덕에 올라 얼싸안고 평화와 화해의 춤을 추는 세상을 그렸고, 넷째 해든(순우리말, 햇볕 든)이의 이름에는 주님의 얼굴빛이 깃든 '해든살이'와 '해든누리'를 일궈 가자는 소망을 노래했으니 이만 하면 네 아이 이름에 우리 가정이 지향하는 삶의 모습을 거진 담아낸 것 같다.

더 귀한 이름들

우리 아이들에 버금가는 이름도 적지 않다. 한빛누리 황병구 전 본부장의 자녀 이름은 깊은 간구와 시적인 감성을 두루 갖췄다. 큰딸인 은율이는 은혜 恩, 법 율律을 써서 하나님의 은혜로 율법을 완성하며 사는 이라는 뜻이고, 남동생인 지언이는 알 지知, 말씀 언言, 즉 육신이 되신 말씀을 알아 가며 사는 이라는 뜻이다. 인디애나 퍼듀에서 경제학을 가르치는 김재수 교수의 자녀는 시냇가에 심은 나무의 한역인 유하柳河, 물댄 동산의 한

역인 하원河園이다. 얼마나 멋들어진 이름인가! 지우知友인 이용관, 김세희 부부의 '조율'이는 또한 어떤가. 기존 단어 조율에 세례를 주어, 하나님과 사람, 하나님과 세상, 사람과 사람의 어그러진 관계가 회복되기를 바라는 마음을 담았다. IVP 대표 정모세 목사의 첫아들 래안來安이도 'ㄹ'이 첫 음운으로 온다는 것이 익숙지는 않지만 어감이 편안한데다 무엇보다도 '평안이 온다'는 이름 뜻은 얼마나 그윽한가. 이들 이름은 부를수록 귀하게 느껴진다.

이름 짓기는 이름이 주어질 사람에 대한 '각별한' 사랑과 그 사람을 향한 주님의 '각별한' 계획을 헤아릴 수 있는 깊이의 묵상이 필요하다. 그래서 이름 짓기는 분명 부담스러운 작업이지만 바로 그 이유에서 이름 짓는 이의 영성을 가멸게 일궈 준다. 이름을 짓고 싶어서라도 결혼을 꿈꾸고 출산을 통한 하나님 나라 확장을 꿈꾸는 이들이 많아졌으면 한다.

은해와 여주

내 이름은 흔한 이름인데다가 별다른 뜻도 없어서 속상하다고? 그렇다면 아호雅號를 지어서 부르거나 기존 이름의 뜻을 새롭게 밝혀 보면 어떨까? 우리 안해의 이름은 '순영順英'이다. 나는 촌스럽게도 '순'자가 들어간 이름에 각별한 애정을 갖고 있는데다 '순한 꽃망울'이라는 이름 뜻만큼 우리 안해의 사람됨을 더 잘 보여 주는 것도 없어서 '순영'이란 이름을 세상 어떤 이름보다 더 사랑한다. '순한 꽃망울'이라는 뜻을 새롭게 밝혀 준 것과는 별개로 '은해恩海'(은혜의 바다)란 아호로 부르기도 하는데 안해도 그렇게 불리는 것을 좋아한다.

한국기독학생회IVF에서 간사로 일했던 후배 여주는 기존 이름에 새 뜻을 입혀서 '거듭난 이름'이 됐다. 처음 만났을 때 여주란 이름이 특이해서 무슨 뜻이냐고 물으니 '여'자는 기억이 안 나고, '주'자는 붉은 주朱자란다. 그래서 결국 무슨 뜻이냐고 되묻자 자기도 잘 모르겠다고 할 정도로 의미 없는 이름이었다. 내가 즉석에서 여주란 이름을 더불 여與, 주인 주主, 즉 '주님과 더불어'로 바꾸어 주었다. 나중에 여주에게 그 이름 덕에 자신이 다시 태어나게 되었다는 말을 들었으니 성공적인 재작명renaming이었던 셈이다.

철수 예수

아호를 지어도 별명만 부르고, 기존 이름에 새 의미를 부여하기도 어렵다면, "흔한 이름으로 부르심을 입은 거룩한 형제들아, 우리네 허접한 이름의 사도이자 대장이신 예수를 깊이 생각하라"(히 3:1 패러디)는 말씀을 받잡도록 하라. 짜장 따지고 보면 예수만큼 흔한 이름도 없었다. 70인역 성경을 번역한 유대인 72명 중 세 명이 예수였고, 유대인 역사가 요세푸스가 쓴 글에는 무려 20여 명의 예수가 나온다. 사해 근처에서 발견된 한 여인의 상속 관련 재판 기록을 보면 거기 등장하는 남편, 시아버지, 아들 이름이 다 예수라고 한다. 심지어 여러 신약 사본에 따르면 예수 대신 풀려난 바라바의 이름이 원래 '예수 바라바'였다니, 빌라도는 백성에게 두 예수 중 어느 예수를 풀어 줄까 물었던 셈이다. 게다가 바울이 살라미섬에서 만난 거짓 선지자의 이름조차 바예수, 즉 예수의 아들(행 13:6)이었으니 예수란 이름이 얼마나 흔해 빠진 이름인지 짐작하게 한다. 하나님의 아들인 그분께서 철수나 영희 같은 평범하기 이를 데 없는 이름으로 불리셨다니, 다시금 느끼지만, 주님의 사랑이란, 참!

　나는 네 아이의 이름을 하나같이 참신하게 지으려고 했지만, 하나님은 하나뿐인 아들의 이름을 예수라는 쌔고 쌘 이름으로 불렀다(마 1:21). 하지만 그 아들이 자기를 낮추고 죽기까지 복종하자 그 **흔해빠진 이름을 모든 이름 위에 뛰어난 이름이 되게 하셨다**(빌 2:8-9). 이름이 삶을 빚는 데 일정 부분 기여하는 것은 사실이지만 그렇다고 해서 이름이 삶보다 앞설 수는 없다. 그대가 허접한 이름을 가졌다면 예수님처럼 자신을 낮추고 죽기까지 복종하며 살라. 그의 이름이 모든 이름 위에 뛰어난 이름이 되었듯 그대의 이름도 그리되리라.

창조 영성가 예수

―――

생태적 묵상, 비언어적 묵상, 오감 묵상

환경오염으로 자연 파괴가 가속하면서 희귀식물이 는다고
한다. 이러다가 동요 "꽃밭에서"에 나오는 채송화나 봉숭아 같은
흔한 꽃도 희귀식물이 되진 않을지 두렵다. 자연 파괴로 인한 희
귀식물도 문제이지만 인성 파괴로 인한 희귀식물도 문제이다.

도청 공보계장 엄지호는 이 시대의 희귀식물이다
음지에서 자라는 이름 모를 민초를 빼닮았다
눈빛과 목소리가 그렇고
숱한 남의 자식 키워 장가보내는 마음씨 또한 그렇다
며칠 전 그가 혼주 되던 날 바람은 왜 또 그리 세차게 불던지
그가 늘상 지니고 다니는 마른버짐 같은 오랜 수첩에는
이런 숫자 놀음이 적혀 있다

내게 더 큰 위안을 주는 이유다

1982. 4. 16.

1983. 4. 14.

1984. 4. 17.

1985. 4. 13.

1986. 4. 11.

1987. 4. 8.

1988. 4. 13.

1989. 4. 4.

1990. 4. 2.

1991. 4. 12.

1992. 4. 4.

1993. 4. 7.

1994. 4. 6.

1995. 4. 8.

- 벚꽃 만개일-

_최석화의 시 〈희귀식물 엄지호〉 전문

시인은 벚꽃이 만개한 날을 수첩에 적어 두는 엄지호를 희
귀식물이라 불렀지만, 예전부터 "3월 11일 별꽃, 13일 산수유…"
와 같이 봄마다 처음 만나는 꽃을 기념하는 나 같은 치에게는 그
다지 새삼스럽지 않다. 정작 이 시가 내게 묵직하게 다가오는 지

점은 한국 교회의 취약한 대목을 일깨워 주는 데에 있다. 엄지호는 교회와 교인 속에 게토화되어 세상과 접촉할 채널은 물론 그들과 소통할 어휘도 갖지 못한 우리, 교회에선 헌신적이라는 상찬을 받지만 주위의 믿지 않는 사람을 감동시키는 데는 너무나 무력한 우리, 교회의 뾰족한 첨탑에만 고정된 시선 탓에 길섶의 작은 풀 한 포기에 주목하지 못하는 우리와는 다르다. 엄지호는 눈빛과 목소리만으로도 이웃과 소통하고, 고아를 하나둘도 아니고 숱하게 키우는 맘씨로 감동을 주고, 자식들 혼사를 치를 나이이면 세상살이에 찌들었을 법하건만 벚꽃 만개일을 수첩에 적어 둘 정도의 생태적 감수성을 지녔다. 엄지호가 되었던 희귀식물, 우리도 한번 되어 보자.

풀.꽃.나무 묵상

먼저 어떻게 해야 엄지호가 지닌 생태적 감수성을 기를 수 있을까? 일단 말씀 묵상을 하듯 풀.꽃.나무 묵상을 할 필요가 있다. 골목길 모퉁이에 돋은 새싹을 마주하면, 베란다 화분에 핀 꽃이 날 부르면, 공원에 드리운 신록에 눈이 시리면 그저 '예쁘다' 하면서 지나치지 말고 거기 멈춰 서라! 제발 서라! 그리고 오감을 동원해 묵상해 보라.

풀.꽃.나무를 묵상하라니까 좀 어색한가? 말과 문자만 묵상할 수 있는 건 아니다. 사물, 소리, 상징, 이미지도 묵상 대상이 된다. 하지만 이콘 파괴주의자iconoclast(성상 파괴주의자)의 후손인 우리는 이런 식의 **비언어적 묵상**non-verbal meditation에 익숙지 못하다(내가 종교개혁자들의 성상 파괴 행위를 정죄하는 것이 아님을 알아주기 바란다. 지금이야 귀중한 문화유산인 성상 훼파를 비난하는 목소리가 높지만 한스 로크마커의 지적대로 당시에는 그것을 예술품으로만 보기엔 어려움이 있었다. 당시 성상은 숭배받던 '우상'이었다. 우리는 누구나 자신이 속한 시대에 반응하며 행동하는 제한적인 존재가 아닌가).

예수님이 "공중의 새를 보라"(마 6:26)고 할 때 '보라'는 '자세히 주의하여 보라behold'는 뜻이고 이는 곧 비언어적 묵상을 가리킨다. 주님은 새벽 오히려 미명에 한적한 산에 머물고(막 1:35) 들에 핀 백합 사이를 거닐며(마 6:28) 광야의 들짐승과 함께 시간을 보내는(막 1:13) 등 생태적 묵상을 즐겼다. 우리 역시 풀.꽃.나무를 보고 듣고 맡고 만지고 맛보다 보면 차츰 비언어적 묵상 및 **오감 묵상**에 익숙해질 것이다(묵상의 대상과 방법은 얼마든지 창조적일 수 있다). 그러다 보면 1-2밀리미터에 지나지 않는 꽃마리에서 무한한 우주를 보고, 솔로몬의 영광을 압살하는 아름다움을 본다. 풀.꽃.나무를 관조하는 것은 하나님이 이 지구별 곳곳에 숨겨 둔 보물을 발견하는 신과 나의 '보물찾기'이다.

분주함의 횡포에 휘둘리던 발걸음을 멈추고 낮은 곳에 돋아난 작은 것을 묵상하면 그 어떤 아포리즘을 읽는 것보다 벅찬 통찰을 얻는 일이 허다하다. 자연 계시 그 자체를 찾아내는 기쁨도 황홀하거니와 그 자연계시가 특별계시(말씀)의 지평과 만나는 경험은 감당할 수 없는 희열 자체이다. 이런 식으로 우리는 아카데믹한 신학을 전공하지 않더라도 존 스토트가《새, 우리들의 선생님》을 쓴 것처럼 일종의 자연신학자가 될 수 있다.

아보랄리스aboralis. 켈트족 언어인 게일어로 '나뭇잎 사이로 비치는 빛'이란 뜻.
이런 단어를 아는 사람은 그렇지 않은 사람보다 나뭇잎 새로 드는 빛을 더 잘 묵상할 수 있다.

초록색 성례전

에크하르트Meister Eckhart가 "모든 피조물은 하나님의 말씀이요, 하나님에 대한 책"이라고 했듯이, 꽃 한 송이 풀 한 포기가 다 주님의 말씀이다. 우리는 하나님에 대해 설익은 많은 말로 떠들어 대지만 나무는 그냥 꽃피울 뿐이다.

I asked the tree,	나무에게 부탁했네
Speak to me about God.	하나님에 대해 말해 달라고
And it blossomed.	그러자 나무는 꽃을 피웠네

_타고르Rabindranath Tagore

꽃피움이 하나님의 아름다움에 대한 간증이자 선포로 다가오면, 자연은 프란체스코 수도회가 말한 대로 "창조주의 영광과 사랑이 그 안에 숨 쉬고 나타나는 성례전"임을 발견한다. 그렇다면 봄꽃 핀 들판이야말로 성례가 행해지는 교회당이 아니겠는가. 민들레 몇 송이가 핀 골목길은 개척교회 예배당이 아니면 무엇이겠는가. 거기서 생태적 참회가 이뤄지고 초록색 성찬이 베풀어진다.

자연을 '친구' 또는 '형제'라고 부르다

풀.꽃.나무 묵상으로 창조 영성을 일구면 들풀이 벗이 되고 만물이 동료 피조물로 다가온다. 창세기 1장에 의하면 대지의 가슴팍에는 창조주 하나님의 감탄사인 "좋다!"가 박혔다. 우리가 자연을 보며 내뱉는 "예쁘다!"는 그런 하나님의 감탄사에 넣는 추임새이다. 그러면 자연 역시 인간을 향한 하나님의 감탄사 "좋다!"에 "너도 예쁘다!"는 추임새로 화답할 것이다. 그렇게 서로를 찬미하면서 땅과 나의 사귐이 시작한다(여담이지만, 나는 창세기 1장 28절의 문화명령에 나타난 '정복'을 자연에 대한 투쟁이나 착취가 아니라 섬김으로 이해한다 해도, 자연을 동료 피조물로서 보는 발상의 전환이 이루어지지 않는 한―이것이 꼭 범신론을 의미할 필요는 없다―오늘날 생태적 위기에 기독교의 책임이 있다는 비판을 씻어 내기에는 분명한 생태신학적 한계가 있다고 생각한다).

그렇게 동료 피조물과 친해지면 그들과 속엣말을 나누는 사이가 된다. 많은 이들이 낮이 낮에게 말하고 밤이 밤에게 지식을 전한다는 말씀(시 19:2)을 비유로만 받아들인다. 노아가 방주에서 온갖 동물과 동거한 것을 호랑이 담배 피던 시절 이야기로 받아들인다. 나무 박사 우종영 선생은 나무와 이야기를 주고받는다고 하는데 나는 그 말이 거짓이 아님을 안다. 나도 나무와 대화한다. 아시시의 성 프란체스코San Francesco d'Assisi가 숲속에 들어가면 산짐승이 그에게 나아왔다는 기록은 〈전설의 고향〉이 아니다. 나도 잠자리와 한참을 입 맞춘 적이 있다. 잠자리는 도망가지 않고 계속 내 뽀뽀를 받으며 머물렀다. 내가 경험한 것을 여러분이라고 경험하지 못하겠는가?

그렇게 동식물과 교통하면 그들을 친근히 부르고 싶어진다. 프란시스 쉐퍼Francis Schaeffer는 성 프란체스코가 새를 형제자매라고 부른 것을 불편해했다. 여느 피조물과는 달리 사람만이 하나님의 형상으로 지어졌다는 점에 무게를 두면, 인간이 아닌 동물을 형제와 자매로 부르기 주저할 수 있다. 하지만 프란체스코는 불火도 형제로 여겼다. 그는 하나뿐인 겉옷이 불에 타는데도 "나는 형제인 불을 아프게 할 수 없소"라며 불을 끄지 않았다. 난 성인이 아니라서 그렇게까지 할 자신은 없다. 다만 우리가 한 하나님에게 '더불어 지음받은' 동료라는 점만큼은 명백하다. 태양, 바람, 대지, 물, 동물, 식물에게 "내 형제, 내 자매여"라고는 못해도 "친구야"라고 할 수는 있다(창조보다 구속을 강조하는 우리는 예수의 보혈로 씻김을 받은 이만을 형제자매로 부르지만, 누구든지 내 아버지 뜻대로 사는 이가 형제요 자매라는 주님의 말씀을 기억한다면, 생육하고 번성하라는 말씀을 누구보다 충실히 받드는 동식물을 형제자매로 부른들 틀리지 않다).

이러한 살가운 호칭이 관계에 얼마나 큰 영향을 미치는지는 여러분이 더 잘 알 것이다. 신비에 대한 복음주의자의 생득적 두려움을 떨치고 애틋한 감정을 담아 동료 피조물을 "친구야"라고 다정하게 불러 보라. 오래지 않아 창조 영성의 신비에 젖을 것이다. 그런 사이가 된 다음, 말할 수 없는 탄식 속에 하나님의 자녀가 나타나기를 기다리는 친구 피조물(롬 8:19-22)에게 "내가 바로 너희들이 기다리는 하나님의 딸아들이야"라고 진심으로 위로할 수 있다. 그때에 그들이 얼마나 고마워하는지는 경험해 본 사람만이 알 것이다. 이러한 사귐은 "우리 서로 받은 그 기쁨은 알 사람이 없도다"(새찬송가 442장)라는 말처럼 어떤 의미에서는 창조주이신 하나님도 모를 것이다(물론 이 말에는 어폐가 있다. 하나님의 '전능함'은 피조물과 같은 위치로 오셔서 우리와 모든 것을 공감하는 것까지를 포함한다. 그리고 죄로 인해 우리가 경험하는 '사람됨'이나 '피조물 됨'에는 제한이 있지만, 죄 없으신 그분은 그것조차 온전히 체험할 수 있다. 지상에서 보낸 예수의 삶이 이미 그것을 보여 주지 않았는가).

코다: 소비자본주의 극복의 열쇠

이러한 생태 영성은 새로운 것이 아니다. 창조와 함께 시작된 가장 오래된 영성 방법론이다. 동물에게 이름을 붙인 아담, 무지개를 볼 적마다 언약을 되새겼던 노아, 개미를 보고 배우라고 한 솔로몬, 들판의 백합화를 묵상하라고 하신 예수님, 만물을 자신의 형제요 자매라 부른 프란체스코, 새를 우리의 선생이라고 한 마르틴 루터, 어릴 때부터 조류를 연구하고 나중엔 책까지 펴낸 존 스토트에 이르기까지 많은 이들이 그 계보에 이름을 올렸다.

생태적 감수성과 초록색 영성은 있어도 좋고 없어도 좋은 믿음 생활의 '옵션'이 아니다. 존 스토트가 바로 짚었듯 주님은 평서형이 아닌 강한 명령형으로 "공중의 새를 보라"고 하셨고 "들꽃이 어떻게 자라는지 살펴보라"고 하셨다. 존 스토트는 어떻게 조류 연구 전문가가 되었냐는 질문을 받자 공중의 새를 보라는 주님의 명령에 순종했을 뿐이라고 답했다. 이는 그냥 웃어넘기기에는 묵직한 교훈을 담지한다. 순종함으로 보라. 가만히 멈춰서 천천히 보라. 그렇게 생태적 감수성이 돋아나면 사는 재미가 남달라진다. 실로 삶이 풍성해진다. 동료 피조물과의 사귐은 "내가 온 것은 양으로 생명을 얻게 하고 더 풍성히 얻게 하려는 것이라"(요 10:10)고 하신 그 풍성함을 누리는 핵심 방편임을 깨닫게 된다.

동료 피조물과 교감하는 신비는 쇼핑과 드라마 중독을 막아 주는 강력한 항체가 된다. 매튜 폭스Matthew Fox는《창조 영성 *Creation Spirituality*》에서 참된 신비의 쇠퇴가 쇼핑 같은 거짓 신비의 증가로 이어지는 반비례 관계를 포착한다. "우주론cosmology을 잃으면 즐거움도 잃는다. 기쁨은 물건을 구입하고, 경쟁에서 성공하고, 남 얘기나 수군거리고, 드라마 속의 인물처럼 살아가는 가짜 즐거움pseudo-pleasure으로 바뀐다." 자연에 감응하는 능력을 잃은 사회와 창조의 책the Book of Creation을 읽지 않는 교회는 필시 소비주의 및 성취만능주의에 빠지게 됨을 역사는 증명한다. 반면 창조의 신비에 머물면 소비 대중문화가 주는 사이비 신비와 반생태적 물질문명의 자장磁場에서 점점 벗어난다.

오, 주여. 우리 안에 창조 영성가이신 당신의 모습을 빚으소서.

켈틱 예수 A Celtic Jesus

———

한국 교회와 켈트 영성이 입 맞출 때까지

"회개합시다."

혹시 교회에서 회개하자고 할 때 매번 반복하는 '회개'란 말에 눌린 적은 없는가? 한시라도 예수의 보혈을 힘입지 않고는 아버지께로 나갈 수 없는 죄인임을 알면서도 습관처럼 내뱉는 회개가 나의 영적 소진을 해결하지 못할 거라 느낀 적은 없는가? 영성 지도spiritual direction 담당자들은 신앙생활을 오래 할수록 하나님의 기대에 부응하지 못하는 자신을 보며 눌림과 죄책감을 더 많이 갖는 경향이 있다고 지적한다.

이런 점은 개인의 신앙 문제라기보다 신학과 영성의 문제이다. 이 장에서는 켈트 영성을 풀어놓으며 이 문제를 톺아볼 텐데, 내가 켈트 영성 전공자가 아니라 좀 민망하지만 아직 한국 교회에 켈트 영성을 복음주의와 비교하면서 소개한 자료가 없는 것 같아서 자판에 손을 올린다.

지중해 영성 vs. 켈트 영성

켈트 영성 전문가 필립 뉴웰J. Philip Newell에 의하면, 기독교 영성은 지역에 따라 지중해 영성, 켈트 영성, 동방정교회 영성으로 크게 나뉜다. 지중해 영성이란 말이 우리에게 익숙하진 않지만 기독교가 본래 지중해를 기점으로 유럽 전체에 퍼졌고 이것이 북미를 거쳐 한국으로 들어온 역사를 생각하면 오늘날 한국 교회의 영성은 지중해 영성의 한 지류라고 볼 수 있다. 서로마 멸망기에 유럽의 전화戰火를 피해 아일랜드와 스코틀랜드 지역에서 자라난 켈트 영성이 한국에 알려진 것은 오래되지 않았고, 서로마와 갈라선 이후 독자적인 길을 걸어온 동방교회 영성은 그 유명한 '예수기도'를 빼놓으면 여전히 생소하다.

실제로 지중해 영성의 본질을 보면 오늘날 한국 교회의 색채와 고스란히 포개진다. 우리가 기독교 신앙의 핵심을 죄 사함으로 알 듯이 지중해 영성은 인간의 죄성에 대한 뼈저린 자각과 그리스도의 가없는 속죄를 쉼 없이 고백한다. 그리스도인은 죄악으로 버무려진 세상에서 기쁨을 구하기보다는 영원한 기쁨을 사모해야 하는 존재이다. 인간의 죄악과 세상의 타락에 방점을 찍는 지중해 영성이 영과 물질을 분리하는 경향을 가진 것은 당연한 귀결이다. 이 때문에 한국 교회는 기독교 세계관 운동의 성과가 무색하게도 영육성속 이원론의 악습을 뿌리 뽑지 못했다.

지중해 영성과는 달리 켈트 영성은 영적인 것과 물질적인 것, 종교적인 것과 일상적인 것 사이의 이원론적 구별을 지운다.

지중해 영성이 그리스도의 속죄를 무한 강조하는 반면, 켈트 영성은 창조의 선함에 밑줄을 긋는다. 우리가 창조 영성보다 구속 영성에 목을 매는 반면, 켈트 영성은 뒤엣것보다 앞엣것에 더 깊이 닻을 내린다. 켈트 기독교는 빙엔의 힐데가르드Hildegard von Bingen가 말한 대로 "온 세상이 창조주의 입맞춤에 안겨 있다the entire world has been embraced by the Creator's kiss"고 믿는다. 죄가 하나님의 형상을 흐릿하게 하고 창조세계를 비릿하게 했지만 본래의 빛깔과 향기를 다 지우지는 못했다고 믿는다. 이 땅은 죄악으로 가득 찬 세상이기보다는 은총과 선함이 가득 찬 세상으로 이해된다. 물론 켈트 기독교인이라고 해서 자신의 죄를 고백하지 않는 것은 아니다. 하지만 이들은 한국 교회에서 하듯이 신경질적으로 반복하지 않는다. 대신 한국 교회가 놓친 일상의 선함과 기쁨을 만끽하며 살아간다. 생활의 소소함에서 하나님의 선함을 즐기는 그네들의 모습은 실로 부럽기까지 하다.

기독교 전통에서는 하나님을 계시하는 책이 두 권 있다. 한 권은 성경, 즉 '말씀의 책The Book of God's Words'이고, 다른 한 권은 '창조의 책The Book of Creation'이다. 우리가 기껏 야외예배를 하거나 시편 19편 정도를 읽을 때에만 후자의 책갈피를 뒤적이는 반면, 켈트 영성은 창조세계가 하나님의 신비와 말씀을 보여 주는 책冊임을 잊은 적이 없다. 지중해 영성의 지배를 받은 서구 문명이 영과 물질을 구분하는 고질병에 걸려 오늘날의 생태적 위기를 야기한 것을 생각해 볼 때, 창조의 선함을 즐기고 그 속에서 하나님의 신비를 찾는 켈트 영성이 서구 사회를 풍미했더라면 오늘날의 물질문명은 조금은 다른 형태였을지도 모른다.

식사 기도의 영성

우리가 삼시세끼 올리는 식사 기도를 살펴보면 양자의 차이가 도드라진다. 한국 교회는 식사 기도에서 음식 자체보다 식사 이후의 삶을 다룬다. 이를테면 음식을 먹고 힘을 내서 주의 몸 된 교회를 섬기게 해 달라든지, 죄 많은 세상에서 그리스도인답게 살게 해 달라고 구한다. 이런 기도가 나쁘다는 것이 아니다. 다만 식사 기도에서도 창조세계의 선함을 노래하기보다 영과 육을 구별하고, 일상 속 소박한 기쁨보다는 종교적 헌신을 중시하는 지중해 영성을 고스란히 투사한다는 말을 하고 싶을 뿐이다.

《현대 켈틱 기도서 A Contemporary Celtic Prayer Book》에 소개된 점심 기도문을 몇 편 읽어 보면 켈트 영성이 지중해 영성과 어떻게 다른지 확연히 들어온다. 우리말로 옮겨 놓았지만 영문으로 읽으면 훨씬 느낌이 산다.

Monday Lunch Blessing

Bless my Monday quests.	월요일의 일과를 복되게 하소서
Bless the fruit of the earth.	땅의 열매를 복되게 하소서
Bless the hands of farmers.	농부의 손을 복되게 하소서
Bless the hands of workers.	일꾼들의 손을 복되게 하소서
Bless the texture and colors of my food.	음식의 감촉과 빛깔을 복되게 하소서
Bless those who gather.	거둬들인 사람들을 복되게 하소서
Bless the breaking of bread.	빵을 나눔에 복되게 하소서
Blessed Be! Blessed Be!	복 있도다! 복 있도다!

Blessed Be!	복 있도다!
Christ at every table,	모든 식탁마다 계신 그리스도
Christ beside me,	내 곁에 계시고
Christ behind me,	내 뒤에 계시고
Christ around me,	내 사방에 계시네
In the breaking of the bread.	이 빵을 나눔 속에

Tuesday Lunch Blessing

Bless my Tuesday with moments of joy.	기쁨의 순간으로 화요일을 복되게 하소서
Bless the calloused hands of migrant workers.	이주노동자의 굳은살 박인 손을 복되게 하소서
Bless the flour-covered finger of bakers.	제빵사의 밀가루 덮인 손가락을 복되게 하소서
Bless the texture and pleasing aromas of food.	음식의 감촉과 향긋한 내음을 복되게 하소서
Bless those who gather.	거둬들인 사람들을 복되게 하소서
Bless the breaking of bread.	빵을 나눔에 복되게 하소서
Blessed Be! Blessed Be! Blessed Be!	복 있도다! 복 있도다! 복 있도다!
Christ at every table,	모든 식탁마다 계신 그리스도
Christ beside me,	내 곁에 계시고
Christ behind me,	내 뒤에 계시고
Christ around me,	내 사방에 계시네

In the breaking of the bread.　이 빵을 나눔 속에

Thursday Lunch Blessing

Bless my Thursday	감사의 마음으로
with a grateful heart.	목요일을 복되게 하소서
Bless the tired feet of waiters	웨이터와 웨이트리스의
and waitress.	피곤한 발을 복되게 하소서
Bless all dishwashers	설거지와 청소하는 모두를
and cleaners.	복되게 하소서
Bless all who wash the feet	제자들의 발을 씻긴 모두를
of disciples.	복되게 하소서
Blessed all who share bread	배고픈 빈자들과 빵을 나누는
with the hungry poor.	모두를 복되게 하소서
Bless those who gather.	거둬들인 사람들을 복되게 하소서
Bless the breaking of bread.	빵을 나눔에 복되게 하소서
Blessed Be! Blessed Be!	복 있도다! 복 있도다!
Blessed Be!	복 있도다!
Christ at every table,	모든 식탁에 계신 그리스도
Christ beside me,	내 곁에 계시고
Christ behind me,	내 뒤에 계시고
Christ around me,	내 사방에 계시네
In the breaking of the bread.	이 빵을 나눔 속에

이 얼마나 식사 자체에 충실한 기도인가! 이 평범한 식기도

켈틱 예수

한 자락이 일상에서 꽃핀 생활 신학의 진수를 보여 준다. 음식의 맛과 향, 질감을 노래하고, 음식이 이 자리에 놓이기까지 수고한 모든 이를 축복하고, 서빙하는 이와 설거지하는 이까지 생각하는 켈트 기도는 음식에 담긴 창조세계의 선함을 만끽하느라 이 밥 먹고 힘내서 교회에 더 충성, 봉사하게 해 달라는 식의 '도구성 기도'를 할 겨를이 없다. 사실 식사만이 아니다. 영적인 것이 가장 중요하다는 그릇된 위계질서의 강박에서 벗어나지 못하는 한 학업과 결혼, 우정과 놀이도 영적인 것을 위한 수단이자 도구가 되고 만다. 내게 허락된 것을 즐기면서 하나님께 영광을 돌리고, 그 자체로 우리의 삶을 가멸게 하는 본래의 목적은 사라지고 '그것을 통해 무엇인가 거룩한 일을 해야 한다'는 이원론적 환원dualistic reduction만이 남는다.

창조와 구속의 균형을 찾아

내가 켈트 영성의 장점을 부각한다고 해서 지중해 영성의 고갱이인 구속 신학을 부인하는 걸로 비치지 않기를 바란다. 우리는 내면의 죄성을 날로 깊이 성찰해야 하고 그만큼 속죄의 은혜도 깊이 각인해야 한다. 실제로 주님을 알아 가면 갈수록 우리가 얼마나 죄투성이 인간인지 깨닫는다. 바울의 서신을 보면 이런 점이 잘 드러난다. 초기의 바울은 자신을 "사도 중에 가장 작은 자"(고전 15:9)라고 했음에도 "지극히 크다는 사도들보다 부족한 것이 조금도 없"(고후 11:5)다는 인식을 가졌다. 그러다 나중에는 "모든 성도 중에 지극히 작은 자보다 더 작은 나"(엡 3:8)라고 자신을 낮추었고, 죽음을 앞둔 말년에는 스스로를 "죄인 중에 괴수the worst of sinners"(딤전 1:15)라고 칭했다(노파심에 하는 말인데 병기한 영어 성경에서 보듯 괴수는 괴물이 아니다. 죄인 중에 최악이라는 뜻이다). 이렇듯 주님 안에 침잠할수록 우리의 죄인 됨 앞에 겸허해지기 마련이다. 하지만, 하지만 말이다. 우리가 죄인이라는 사실만을 편중되게 강조하면 반드시 불균형으로 인한 문제가 터진다.

전적 타락이란 말이 지시하듯 죄의 영향은 편만하다. 하지만 전적 타락이란 것은 우리네 삶의 모든 영역, 즉 의지, 감정, 직관, 상상력, 말, 행동, 세계관, 더 나아가 가정, 인간관계, 문화, 정치, 사회, 경제 구조 등 죄의 영향을 받지 않은 측면이 없다는 뜻이지, 선한 것이 하나도 없다는 뜻이 아니다. 그렇지 않다면 믿지 않는 이들의 선함을 어떻게 설명하며, 문학과 예술의 아름다움을 어떻게 설명하겠는가. 어떤 이들은 비그리스도인의 선함이 자기 의에 불과하다고 폄하한다. 그렇게 해야 복음 전도의 필요성도 분명해진다고 주장한다. 하지만 이런 식의 접근은 비그리스도인은 하나님의 형상이 아니라고 주장하는 꼴이다. "의인은 없나니 하나도 없"(롬 3:10)고, "만물보다 거짓되고 심히 부패한 것"이 사람의 마음(렘 17:9)임을 나도 잘 안다. 하지만 사람에게 각인된 하나님의 형상이 아무리 깨지고 일그러졌다 한들 완전히 없어지진 않았다. 제한적이고 왜곡됐지만 하나님의 형상은 여전히 거룩하고 도리어 아름답다. 이를 부정하는 것은 하나님의 능력과 선함보다 죄를 이 땅에 가져온 마귀의 능력과 악함이 더 크다고 인정하는 일종의 신성모독이다. 그런데도 우리는 원죄original sin에만 병적으로 집착하고 원복original blessing은 일언반

구조차 하지 않았다. 성경을 봐도 창세기 1장의 원복이 3장의 원죄보다 먼저이다. 원죄를 말하는 횟수와 강도만큼 원복도 다뤄야 균형 잡힌 영성이 가능하지 않을까?

다시 말하거니와 인간이 죄인이란 사실과 그에 따른 속죄의 필요성은 아무리 강조해도 지나침이 없다. 하지만 왜 같은 정도로 우리가 하나님의 형상이라는 점과 창조세계의 선함을 강조하지 않는가? 나의 죄인 됨과 이에 따른 예수의 구속을 날로 깊이 체험하면서도 내 안에 보존된 하나님의 형상으로 인해 희열할 수는 없는 것일까? 세상의 타락을 절감하고 또 이 세상에 미련을 두지 않으면서도 그분이 계시기에 인생은 여전히 아름답고 세상은 아직도 살만한 곳임을 노래할 수는 없는 것일까? 이 세상이 잠시 잠깐 머물다 갈 간이역임을 인정하면서도 이 땅에서 영원히 살 것처럼 뿌리내리고 또 영원한 사랑을 노래하면 안 되는 걸까?

서로 보충하여 온전케 하려 함이라

나는 보수 교단에서 하나님을 만났다. 복음주의 신앙을 배웠고 개혁주의 신학이 자랑스러웠다. 나는 그 속에서 그리스도인으로 부름받았고 그러한 전통의 여러 장점을 흡수하며 성장했다. 하지만 머리가 커지면서 내가 속한 전통의 허물과 맹점을 발견했고 그 때문에 탄식하고 상처받는 날이 늘어났다. '장자 교단'이니 '성경적인 신앙'이란 말이 부끄러웠다. 당연한 말이지만 어떤 전통도 온전하지 않음을 절감했다. 완벽할 수도 없고 완벽해서도 안 된다. 고맙게도 내가 속한 전통에서 결핍된 자양분을 다른 전통의 우물에서 떠먹을 수 있었다.

　누구라도 완벽한 자급자족을 할 수 없다는 사실, 그래서 서로가 서로에게 채움이 된다는 사실은 하나님의 오묘한 섭리이다. 구속 신앙에만 치우친 우리는 켈트 영성에서 창조의 선함과 일상의 아름다움을 배운다. '정의로운 전쟁론just war theory'에만 익숙한 우리는 메노나이트나 브루더호프 같은 평화 교회에서 비폭력 반전을 외치는 그리스도를 만난다. 복음의 사회정치적 에너지를 잃은 우리는 해방신학에서 정의를 강물처럼 흐르게 하는 투쟁의 영성을 배운다. 신비체험에 두려움이 있는 우리는 오순절 교회에서 성령의 역사를 제한하지 않는 법을 깨닫는다.

　브라이언 맥클라렌Brian McLaren이 《관대한 정통A Generous Orthodoxy》(우리 말 제목은 《기독교를 생각한다》이다)에서 보여 주듯 자신의 '정통' 신앙, 혹은 정통이라고 믿는 바를 견지하되 다른 '전통'에 대해서도 겸허하고 너그러운 자세로 귀 기울여야 한다. 이것이야말로 하나님이 우리네 신앙에 부족함을 남겨 둔 이유이고, 나와는 다른 신앙의 색깔을 지닌 자매형제를 이 세상에 두신 이유이다. 각양 다른 은사를 받은 지체들이 서로 연합하여 교회를 이룹게 한다는 가르침(고전 12장)은 개교회 안에서만 해당되는 말씀이 아니다. 서로 다른 전통과 특색을 지닌 전 세계 교회에, 나아가 우주적 교회에 적용되는 말씀이다. **어떤 교단이나 교파도 진리와 선물을 독점한 듯이 오만하지 않게 하시고, 대신 겸손하게 허리를 동이고 서로 배우게 하신 아버지의 깊은 속뜻을 내밀히 묵상해 보도록 하자.**

파티 보이 예수

———

축제 날 같은 인생을 살아라

벌써 오래전이다. 벗님들과 모둠을 이뤄 세계에서 가장 유명한 영국의 에든버러 축제(실험적이고 자유로운 공연으로 유명한 프린지를 포함해서)와 기독교 축제 중 가장 크고 잘 운영된다는 그린벨트Greenbelt Art Festival에 다녀온 게 말이다.

토론토 공항에서 메릴루라는 영국 할머니를 만났다. 영국 어딜 가냐고 먼저 묻기에 그린벨트 간다니깐 미세스 다웃파이어 같은 전형적인 영국 할머니 말투로 "오, 러블리Oh, lovely!"라고 입을 여시더니 너무나 멋진 축제라고 덧붙인다. 그린벨트에 대해 알려 달랬더니 딱 한 마디 하시더라. "It's life-changing."

그 말을 듣고는 그린벨트를 향한 기대감이 풍선껌처럼 부풀어 올랐지만 마음 한쪽에서는 축제가 어떻게 삶을 바꾸느냐는 의문이 슬며시 고였다. 내가 말씀 묵상 같은 문자 중심주의

logocentrism적 영성을 우선시해서인지는 몰라도, 사경회도 아니고 집회도 아닌데 어떻게 놀고먹는 축제가 삶을 바꿀 수 있겠나 싶었다. 축제가 허락된 삶을 경축하는 'life-celebrating'일 수는 있어도 삶을 변화시키는 'life-changing'일 수는 없다는 것이 당시 내 생각이었다.

잘 노시는 주님

그린벨트에 가기 전에 먼저 들른 에든버러는 실로 축제의 도시였다. 로열마일 거리는 길모퉁이 곳곳에서 벌어지는 거리 공연으로 가득 찼고, 심지어 애들까지 백파이프를 들고 나와 행인의 발길을 잡는다. 공연자는 유치한 쇼도 당당하게 선보이고 지나가는 행인 역시 격려의 박수를 보낸다. 평소엔 돈 주고 하라고 해도 못할 텐데 사람을 저토록 신나게 만드는 원천은 무엇일까? 저 흥과 신바람의 젖줄을 일상의 삶에 잇댈 수는 없을까?

많은 신학자가 하나님 나라의 축제성에 주목했고 토니 캄폴로는 《하나님 나라는 파티입니다》라는 책을 쓰기도 했거니와 "언제나 축제 날 같은 인생을 살아"(전 9:8, 현대어성경)가는 것이야말로 천국을 이 땅에 도래하게 하는 가장 확실한 첩경이다. 하나님은 "살진 고기를 굽고 술을 잘 익히고 연한 살코기를 볶고 술을 맑게 걸러 잔치를 차려 주시"(사 25:6, 공동번역)는 아버지이시고, 그분의 아들로 말할 것 같으면 첫 이적부터 물로 포도주를 만들어 망할 뻔한 잔치를 살렸으니 부전자전이 따로 없다. 우리가 아는 예수는 포도주가 동이 날 정도로 대취한 사람들에게 눈살을 찌푸리며 "이제 충분해That's enough, guys. 파티는 끝났어The party is over!"라고 말하며 집으로 보내겠지만, 갈릴리 근방에 소문난 파티 애호가partyer인 예수는 "파티는 계속되어야 하지The party must go on!"라고 말하며 최고급 포도주를 대접했다. 그리고는 혼자 이렇게 중얼거렸을지도 모른다. "누구든지 나로 말미암아 실족하지 아니하는 자는 복이 있도다"(마 11:6).

물론 베를 찢고 재를 뒤집어쓰고 울며 금식해야 할 때가 있다. 또 그리스도를 닮고자 고통을 감내해야 할 때도 있다. 나부터가 여느 개신교인과 달리 수도원 전통을 귀히 여기고 이를 현대적으로 회복할 필요가 있다고 보는 사람이지만, 믿음 생활이란 일부 중세 수도원이 그러했던 것처럼 고행과 규율로 가득 찬 것이 아니다.

예수는 이 땅에서 홈리스나 다름없는 무산 계급으로 지내면서도 어떻게 인생을 축제처럼 살아 내는지 친히 보여 주셨다. 먹고 마시기를 얼마나 즐겼는지 금식을 일삼던 바리새인들이 먹보와 술꾼이라며 비꼴 정도였다. 예수는 잔치를 즐기지도 않는데 죄인을 구하기 위해 내키지 않는 자리에 억지로 앉은 게 아니다. 흔쾌히 '죄인의 친구'가 되어 그들과 더불어 먹고 마시며 웃고 떠드는 시간을 즐겼다. 그렇지 않다면 다른 장소, 다른 방법으로 복음을 전하셨을 것이다. 그러므로 **예수의 제자가 되려면 자고로 놀기 좋아해야 한다. 잘 놀다 보면 구원 사역도 이뤄지기 마련이다.** 사람들이 삭개오를 정죄할 때는 아무 일도 일어나지 않았다. 증오와 분열만 더해질 뿐이었다. 예수님이 삭개오의 집을 방문해 더불어 먹고 마실 때에 그가 변화되었고 그의 집에 구원이 선포되었다. 오늘날도 마찬가지이다. 하루하루 고단한 삶을 꾸려 가는 사람들에게, 변두리 골목에서 못된 짓이나 일삼는 사람들에게, 교도소에서 세상을 향해 이를 가는 사람들에게 회개를 강요한다고 해서 그들이 변하지 않는다. 그들과 더불어 먹고 마시며 축제를 벌일 때에 구원의 역사가 일어난다.

축제의 인생, 축제의 영성

예수 믿는 삶의 고갱이는 단연코 기쁨이다. 하나님 나라는 희락의 나라(롬 14:17)이며 성령의 첫 번째 열매는 희락(갈 5:22)이다. 이 기쁨은 비단 협의적인 의미의 '영적인 즐거움'만을 가리키지 않는다. 전도서는 "즐겁게 매일 밥을 먹고 기분 좋게 네 포도주를 마셔라! 하나님께서는 이미 그렇게 살도록 정해 놓으시고 그것을 좋아하고 계신다. 옷은 항상 깨끗하게 입고 머리에는 향기로운 기름을 발라 **언제나 축제 날 같은 인생을 살아라.** 짧은 인생을 살아가는 동안 사랑하는 아내와 함께 하루하루를 즐겁게 살라"(전 9:7-9, 현대어성경)며 육체의 즐거움을 권한다. 성경에 이런 구절이 다 있었나 하는 이들도 있겠지만 여기서 나온 식사의 즐거움(출 24:11), 음주의 즐거움(시 104:15), 용모를 가꾸는 즐거움(아 1:10), 부부 사랑의 즐거움(잠 5:19)은 하나님 말씀의 단골 메뉴이다. 어디 그뿐인가. 사랑하는 이와의 즐거움(아 4:1), 우정의 즐거움(삼상 18:1-4), 연애의 즐거움(창 29:20), 자연 속에서의 즐거움(시 65:12), 수다의 즐거움(출 18:9), 꽃 한 송이의 즐거움(마 6:29), 소유의 즐거움(느 9:25), 자기 일을 하는 즐거움(전 3:22)까지 우리네 일상의 모든 소소한 즐거움이 다 성경에 있다.

하나님이 주신 이들 선물을 누리지 않는다면, 탈무드가 경고하

듯 "허락받은 모든 즐거움 가운데 자신이 즐기지 못한 즐거움에 대해서 그 이유를 (하나님에게) 설명해야" 할 날이 올지도 모른다. 바울은 디모데에게 보낸 한 편지에서 하나님이 우리의 기쁨과 즐거움을 위해 주신 결혼이나 음식을 종교의 이름으로 금하는 금욕주의자에게 엄중한 경고를 날린다(딤전 4:1-5). 2천 년이 지난 작금에도 이원론에 빠진 이들은 일상의 기쁨이 세상에 속한 것인냥 취급하지만 삶의 즐거움은 고달픈 삶을 견딜 만하게 하고자 하늘이 퍼 주는 양념 한 스푼이다. 이원론자는 그런 즐거움을 하나님이 주셨다한들 영적 기쁨에 비할 바가 못 된다고 하지만, **자잘한 기쁨을 구슬처럼 엮어 내는 축제의 영성이야말로 가장 높은 영성의 경지를 보여 준다.**

성경은 분명히 한다. **"땅과 땅 위에 있는 좋은 것도 모두 주님의 것이며 여러분을 즐겁게 하기 위해 있는 것"**(고전 10:26, 이하 현대어성경)이고, 하나님은 "우리를 즐겁게 해 주시려고 우리가 필요로 하는 것을 항상 풍족하게 주시는 살아 계신 하나님"(딤전 6:17)이므로 "가진 것이 많든 적든 즐겁게 살아가는 법을 배"(빌 4:11)우라고 명한다. 축제나 파티는 가진 자의 전유물이고 가지지 못한 이에게 사치일 뿐이라고 믿는 세상에서 **부유하든 궁핍하든 축제적 인생을 살아가는 일체의 비결을 배웠다는 바울의 고백은 이 시대에 큰 울림을 갖고 퍼져 나가야 한다.**

오늘날 우리 사회를 보면 축제의 삶을 누리는 이가 너무 적다. 먹고 살기 위해, 집 장만을 위해, 자녀 교육을 위해, 노후를 대비하기 위해 즐거움과 기쁨은 간 곳 없고 노예를 방불하게 산다. 그러다 광고에서 나온 말 "열심히 일한 당신, 떠나라!"를 외치며 휴가를 가지만 자본이 기획한 유사 축제pseudo-festival에나 참가하는 것이 우리네 현실이다. 하나님이 선사하려는 축제적 삶은 퇴근 후나 주말, 방학이나 휴가에만 찔끔 경험하는 것이 아니다. 쳇바퀴처럼 매일 반복되는 일상에서, 정지용 시인의 '향수'의 한 구절을 빌리자면 "아무렇지도 않고 예쁠 것도 없는 사철 발 벗은" 일상에서 자연스럽게 꽃피는 삶이다.

감각적인 것은 지독히 영적인 것이다

말이 나왔으니 말인데, 많은 그리스도인이 영적인spiritual 것을 감각적인sensual 것에 반反한다고 믿는다. 전자를 하늘의 것, 고귀한 것으로 여기고, 후자를 땅의 것, 속된 것으로 여긴다. 영적인 감동의 고상함 앞에 감각적인 재미는 열등하게 취급된다. 사랑에 있어서도 영적인 사랑과 감각적인 사랑을 플라토닉 러브와 에로스로 대립시킨다. 하지만 아담과 하와 두 사람은 영으로나 육으로나 서로 기뻐하였다. 성경은 두 사람의 어우러짐을 한 영이 아닌 한 몸이 되었다(창 2:24)고 표현한다. 아가서는 외설적일 정도로 노골적인 성애性愛를 노래한다. 이 책에 나오는 연인은 눈, 입술, 머리칼, 피부, 다리, 젖가슴을 감각적으로 사랑했고 시각, 청각, 미각, 후각, 촉각 등 오감을 총동원하여 서로 탐했다.

14세기 신비가 노리치의 줄리안Julian of Norwich은 우리 영혼이 감각적으로 빚어졌고 하나님이 우리의 감각에 거하신다고 천명함으로써 영혼과 감각의 이원론을 가볍게 뛰어넘는다. 그에 의하면 **하나님의 도성**City of God**은 우리의 감각이며 예수님은 그 감각에 둘러싸여 좌정하신다.** 하나님이 감각을 지으시고 그것을 당신의 집으로 삼으신다면 더 이상 감각이 속된 것으로 취급되어야 할 이유는 없다. '감각의 하나님A sensual God' 안에서 영적인 기쁨과 감각적인 즐거움, 정신적 사랑과 성적인 흥분은 하나가 된다.

예수님 역시 이 땅에 사는 동안 영적인 것과 감각적인 것을 아우르는 영성을 보여 주셨다. 미각이라는 원초적 쾌감을 위해 첫 이적을 행하신 그분은 누구보다도 오감의 고른 즐거움을 만끽하셨다. 들판에 흐드러진 백합의 아름다움에 감탄하고 하늘을 나는 참새 한 마리조차 어여삐 바라보셨으리라. 배를 타고 가며 맞는 시원한 바람과 호수 위를 거닐 때 발바닥을 간질이는 물결을 기뻐하셨으리라. 무엇보다도 사람과 어울리길 즐기셨다. 친구 나사로의 집에 자주 마실을 갔고, 맛난 음식과 잘 익은 술과 유쾌한 대화에 흠뻑 빠졌다. 그러면서도 한적한 곳에서 홀로 기도하며 영적·정신적인 재충전 시간을 충분히 가졌다.

축제적 경건의 능력

인도의 소설가이자 사회운동가인 아룬다티 로이Arundhati Roy는 에코페미니스트인 반다나 시바와 함께 내가 가장 존경하는 인도 여성이다. 로이는 영국 기자와 가진 인터뷰에서 인도 사회의 불의와 싸우는 험난한 투쟁에서 자신이 버틸 수 있는 비결은 일상 속 작은 행복이었다고 털어놨다. "그녀(로이)에게 행복이란, 법정 공술서 작성 때문에 몇 주 동안이나 밤늦도록 보낸 후에 시장에 나가서 유리구슬을 고르거나, 델리의 여름날 천장 선풍기가 도는 마룻바닥에 친구들과 함께 종일토록 누워 있는 것이다. 심지어 댐 건설 현장에서 시위대를 해산시키기 위해 경찰이 쳐

들어오는 동안 친구들과 수다를 떠는 것도 행복이라고 했다. 이런 것들이 그녀 인생의 작은 기쁨이지만, 그것은 또한 그녀로 하여금 유성처럼 세계적인 명성까지 올랐다가 이제 법정 문제에 직면하게 된 격동의 과정을 뚫고 가게 한 힘의 원천이다."

청파교회 김기석 목사가 쓴《걷기 위한 길, 걸어야 할 길》에 보면 이런 얘기가 나온다. 독립 전쟁과 종족 간의 갈등으로 초토화된 동티모르 사람들을 돕고자 평화 캠프 실무자들이 찾아간다. 그들이 '화해와 재건'이라는 슬로건을 내걸자, 동티모르 주민들은 거기에 '축제'를 추가해 달라고 한다. "이 무서운 죽음의 벌판에서 무슨 축제냐"라고 반문하는 실무자에게 주민들은 "**지금 우리가 살기 위해 가장 필요한 것은 기쁨**"이라고 답한다.

그렇다. 우리에게 필요한 것은 축제와 기쁨이다. 이 세상의 지배적인 삶의 방식을 거슬러 대조대안적으로 살다 보면 어려움이 우리를 기다리지만 그러한 삶을 길벗하기로 한 자매형제들과 소소한 기쁨으로 활짝 웃어젖힐 수 있다면 단지 고행으로만 점철된 인생이 아니라 넉넉히 살아봄직한 삶이 될 것이다. 머지않은 훗날 우리는 그 기간을 줄여 주시지 아니면 구원받을 사람이 없을 것(참고. 마 24:22)이라고 경고한 말세의 끔찍한 환난에 맞닥뜨릴 것이다. 그 경고가 현실이 될 때 우리의 일반적인 예상과는 달리 금식과 고행으로 똘똘 뭉친 엄숙주의적 경건의 소유자들—대개는 이원론적인 경향을 가졌고 종교적 헌신만이 자신들을 구원할 거라 믿는—이 아니라 **자매형제들과 더불어 자잘한 일상사를 경축하는 축제적 경건의 소유자들이 훨씬 더 믿음을 잘 지켜낼 것이라 보는 것은 나 하나뿐인가?** 이는 아우슈비츠에서 이미 증명되었다. 언제 가스실로 보내질지 모르는 지옥에서도 에티 힐레숨Etty Hillesum 같은 이는 그곳에서 허락된 기쁨을 찾아 누리고 주위와 나누는 방식으로 신의 현존을 드러냈다.

노래할 시간

안타깝게도 한국 교회는 창조의 선함과 아름다움보다는 세상의 타락만을 기형적으로 강조해 왔다. 길키Landon Brown Gilkey 교수는 복음주의 기독교에 이단이 있다면 그것은 아들 예수만을 편애하느라 창조자, 곧 모든 인간 역사와 인간 공동체의 보존자이시자 통치자요, 개개인의 영혼과 그들의 운명을 주관하시는 분을 등한시하는 것이라고 말한다. 확실히 복음주의 전통은 성자의 구속 영성에만 목을 매고 성부의 창조 영성을 등한시한다. 그 결과 많은 이들이 눈물을 흘리며 '구속의 은혜'를 구하게는 되었지만 일상에서 미소를 지으며 '창조의 은혜'를 누리며 살지는 못하는 것 같다.

이제 시간이 되었다. 삶의 '죄악됨'과 '덧없음'을 절감하면서도 삶의 '축제됨'과 '즐거움'을 노래할 시간, 예수의 보혈밖에 없다는 구속 영성을 고백하면서도 세상의 선함과 아름다움을 만끽하는 창조 영성에 몸을 담글 시간, '원죄'를 통감하는 눈물을 흘리면서도 '원죄' 이전에 '원복'을 먼저 받은 복된 존재가 나임을 노래할 시간이 되었다.

날마다 죽는 예수

---

interlude

예수는 십자가에서 죽으셨다,
우리는 그렇게 말하지만

예수는 십자가를 지기 전부터
삶 속에, 사역 속에 날마다 죽었습니다.

이 땅에서 당신의 삶은
매일 죽노라고 한 바울의 고백을 선취했습니다.

십자가 보혈로 구원받았다,
우리는 그렇게 말하지만

말구유에서 골고다까지 당신은 날마다 죽었고
요람에서 무덤까지 우리는 날마다 삽니다.

우리가 어머니 배 속에서 잉태되자마자 가족의 환영과 이웃의
　축복을 받게 하시려고
당신은 마리아의 모태로부터 사생아 취급을 당하며 비난과 눈총
　을 받았습니다.

나무에 달린 자마다 저주받은 자라고 하였는데
당신은 태어나기도 전에 그렇게 저주를 짊어졌습니다.

우리가 깨끗하고 위생적인 곳에서 안전하고 편안한 출산을 맞게
　하시려고
당신은 악취 나고 말똥이 구르는 동굴 속 마구간에서 태어났습
　니다.

제가 아이 넷을 낳고 손수 탯줄을 끊어 보니
당신의 탯줄은 대체 무엇으로 끊었을까 그것이 늘 맘이 아픕니다.

우리 집 아가들이 안락한 요람에서 두 팔 벌려 나비잠을 자게 하
　시려고
갓난애인 당신은 그 먼 이집트까지 사막의 열기와 모래바람을
　무릅썼습니다.

저는 이 대목을 읽을 적마다 생계 때문에 산후조리는 엄두도 못
    내다가
후유증으로 고생하는 이 땅의 어머니들과 마리아의 모습이 포개
    져 눈물을 짓곤 합니다.

이집트에서 돌아온 당신이 빈민가이자 우범지대인 나사렛에서
    거하신 덕에
우리가 안전하고 쾌적한 생활환경에서 안연하게 살아갑니다.

그런데도 우리는 강남에 들어가지 못해 안달합니다.
저희를 용서하소서.

당신이 일찍이 가난한 목수 집 장남으로 고된 노동을 묵묵히 감
    당했기에
우리가 어릴 적 생계를 거들지 않고 아이답게 맘껏 뛰놀았습니다.

그런데도 이 세상의 불의는 어린이를 가혹한 노동에 던져 넣고
우리는 아이들이 착취당하며 만든 물건을 싸다는 이유로 구입합
    니다.
저희를 용서하소서.

우리가 커서 돈과 권세에 시험 들지 않게 하시려고
당신이 먼저 마귀에게 생계와 권력으로 친히 시험을 받았습니다.

그런데도 우리는 너무나 자주 일만 악의 뿌리를
내 안에 남겨 두려 합니다.
저희를 용서하소서.

우리가 살아가면서 주위 사람에게 인정받게 하시려고
당신은 고향 사람에게 차가운 배척을 당했습니다.

우리가 가족에게만큼은 따뜻한 이해를 얻게 하시려고
당신은 어머니와 형제들에게 미쳤다는 말을 들었습니다.

* * *

당신이 때로 시장하고 주리셨기에
우리가 비만을 걱정할 정도로 배불리 먹고 살아갑니다.

당신이 겉옷과 속옷을 뺏기고 벌거벗은 채로 죽어 갔기에
우리가 사시사철 때를 따라 여러 벌을 갈아입고 살아갑니다.

당신이 머리 둘 곳조차 없는 노숙자로 지내셨기에
우리가 작지만 아늑한 방에 몸을 누이곤 "집이 최고이다!" 합니다.

당신이 폭풍 속에서도 깨어나지 못하는 피곤한 일과를 보내셨
    기에
우리가 주말 오후에 여유로운 산책을 나섭니다.

당신이 겟세마네에서 괴로워 죽도록 심한 맘고생을 하셨기에
우리가 사는 많은 날 동안 이내 마음이 즐겁고 행복합니다.

당신이 당신을 잡으려는 사람을 피해 다니셨기 때문에
우리가 대낮에 콧노래를 흥얼거리며 대로를 활보합니다.

당신이 성난 군중에게 내몰려 낭떠러지에서 떨어질 뻔했기에
우리가 생명의 위협 없이 어디든 맘 편히 다닙니다.

* * *

우리가 걷는 길을 공감하고 지지해 줄 벗을 얻게 하시려고
당신은 제자조차 당신의 길을 오해하며 누가 크냐고 다투는 씁
　쓸함을 겪었습니다.

우리 곁에 사랑하는 이들이 늘 머물게 하시려고
당신은 제자들에게 배신과 버림을 받았습니다.

우리가 가족과 친구에게 나를 알게 된 것이 축복이란 말을 듣게
　하시려고
당신은 베드로에게 "모른다" 부인하며 저주하는 말을 들었습니다.

우리가 힘 있는 자들 앞에서도 자존심을 지키며 살게 하시려고
당신은 헤롯 앞에서 마술쇼를 보이라는 수모를 당했습니다.

날마다 죽는 예수

우리 인생이 한낱 돈에 팔려 가지 않게 하시려고
당신은 스스로 은 서른 개에 팔려 가셨습니다.

그런데도 우리는 너무나 자주
더 많은 수입과 혜택에 자신을 팔아넘기곤 합니다.
저희를 용서하소서.

* * *

당신이 심문과 조롱을 받고 침 뱉음과 주먹질을 당했기에
우리가 시민으로서 인권을 누리며 살아갑니다.

당신이 머리에 가시관을 쓰고 선혈이 얼굴에 가득했기에
우리가 머리에 학사모를 쓰고 기쁨이 얼굴에 가득합니다.

당신이 심한 채찍질로 너덜해진 몸을 끌고 인류의 십자가를 지
　신 덕분에
우리가 건강한 몸으로 내 인생의 십자가만 지고 가면 됩니다.

당신이 숨이 다하도록 십자가에 매달렸기 때문에
우리가 생이 다하도록 돈과 성공에 매달리지 않고 살아갑니다.

당신이 아버지께 버림을 받고 "어찌하여 나를 버리셨나요!" 절규
　하였기에

우리가 아무리 악해져도 버림을 받거나 그리스도의 사랑에서 끊
  어지지 않습니다.

당신이 십자가에서 타는 목마름을 호소하셨기에
우리가 영원히 목마르지 않는 생명수를 마십니다.

당신이 사흘간 캄캄한 무덤 속에 계셨기에
우리가 보무도 당당하게 빛 가운데에서 걸어갑니다.

당신이 나무에 달려 저주를 받았기 때문에
우리가 아버지 손에 달려, 온갖 복에 겨워 살아갑니다.

그렇습니다.

당신이 죽으셨기에 우리가 살아갑니다.
날마다 죽으셨기에 매순간 살아갑니다.

그렇게 당신의 덕을 누릴 때마다
우리도 당신처럼 죽게 하소서.

날마다 당신처럼 죽게 하소서.
또 다른 누군가를 살게 하도록.

날마다 죽는 예수

원조복음집 예수

———

너희가 복음을 아느냐

지난 2017년에 우리는 종교개혁 500주년을 맞았다. 개신교 신앙의 본질을 톺아보는 자리가 곳곳에 열렸다. 나도 여러 단체와 신학교에서 수차례 세미나와 특강을 진행했다. 2017년 내내 내가 품은 질문은 이것이었다. '대체 복음이 무엇인가?'

우리 믿음에 참 변화가 일어나려면 우리가 믿는 복음이 무엇인지 점검할 필요가 있다. 자기가 믿는 것이 정확히 무엇인지도 모르면서 평생을 믿을 수 있는 것이 인간이기 때문이다. 실제로 우리의 복음 이해는 '복음적'이지 않은 적이 많다. 어디선가 볼멘소리가 들리는 것 같다. 이래 봬도 교회 안팎에서 헌신됐다고 인정받는 성도인데, 매일 성경을 통독하고 묵상하는 사람인데, 기껏 복음이 뭔지 아느냐고? 복음이 무엇인지 '사영리'로 달달 외웠고 성경 공부로 말하자면 주제별·책별로 잔뼈가 굵은데, 초신자 취급을 해도 유분수이지 고작 복음에 대해 듣자고 이 책을 산 줄 아느냐 하는 핀잔이 들리는 것만 같다. 하지만 말이다, 우리가 복음을 제대로 알까?

로마의 복음

복음이 대체 무엇인가? 성경에서 복음을 뭐라고 말하는지 찾아보면 되지 않겠는가. 문제는 신약에서만 복음이란 말이 123회 나오는데 대체 어딜 찾아봐야 할까? "율법과 선지자는 요한의 때까지요 그 후부터는 하나님 나라의 복음이 전파되어 사람마다 그리로 침입하느니라"(눅 16:16)라고 하였으니 예수님부터가 본격적인 복음의 시대일 것이고, 그렇다면 복음서 중에서 가장 먼저 글로 정착된 마가복음을 살펴보는 게 좋겠다. 과연 마가복음을 펴서 읽어 보니 첫 장부터 복음이란 말이 나온다.

> 요한이 잡힌 후 예수께서 갈릴리에 오셔서 하나님의 복음을
> 전파하여 이르시되 때가 찼고 하나님의 나라가 가까이 왔으니
> 회개하고 복음을 믿으라 하시더라(막 1:14-15).

엄청 익숙한 구절인데 어째 좀 이상하다. 예수님은 대뜸 회개하고 복음을 믿으라고 하셨는데 정작 복음이 뭔지 설명이 없다. 문맥으로 보면 "하나님의 나라가 가까이 왔다"라는 것이 복음인 것 같은데 이게 왜 복음이 되는지 선뜻 알 길이 없다. 게다가 "회개하고 복음을 믿으라"라고 하셨는데 하나님의 나라가 가까이 온 것이 회개랑 무슨 관계가 있다는 건지 생뚱맞기까지 하

다. 흥미로운 것은 누가 역시 하나님 나라와 복음을 동일한 것으로 다루고 있다는 것이다. "그 후에 예수께서 각 성과 마을에 두루 다니시며 하나님의 나라를 선포하시며 '그' 복음을 전하실새 열두 제자가 함께하였고"(눅 8:1).

예수님이 복음을 언급하며 별다른 설명을 하지 않았다는 것은 당대 사람들이 이미 '복음'이란 말에 익숙했음을 보여 준다. 실제로 그리스(헬라)어로 '유앙겔리온 *euaggelion*'이라 부르는 복음은 예수님이 만들어 낸 신조어가 아니라 로마가 독점하다시피 즐겨 쓰던 어휘였다. 로마는 끊임없는 전쟁으로 세력을 키우고 자신을 유지했다. 전쟁터에서 어떤 소식이 올까 애태우던 로마의 시민에게 전령은 "승리의 소식을 가져왔다!"라고 한 마디를 외쳤고 이것은 실제로 그들의 복음이었다.

그렇다. 당시 '복음' 하면 떠올리던 것은 '로마의 승리'였다. 로마의 승리는 강력한 로마의 통치가 계속된다는 것이고, 세계사 시간에 한 번쯤은 들어봤을 '팍스 로마나 *Pax Romana*'(로마의 평화)가 가능하다는 뜻이었다. 팍스 로마나가 전쟁의 승리만을 의미하지는 않았다. 그것은 로마의 번영을 의미하였다. 정복한 땅을 조직적으로 착취하여 '제한 없는 경제 성장'을 이루었고 로마의 기득권은 사치스러운 생활을 구가했다. 그들에게 복음은 새로운 점령지에서 잡아 온 노예로 더 안락한 생활을 누릴 수 있다는 것, 진상품과 무역품으로 들어오는 세계 각지의 보물과 산해진미를 즐길 수 있다는 것, 그리고 천하를 재패한 로마 시민으로서 어디를 가든 우월감을 느끼며 살 수 있다는 것을 의미했다. 영원히 멸망하지 않을 것 같던 로마와 함께 이러한 생활 방식도 영원히 지속될 것이라는 믿음이 로마 사람들이 신앙하던 복음이었다. 하지만 이러한 복음은 바로 소수의 지배 계층과 부자 상인들, 조금 더 넓게 잡자면 로마 시민권자에게만 복된 소식이었고, 그 복음의 은혜가 미치지 못하는 이들에게는 끝이 보이지 않는 가난과 굴종으로 점철된 최악의 소식이었다.

삶의 방식으로서의 복음

이제 우리는 왜 "하나님의 나라가 가까이 왔다"라는 선포가 복음인지 고개를 주억거린다(참고로 하나님의 '나라'는 곧 하나님의 '통치'와 '다스림'을 가리킨다). 예수는 의도적으로 로마의 통치와 번영을 뜻하던 단어 '복음'을 하나님의 통치를 언급할 때 사용함으로써 로마제국에 각을 세웠다. 즉, 힘과 지위, 번영과 성공, 기득권과 안락한 생활을 좇는 '로마의 삶의 방식'이 보편적인 세상에서, 사랑과 평화, 정의와 나눔을 이뤄 가는 '하나님 나라 삶의 방식'—이는 산상보훈에서 선명하게 제시되고 예수님의 생애에서 완벽하게 실현된다—으로 맞불을 놓은 것이다.

예수님은 열등한 삼등 시민 취급을 받던 제국의 변두리 인생들을 전혀 다른 삶의 방식으로 부르셨으며 이를 통해 로마의 삶의 방식을 상대화시켜 버리고(쉽게 말해, 잘 나가던 사람들이 좇던 삶을 우습게 만들어 버리고), 마침내는 제국의 통치를 붕괴시켰다. 이런 의미에서 예수님의 복음은 '반제국적 복음anti-imperial gospel'이라고 한 리처드 호슬리Richard Horsely의 말은 전적으로 옳다.

삶의 방식으로서의 회개

그렇다면 당시 하나님의 백성이라 자칭했던 이스라엘 사람들은 로마의 복음에 어떻게 반응했을까? 아이러니컬하게도, 로마의 복음하에 신음하며 로마의 통치를 증오하던 이스라엘 사람들도 로마식 복음을 믿고 로마식 번영을 간구하였다. 다윗과 솔로몬 시절의 대제국을 다시 건설해서 이스라엘의 정치, 군사, 경제 부활을 꿈꾸는 그들의 복음은, 자신들이 로마의 자리에 선다는 것만 빼놓는다면 가이사의 복음과 다를 바가 없었다.

이러한 이스라엘의 복음은, 하나님 자녀라고 자칭하면서도 실제 삶의 자리에서는 세상에서 이기고 성공해서 마침내 주님이 주시는(?) 남부러운 생활을 하겠다는, 그리고 그것을 통해 주님께 영광을 돌리겠다는 우리 시대의 복음과 고스란히 포개진다. 안타깝게도 너무나 많은 그리스도인이 세상의 게임 법칙을 받아들이고, 그 법칙에서 파생된 삶의 방식을 고수하는 것에 대해서 아무런 문제의식을 느끼지 못한다. 세상과 다른 점이 있다면 자신의 힘이 아닌 주님의 힘을 의지하겠다는 겸손 아닌 겸손과, 이러한 복음을 전하려는 사명 아닌 사명을 가졌다는 것이다. 하지만 예수를 믿는다는 것은 세상이 제시한 게임의 룰을 따르되 믿음으로 더 큰 경쟁력을 갖추는 것이 아니라, 완전히 다른 게임의 룰, 즉 하나님 나라 룰에 따라 게임하는 법을 배우는 것이다.

이제야 우리는 왜 주님이 '회개'하고 '복음'을 믿으라고 하셨는지 깨닫는다. 말로는 아브라함의 자손이라 자처하던 이스라엘 백성이 실제로는 로마의 복음을 부러워하고 추구한 것을 회개하라는 것이다. 오늘날 우리 역시 회개하고 복음을 믿어야 한다. 말로는 예수를 믿는다고 하면서도 실제는 돈과 성공과 일류대(영어 유치원, 사립학교, 특목고)를 더 의뢰했고, 이름 없이 빛도 없이 섬기는 자가 되겠다는 찬송이 무색하게 어떻게 해서든 머리가 되고 꼬리가 되지 않으려 했고, 왼뺨을 치면 오른뺨을 대 주라는 말씀에는 '아멘' 하면서도 실제로는 맞기 전에 먼저 때리고, 무시받기 전에 먼저 무시하고, 버림받기 전에 먼저 버리는 법을 가르쳤던 우리가 아니던가?

모든 이를 하나님의 형상으로 대한다고 하면서도 실제로는 로마제국처럼 출신과 소유와 능력과 외모를 기준으로 사람을 분류―이러한 폭력에 시달리는 사람들이 교회에서만큼은 가치관의 전복을 경험할 수 있어야 할 터인데, 교회에서조차 잘나고 일 잘하고 헌금 많이 하는 이를 선호할뿐더러 심지어 훌륭한 그리스도인이라고 칭송하지 않았는가―했던 것이 우리가 아니던가? 세상의 물건을 다 쓰지 못할 것처럼 하라(고전 7:31)는 말씀 대신 로마 귀족들처럼 소비문화에 빠져 화제의 제품이 나오면 남들보다 먼저 사고 싶어 조바심을 내던 것이 우리가 아니던가? 로또, 경마, 경륜, 카지노처럼 사행성 짙은 도박 산업으로 나라가 망한다며 혀를 끌끌 차면서도 로마의 상인과 귀족들이 해외 무역과 라티푼디움을 통해 대박을 도모했듯이 몇 년 전 5억에 불과하던 김 집사의 아파트가 10억을 호가하는 것을 시샘하면서 "네 손이 수고한 대로 먹을 것이라"(시 128:2)라는 하나님 말씀을 경멸하는 우리가 아니던가?

제국은 우리 안에 있다. 우리는 보통 하나님 앞에서 미움, 시기, 분노, 음란함과 같은 것을 자백하고 뉘우친다. 이런 내면의 영역은 하나님을 믿지 않는 사람도 양심의 가책을 갖고 자신을 성찰한다. 예수가 바란 회개는 제국이 유포하는 가치와 결별하고 하나님 나라 가치관으로 돌아서는 삶의 방식의 회개이며, 삶의 방식이 바뀌지 않는다면 당신은 거듭나지 않았다! 아무리 선한 그리스도인이라 해도 회사를 운영하고, 자녀를 키우고, 심지어 목회를 하더라도 제국의 방식을 도입하는 것이다.

다시 말하거니와 회심은 삶의 방식으로서의 회심conversion as a way of life이어야 한다. 나는 삶의 방식에 대한 절절한 통회와 자복이 없는 회개를 진정한 회개로 보지 않는다. 제국의 생활 방식에서 하나님 나라 삶의 방식으로 회심하지 않은 사람이, 몇몇 도덕적 과오를 뉘우치며 눈물을 흘린다고 해서 그가 구원받았다고 선포하는 것은 얼마나 위험한 신학이며, 또 얼마나 값싼 복음인가? 성경 어디에서도 그러한 싸구려 은혜cheap grace를 말하지 않는다. 예수는 삭개오가 "제가 살면서 욕심을 많이 부렸습니다"라며 후회할 때 구원을 선포하지 않았다. 당시 세리라면 응당 세금을 착취하여 부자가 되던, 당시 세리 사회에 만연한 관행에서 돌이켜 그간 갈취한 돈을 모세 율법의 가르침에 따라 네 배로 갚겠다는 삶의 방식의 회개에 이르러서야 그 집에 구원을 선포했다. 아우구스티누스Augustine of Hippo도 다르지 않았다. 그는 성도라 하더라도 그 사람의 삶이 하나님의 도성이 아닌 인간 도성의 욕망desire of the city of man에 따라 규정된다면 구원받지 못한다고 단언하였다.

누구보다 예수를 잘 알고 예수의 사역을 바로 이해한 세례 요한이 회개의 세례를 받으러 온 사람들에게 "독사의 자식들!"이

라고 쳇소리를 냈던 것도 같은 연유에서이다. 왜 요한은 바리새
인도 아니고 회개하러 온 사람들을 모질게 대했을까? 그들이 삶
의 방식의 변화를 동반하지 않은 싸구려 회개로 죄책감을 덜고
자 했기 때문이리라. 한국 교회가 주야장천 더 많은 예배 참석과
교회 봉사를 요구하는 것과는 달리, 요한은 자신의 제자가 되라
고 하거나 종교적 헌신을 요구하지 않는다. 그저 삶의 방식으로
서의 회심을 명할 뿐이다.

> "무리가 요한에게 물었다. '그러면 우리는 무엇을 해야 합니까?'
> 요한이 그들에게 대답하였다. '속옷을 두 벌 가진 사람은 없는
> 사람에게 나누어 주고, 먹을 것을 가진 사람도 그렇게 하여라.'
> 세리들도 세례를 받으러 와서, 그에게 물었다. '선생님, 우리는
> 무엇을 해야 하겠습니까?' 요한은 그들에게 대답하였다.
> '너희에게 정해 준 것보다 더 받지 말아라.' 또 군인들도 그에게
> 물었다. '그러면 우리들은 무엇을 해야 하겠습니까?' 요한이
> 그들에게 대답하였다. '아무에게도 협박하여 억지로 빼앗거나,
> 거짓 고소를 하여 빼앗거나, 속여서 빼앗지 말고, 너희의
> 봉급으로 만족하게 여겨라'"(눅 3:10-14, 새번역).

나는 회개하고 거듭났는가?

한국 교회는 성장이라는 지상 목표 아래 창고 대방출식으
로 복음을 판매해 왔다. 그 결과 주일성수와 십일조에는 목숨을
걸되 실제 삶의 방식은 세상과 다를 바 없는 '가라지' 성도가 득
실거리게 되었다. 하나님의 도성을 앙망한다면서도 여전히 인간

도성의 욕망에 매몰된 교회는 세상에서 빛을 밝히지도 짠맛을 더하지도 못했다. 교회 안에서는 신앙의 남근phallus을 자신만만하게 휘두르지만, 삶의 현장에서는 심각한 발기불능에 걸렸다. 하지만 실로 거듭난 이들은, 제국의 삶의 방식이 상식으로 여겨지는 세상에서, 하나님 나라 삶의 방식이 사회 부적응자나 정신 나간 이들이나 따르는 것으로 보여도 기꺼이 '거룩한 바보'의 걸음을 내딛는다.

2000년대 들어 개신교인 감소 추세가 가팔라지자 한국 교회 최대의 화두는 단연 부흥이다. 모든 부흥은 그 본질상 참된 회개에서 비롯되며 이는 성서적으로나 교회사적으로 공히 증명된 바이다. 단언하건대, 참된 부흥의 길은 로마의 삶의 방식을 회개하고 하나님 나라의 삶의 방식을 살아 내는 것에 있다.

글을 맺기 전에 한 가지만 묻자. 이 글에서 제시한 복음이 당신에게도 복된 소식good news이 되는가, 아니면 나쁜 소식bad news이 되는가? 그렇다면 나와 당신은 정녕 회개하고 거듭났는가?

반골 예수

———

Don't Play the Game by Their Rules

앞엣글 '원조복음집 예수'를 요약해 보자. 우리는 예수님이 로마의 삶의 방식에 맞서 하나님 나라 삶의 방식을 복음으로 제시하였고 따라서 삶의 방식의 갱신 없이 미움, 거짓, 음란 등과 같은 개인적·심정적 사안을 뉘우치는 것은 참된 회개가 아님을 확인하였다. 옳다. 진정한 회심은 제국에서 하나님 나라로, 인간의 도성에서 하나님의 도성으로, 로마의 삶의 방식에서 하나님 백성의 삶의 방식으로 옮겨 가는 것이다.

하나님 나라 관점에서 성경 읽기

회심과 구원을 하나님 나라 관점에서 다시 정의하듯이 성경역시 하나님 나라 관점, 즉 반제국주의 관점에서 새롭게 읽을 수 있다. 성경은 흥미롭게도 창세기부터 계시록까지 이집트, 바벨론, 로마와 같은 제국을 역사적 배경으로 쓰였는데, 소수의 하나님 나라 백성이 제국의 지배적인 생활양식에 휩쓸리지 않고 거기에 맞서서 어떻게 하나님 나라 라이프스타일을 일구었는지 보여 준다. 게르하르트 로핑크의 용어를 빌리자면, 대제국이 볼 때 보잘것없는 작은 공동체가 어떻게 세상을 거스르고 나아가 세상을 바꾸는 '대조대안 공동체counter-alternative community'로 세워져 가는지 보여 주는 책이 성경이다. 나는 이를 '삼대의 공동체'라고 부르는데 교회는 (1) 가만히 있어도 저절로 제국과 '대조'되고, (2) 적극적이고 필사적으로 제국에 '대항'하며, (3) 대조·대항에 그치고 마는 것이 아니라 제국에 '대안'이 되는 공동체가 되어야 한다는 뜻이다.

이 글에서 다 살펴볼 수는 없지만, 이집트 시대의 아브라함, 이삭, 야곱, 요셉과 같은 족장들, 바벨론-페르시아 시대의 다니엘과 느헤미야와 같은 이민자들, 그리고 로마 시대의 예수님과 초대교회 공동체가 어떻게 반제국주의적 삶의 양식을 구축했는지 맛보기라도 하자. 이를 통해 오늘날 우리 삶을 규정하고 강제하는 우리 안의 제국적 생활방식—작게는 많이 벌어 많이 쓰는 걸로 사람을 줄 세우는 것에서부터 크게는 GNP와 국방력으로 나라를 줄 세우는 것까지—을 회개하고, 대조대안적인 삶의 방식으로 돌이키는 기회가 되기를 바란다.

제국을 거슬러 간 하나님의 백성

먼저 사라와 아브라함. 이 부부는 평생을 몸담아 온 씨족 사회를 떠나 낯선 땅 가나안으로 이민을 떠난다. 오늘날과 같은 치안 개념이 부재한 당시에 이집트 같은 대제국이나 소돔 같은 도시국가에 속하지 않는 한 신체와 재산의 안전을 담보할 수 없었고, 당연히 안정된 삶의 기반 구축 역시 불가능했다. 동시대 사람들에게 그들 부부의 위험천만한 여정은 정신 나간 짓으로 보였을 것이다. 제국 안에서의 안정과 번영이라는 신념을 탈신화화demythologization하는 삶은 예나 지금이나 무모한 실험으로 보인다.

우리 인간은 낙원에서 추방된 이후로 안정감a sense of security에 집착하다 못해 그것을 우상으로 삼기까지 한다. 에덴에서 하나님과의 사귐 속에 온전한 안전과 안정을 누리던 인간이, 타락 이후에는 "벗었으므로 두려워하여 숨는"(창 3:10) 원초적 불안에 시달리게 됐다. 아담과 하와가 무화과나무 잎을 옷처럼 걸친 것은 안정감을 획득하려는 인간 최초의 시도였다. "여호와 앞을 떠나서"(창 4:16) 스스로 안정을 추구하려는 인간의 몸부림은 가인이 세운 인류 최초의 도시 에녹성─가인이 아들을 낳고 도시를 세운 것을 보면 동서고금을 막론하고 자식을 가진 뒤에는 누구나 안정감에 더 집착하는구나 싶다─에서 시작하여 훗날 대제국에서 절정에 이른다.

75세까지 힘겹게 삶의 기반을 다져 놓은 갈대아 우르에서 나와, 어느 것 하나 확실한 것 없는 생활─이런 생활이 얼마나 사람을 쇠잔하게 하는지는 겪어 본 사람은 안다─을 자처한 사라와 아브라함은 인간이 추구하는 3대 안정감(신체적 안전, 물질적 안정, 미래에 대한 보장)에 목을 매지 않는다. 대신 하나님을 의뢰하며 어디로 갈 바를 알지 못하고 내딛은 그 불안정한 걸음을 자신들의 궁극적인 안정감으로 삼는다. 일본계 미국인 신학자 마츠오카Fumitaka Mastuoka의 표현대로 '거룩한 불안정holy insecurity'의 길을 걸어간 것이다. 두 사람은 돔 헬더 카마라Dom Helder Camara 주교의 책 제목대로 제국의 휘황찬란한 도시보다 황량한 "광야가 기름지다The Desert Is Fertile"는 것을 증명하였다.

이러한 삶이 말처럼 쉽지는 않다. 아브라함은 본토 친척 아비 집을 떠나고 얼마 되지도 않아 기근을 당했고(창 12:10), 하나님은 극심한 물질적 어려움 속에 아브라함을 달아 보신다. 하나님이 아브라함의 아들 이삭에게 이집트로 내려가지 말라고 명하신 데서 보이듯 하나님은 족장들이 제국의 삶의 방식을 배울까 봐 염려하셨다. 하지만 아브라함은 궁핍 속에 이집트와 블레셋으로 내려갔고 그때마다 번번이 제국의 방식을 따라 자신의 안정을 도모하는—아내를 누이라고 속이다가 하나님의 백성으로 개망신을 당하는—실수를 범하고 만다. 하지만 후에 롯과 분가하면서 조카에게 물 댄 동산 같은 목초지를 양보하는 모습(당시 유목민에게 좋은 땅은 절대적인 밥줄이다!)이나, 롯을 구하기 위한 전투에서 승리한 다음 전리품을 다 취하라는 소돔 왕의 제안을 일언지하에 거절하는 모습에서, 하나님 나라 가치로 제국이 추구하는 바를 보잘것없게 만드는 통쾌함을 선사한다.

이러한 부모 밑에서 자란 이삭과 리브가 역시 제국의 안전과 번영 대신 하나님 나라를 좇아 살아갔다. 이삭 역시 제 아비의 전철을 따라 아내를 누이라 속이는 과오를 범하지만, 우물을 팔 때마다 시기하는 자들이 우물을 막고 또 다투었지만 그는 제국의 삶의 방식인 경쟁을 택하지 않고 묵묵히 자신의 길을 간다.

이삭의 아들 야곱은 천성적으로 약삭빠른 기회주의자였다. 자신의 성공을 위해 부친과 친형을 속일 정도로 제국의 가치관에 물든 인간이었다. 하나님은 이런 야곱을 평생에 걸쳐 연단하사 끝내 하나님 나라 생활방식을 추구하는 자로 세우셨다.

이들 족장 3대를 제국과 거리를 두게 하신 것과는 달리, 하나님은 요셉을 제국의 한복판인 이집트 왕실로 파송하셨다. 그분의 목표에 변화가 생긴 것은 아니다. 이전까진 당신의 백성을 제국의 변방에서 나그네로 살게 하셨다가 이제부턴 제국 중심에서 나그네로 살게 하신 것이다. 하나님은 번영과 풍요를 숭배하는 생활방식을 7년 흉년으로 간단하게 해체하시고, 총리 요셉의 통치를 통해 신과 같았던 파라오를 하나님 앞에 상대화시킨 것이다(하지만 요셉이 7년 풍년과 7년 흉년을 거치며 이집트 전 백성과 전 국토를 파라오의 소작농과 사유지로 만든 점은 분명 재고의 소지가 있다).

바벨론과 페르시아 제국 시대를 산 다니엘과 세 친구의 일생 역시 소수의 야웨 공동체가 반제국주의적인 생활양식을 살아내는 이야기로 읽힌다. 그들은 기득권을 만끽할 수 있는 높은 지위에 올랐지만 대조대안적인 삶을 지켜 내고자 지위는 물론 목숨도 흔쾌히 내놓는다. 이러한 그들의 모습은 제국의 삶의 방식을 간단히 격하시키고, 나아가 신으로 숭배받던 황제조차 하나님 앞에서 겸손히 신앙을 고백하게 만들었다. 느헤미야 역시 황제의 멘토로서 맘만 먹으면 온갖 부와 권세를 누릴 수 있는 자리에 올랐지만, 무너진 하나님 백성의 공동체를 재건하려고 고생과 희생을 자청하였다.

하물며 로마의 복음에 대항하여 하나님 나라 복음을 선포하신 예수님과, 그런 예수님을 따라 로마제국의 기존 질서를 위협할 정도로 완전히 다른 삶을 살아간 초대교회 공동체를 두고 더무슨 말이 필요하겠는가. 초대 교부 오리게네스Origenes의 말을 빌리자면, '몸소 하나님 나라auto basileia'이신 예수님은 이 땅에서 먹고 마시며 사신 모든 몸짓이 제국을 허물고 신국神國을 세운 '하나님의 일하심theopraxis'이었다.

다시 읽는 베데스다 연못 이야기

예수의 복음이 로마의 복음을 정면으로 거스르는 반제국주의적 복음이라면, 그분의 사역과 행적 역시 반제국주의적 삶의 방식으로 이해해야 한다. 그 한 예로 요한복음 5장 1-13절에 나온 베데스다 연못가의 38년 된 환자의 일화를, 어떻게 기존 삶의 방식을 전복하는 이야기로 읽을 수 있는지 톺아보자.

이 일화에서 우리가 주목할 대목은, 천사가 못에 내려와 물을 휘저을 때 맨 먼저 들어간 사람의 병이 낫는다고 한 3-4절 말씀이다. 이 구절은 불규칙 간헐철인 베데스다에서 물이 솟을 때 제일 먼저 입수하는 사람은 무슨 질병에 걸렸든지 완치된다는 민간신앙을 보여 주고자 첨언한 것이다. 민간신앙이 실제로 효력이 있다 하더라도 이것은 천사가 아니라 광명한 천사를 가장한 마귀의 짓일 것이다. 질병의 고통으로 신음하는 이들을 놓고 누가 1등 하나 보자며 잔인한 경쟁을 붙이는 것은 제국의 논리이지 하나님의 성품과는 어울릴 수 없다. 그런데도 중풍 환자를 비롯한 많은 사람이 그 경쟁에 뛰어든다.

예수님은 중풍이 38년이나 된 줄 알면서도 굳이 "낫고 싶으냐?"라고 묻는다. 누구 약 올리는 것도 아니고 말이다. 중풍 환자의 대답은 더 기가 막히다. 예/아니오 질문을 받았는데 답변이 길다. 당연히 낫고 싶다고 답하면 될 텐데 신세를 토로한다. "물이 움직여도 넣어 줄 사람이 없습니다. 그래서 저 혼자 가는 동안에 딴 사람이 먼저 못에 들어갑니다." 얼마나 억울하면 낫고 싶단 말 대신 이런 말을 할까. 절대 덤덤하게 이 말을 하지는 않았을 것이다. 38년의 경쟁에서 패배한 한이 서린 목소리로 말했으리라. 그는 연못으로 돌진하는 것 외에 다른 삶은 생각조차 못했다. 그 결과 남은 것은 '나는 패배자'라는 피해 의식뿐이었다. 이것을 명백히 드러내려고 주님은 굳이 낫고 싶으냐고 물어본 것이다.

당시 베데스다 연못엔 환자만 있지 않았다. 내 자식, 내 친구를 먼저 연못에 넣어 주려고 가족이나 친구가 곁을 지켰다. 가족과 친구가 없으면 도우미를 돈 주고 사서 대기시키기도 했다. 권력깨나 있는 사람은 다른 환자들을 접근하지 못하게 하고 혼자 느긋하게 물이 움직이기를 기다리기도 했다. 그러나 중풍 환자는 돈도 권력도 없고, 인맥도 빽도 없는 '예정된 패배자'였다. 이제나저제나 '고도Godot를 기다리'듯 자신의 차례가 오기를 기다렸지만 남은 것은 38년 묵은 절망이었다. 자신의 뒤에 온 수많은 환자가 먼저 낫고 자리를 뜰 때마다 자신의 처지를 한恨했으리라. 그리고 세상을 원망했으리라.

예수님은 인생 패배자요, 평생 들러리인 중풍 환자에게 선포한다. "일어나 네 자리를 들고 걸어가라"(5:8). 이 말씀은 병 고침의 선포일 뿐만 아니라, 제국의 삶의 방식에서 벗어나게 해

주는 해방의 선포이기도 하다. 이 점에서 베데스다 연못 이야기
는 "포로 된 자에게 자유를"(눅 4:18)의 실질적 성취로 읽힌다.
예전에 〈뉴스앤조이〉에 실린 한 설교는 베데스다 연못을 우리
가 미련을 둔 생활방식이나 인습으로 보았지만, 내게는 이 말씀
이 승자가 모든 것을 가져가는 세상The winner takes it all에 대한 뒤
집기, 이미 승자가 정해진 기득권 구조에 대한 통쾌한 전복으로
읽힌다.

새로운 룰, 새로운 게임

한때는 의사나 변호사가 되면 지배층에 진입한 것으로 여겨
졌지만 더는 아니다. 오늘날 부와 권력의 편중은 상상할 수 없을
정도로 심화되었다.《88만원 세대》의 공저자 박권일에 의하면
이제 '사회의 룰'을 만들어 내거나 바꿀 수 있는 그룹에 끼려면
훨씬 더 까다로운 기준, 이를테면 아이비리그 졸업장이나 글로
벌 잡 마켓global job market에서 쌓은 경력은 물론 부모와 조부모의
자산 총액 같은 기준을 충족시켜야 한다. 어느 '강남 아줌마'의
전언에 따르면 "서울대에 아등바등 목숨 거는 건 이제 목동 같은
동네의 일부 '강남 워너비'들뿐"인 상황이 도래했다.

이런 세상에서 먼저 연못에 들어가게 해 줄 돈도, 빽도 없는
우리 서민들에게 인생은 불공정한 게임일 수밖에 없다. 어릴 적
부터 영재교육, 조기 유학, 고액 과외를 섭렵하며 돈으로 승자를
제조해 내는 현실에서 변두리 인생들이 아무리 영특하고 아무리
노력한들 어떻게 경쟁에서 이길 수 있겠는가? 개천에서 용이 나
오는 시절은 끝났다. 아니, 정확히 말하면 탄천이나 양재천에서

는 여전히 용이 나오지만, 불광천이나 우이천에서 나오지 않을 뿐이다. 인정하기 싫다고 한들 우리 대부분은 예정된 패배자이다. 그럼에도 나와 내 자식에게만큼은 뭔가 수가 있지 않을까 하여 목이 빠져라 연못에 목을 매는 이 게임에 '올인'한다.

지배층은 '구별 짓기distinction'를 통해 상류층의 지위를 누리며 피지배계급을 정서적·인격적으로 착취한다. 소수 지배층이 부와 권력을 독점하고 사회를 지배하는 것은 그들이 우월하기 때문만은 아니다. 지배당하는 이들이 승자 독식 게임을 하기로 동의하고 기꺼이 들러리 역할, 거수기 역할을 맡기 때문이다. 피지배계급은 전통적인 민중 이론이 말하듯 기득권의 논리에 속는 것이 아니다. 나도 연못에 먼저 들어갈 수 있다는 것을 믿고 기꺼이 속아 주는 것이다. 지배층의 상에서 떨어지는 얼마 안 되는 부스러기를 주워 먹으려 피지배계급이 서로 다투는 한, 있는 놈은 살판나는 세상이고 없는 놈은 죽어나는 세상이 바뀔 리 없다.

피지배자들에게 사회적 위계를 당연하게 받아들이게 해서 물리력에 의존하지 않고 복종하도록 만드는 기제를 '상징폭력'이라고 한다. 부르디외Pierre Broudieu가 바로 보았듯이 지배자가 소유한 것을 피지배자가 욕망하는 한 지배 구도는 유지된다. 강준만 교수의 말로 설명하자면, 대한민국을 바꾸려는 열정보다 상류층에 편입하려는 열망이 큰 이상 전 인구의 한 자릿수밖에 안 되는 상류층의 이해관계가 다수결 원리로 관철되는 불의가 지속된다. 만약 우리가 "상류 사람들 사이에 끼여들려 하지 말고, 낮고 천한 사람들의 벗이 되십시오"(롬 12:16, 현대어성경 및 현대인의성경)라는 말씀을 몸으로 받들면 어떻게 될까. 상류층이 되

우리 시대의 지배적인 욕망에 순응하지 않고 가운뎃손가락을 날리는 예수.
천박함과 거룩함을 동시에 전해 준다.

려는 욕망을 개나 줘 버리고 참으로 욕망할 만한 가치에다 인생을 베팅하고 신나게 살아간다면 어떤 일이 생길까. 우리는 지배적인 삶의 방식에 엄청난 위협이 될 것이고(나아가 우리는 핍박받고 죽임을 당할지도 모른다. 예수의 삶이 이를 잘 보여 준다), 또한 맹목적으로 거듭해서 연못으로 돌진하는 이웃에게 다른 길이 있음을 보여 줄 수 있다. 그런데도 교회는 한정된 재화의 불공정한 분배로 발생하는 문제를 예수 믿으면 인생이 풀린다, 긍정의 힘을 믿으면 성공할 수 있다고 가르친다. 설사 그런 가르침대로 된다고 하더라도 나 대신 누군가는 패배자의 자리에 남게 된다.

주님은 그런 우리에게 "일어나 자리를 걷어 걸어가라"라고 하심으로 불의한 게임 규칙으로 더는 플레이하지 말라고 명하신다. 현 체제에 대한 미련을 상징하는 '자리'를 들고 일어나서 다시는 승자들이 정해 놓은 게임 규칙을 답습하지 말라고, 이제는 하나님 나라 룰에 따라 새로운 게임을 시작하라고 말씀하신다. 그게 바로 회개하고 예수를 믿는다는 진정한 의미가 아니겠는가. 흑인 인권운동가 말콤 엑스Malcolm X는 지배층인 백인의 게임 룰을 따르지 말고 흑인들이 룰을 만들고 그에 따라 살아가자고 역설한 바 있다. "우리를 억압하는 어떤 이도 기본 규칙을 정하지 못하게 하라. 그들의 게임에 따라 나아가지 말라. 그들의 규칙에 따라 게임하지 말라. 그들로 알게 하라. 이것은 새로운 게임이고 우리는 새로운 규칙을 가졌다는 것을."

문득 헨리 데이비드 소로우Henry David Thoreau가 《월든 Walden》에 남긴 유명한 구절이 떠오른다. "왜 우리는 성공하려고 그처럼 필사적으로 서두르며, 그처럼 무모하게 일을 추진하는 것일까? 어떤 사람이 자기의 또래들과 보조를 맞추지 않는다면, 그것은 아마 그가 그들과는 다른 고수의 북소리를 듣고 있기 때문일 것이다. 그 사람으로 하여금 자신이 듣는 음악에 맞추어 걸어가도록 내버려 두라. 그 북소리의 음률이 어떻든, 또 그 소리가 얼마나 먼 곳에서 들리든 말이다. 그가 꼭 사과나무나 떡갈나무와 같은 속도로 성숙해야 한다는 법칙은 없다. 그가 남과 보조를 맞추기 위해 자신의 봄을 여름으로 바꾸어야 한단 말인가?"

코다: 꽃들에게 희망을

알고 보면 베데스다 연못을 향한 우리네 욕망은 학습되고 강제된 것이다. 인간의 욕망만큼 순수한 것이 없다는 발언은 유미주의자의 치기 어린 생각에 불과하다. 공중 권세 잡은 자는 아담과 하와가 선악과를 욕망했을 때부터 우리가 무엇을 어떻게 욕망할지 길들여 왔다. 대학을 나오고 안정된 직장에 들어가서 평범하게 살고 싶다는 소박한 바람이든, 수단과 방법을 가리지 않고 보란 듯 성공해 보이겠다는 야망이든, 따지고 보면 자발적인 욕망이 아니라 이미 지배층에 의해 포맷되어지고, 들뢰즈와 가타리Gilles Deleuze and Félix Guattari의 말을 빌리자면 기旣코드화되고 영토화territorialization된 것이다. 내가 왜 이 세상이 유형화해 놓은 욕망 중 하나를 선택하며 살아가야 한단 말인가?

어른을 위한 우화《꽃들에게 희망을》은 헛된 욕망의 기둥에 먼저 오르려고 경쟁하는 애벌레들을 보여 준다. 위에 뭐가 있는지도 모른 채 서로 밟고 떨어뜨리며 어떻게든 위로 올라가려고 경쟁하는 애벌레의 모습은 바로 우리의 자화상이다. 이제 더는 위로 기어오를 힘을 달라고 예수께 요청하지 말라. 연못에 제일 먼저 닿게 해 달라고 새벽 기도, 금식 기도 하지 말라. 대신 노랑 애벌레처럼 거기서 내려와 조용히 고치 속에서 나비가 되기를 꿈꾸라. 그것만이 기둥 맨 위에 있는 애벌레보다 더 높이 날 수 있는 유일한 방법이고, 그것만이 여전히 기둥 속에서 기존 게임에 몰두하는 사랑하는 '줄무늬 애벌레'를 일깨울 유일한 방법이다.

"너희가 내 말을 마음에 새기고 산다면 너희는 참으로 나의 제자이다. 그러면 너희는 진리를 알게 될 것이며 진리가 너희를 [나비처럼] 자유롭게 할 것이다"(요 8:31-32, 공동번역).

세속 국가주의자 예수

———

대한민국이여, 세속 국가로 영원하라

　　과거 이명박 정부 시절에 불교 신자들의 심기가 아주 불편했다. 서울을 하나님께 봉헌한다는 발언으로 불교계의 우려를 샀던 이명박 전 서울시장은 대통령이 되자 유례없는 기독교 편중 인사로 우려를 현실화했다. 국민 화합을 도모해야 할 국가 수반이 불교계의 가장 큰 명절인 '부처님 오신 날'엔 축전 한 장 안 띄우더니, 일개 교회인 순복음교회의 50주년 기념 행사에는 동영상 축사까지 보내 불자들의 공분을 자아냈다. 대통령이 그러니까 종교적 중립을 지켜야 할 경찰청장이 '전국경찰복음화 금식대성회' 포스터에 조용기 목사와 나란히 얼굴을 내밀고, 경찰 총수가 그러니까 이번엔 서울경찰청장이 불교계 수장에 대한 의전 규칙을 무시하고 조계종 총무원장 지관 스님의 차량을 검문·검색하는 무례를 범하고 말았다. 그뿐이 아니었다. 정부에서 제

214 ——— 215

작한 지도는 교회를 잘 보이게 해 놓은 반면, 사찰은 연거푸 빠뜨렸다. 한두 번도 아니고 기독교 신자인 내가 봐도 고의성이 다분한 것 같다(만약 국민의 발걸음을 사찰 대신 교회로 이끌겠다는 발상이라면 치졸하기 그지없다).

참다 참다 인내의 한계에 다다른 전국 방방곡곡의 20만 불교도와 1만여 승려가 서울 시청 앞 광장에 모여 종교 차별을 성토했다. 건국 이후 단 한 번도 메이저 종교가 종교 차별을 이유로 이런 일을 벌인 적이 없었다는 걸 생각하면 현재의 종교 갈등이 어느 정도로 심각한지 짐작할 수 있을 것이다. 이것이 불교계의 일방적인 억하심정은 아니다. 기독교방송CBS에서 발표한 여론조사 결과조차도 "이명박 정부가 종교 편향적이라는 데 공감한다"(54.1%)라는 의견이 "그렇지 않다"(35.5%)라는 의견을 크게 앞섰다.

형제를 우대하지 말고 복음도 전하지 말라

이런 문제는 중앙정부에서만이 아니라 지방 자치단체에서도, 일선 학교에서도 벌어졌다. 대학생 멘토링 사업을 개신교 일색으로 추진한 송파구청, 포항시 예산 1퍼센트를 성시화 운동에 사용하겠다고 한 전 포항시장, 수업 시간에 "하나님을 믿으면 천당에 가고 불교나 다른 종교를 믿으면 지옥에 떨어진다"며 성경을 읽어 준 경주의 한 초등학교 교사. 언뜻 보면 믿음이 대단하신 분들인 것 같은데 대체 이분들이 뭘 잘못한 걸까?

송파구청이 기독 대학생에게 먼저 멘토링 기회를 주려는 마음이야 같은 교인으로서 이해 못할 바 아니다. 자기 가게 알바 뽑는 거라면 '교인 우대'를 하든 말든 뭔 상관이겠느냐마는 공직에 있는 사람이 종교가 같다는 이유로 공평의 추를 기울게 한다면 그것은 혈연, 지연, 학연에 따르는 것만큼이나 나쁜 짓이다. 공직 자는 "모든 사람에게 선을 행하되 특히 믿음의 가족들에게 할지 니라"(갈 6:10, 한글 KJV)라는 말씀을 이렇게 적용하면 안 된다. 만 약 그리스도인들이 "우리가 남이가"라는 발상을 버리지 않는다 면 안 그래도 지연과 학연으로 몸살을 앓는 이 나라에 교연敎緣 (종교 연줄)까지 더해질지도 모른다. 책임 있는 자리에 선 자는 종 교에 상관없이 기회와 혜택을 고루 분배해야 하늘에 계신 상전 의 공의를 이루는 것(참고. 골 4:1)임을 명심해야 한다.

포항시도 마찬가지이다. 국민의 세금으로 녹을 먹는 시장이 시민의 혈세를 성시화 운동이라는 시장 개인의 종교에다 쓰겠다 고 하는 게 가당키나 한가? 경주의 교사도 그렇다. 기독교 사립 학교도 아니고 엄연한 공립학교 선생님이 정규 수업 시간에 교 사 개인의 종교를 포교하는 게 옳은 일인가? 기독교인들이 사회 요직에 오르는 경우는 늘어나는데 아직도 교회는 이런 일을 장 하다며 칭찬하고, 이에 대한 비판을 주를 위한 핍박으로 착각하 고 있으니 한숨만 나온다.

선교 만능주의를 폐하라

심각한 이원론에 빠진 한국 교회는 예배당 안에서는 죽도록 충성하면서도 직장에서는 어떻게 하나님을 영화롭게 할는지 그 방법을 모른다. 왜 직장 생활을 하느냐는 질문에 소위 믿음 좋다 는 분들의 대답은 똑같다. "먼저 복음을 전하기 위해서, 그리고 주의 사업을 물질로 돕기 위해 직장 생활을 하지요." 자랑스러운 표정으로 그리 말하는 것을 보면 한국 교회 수준이 딱할 지경이다. 학창 시절부터 공부 열심히 하고 좋은 대학 가서 나중에 주의 일을 많이 하겠다는 '도구적 발상'에 벗어나지 못하고 있으니 나중에 직장을 갖고 나서도 자신의 자리를 복음 전파나 교회 봉사의 도구로 활용해야만 하나님께 영광이 되는 줄 아는 것도 무리는 아니다. 하지만 이제 그리스도인들은, 특히 공직으로 부르심을 받은 자매형제들은 복음만 전하면 다 용서가 된다는 '선교 만능주의'에서 벗어나야 한다. 하나님께서 자신에게 맡긴 일을 감당하되(루터의 선포대로 모든 일은 성직이다!) 종교에 관계없이 모든 사람을 평등하게 고루 잘 섬기는 것이야말로 하나님을 영화롭게 하는 최고의 비결이며 복음을 제대로 전하는 첩경이기도 함을 깨달아야 한다.

물론 우리는 때를 얻든지 못 얻든지 말씀을 전해야 한다(딤후 4:2). 그러나 청와대 경호차장이 정부의 복음화에 헌신하겠다고 공포하고 나서듯 내가 속한 기관을 전도의 도구로 활용해서는 곤란하다. 성경을 보면 요셉이나 느헤미야, 다니엘 같은 이들은 자신의 높은 직위를 이용하여 노골적인 전도 공세를 펼치거나 자기 종교를 위한 유익을 도모한 적이 없다. 요셉이 이스라엘 백성을 이집트에 정착시킨 것과 느헤미야가 예루살렘 성벽을 재건하도록 총독에 임명된 것은 구령의 열정을 발휘해서가 아니라 일을 탁월하게 해냈기 때문이다. 다니엘은 근무 능력에 더해 총리 자리는 물론 목숨도 연연하지 않는 올곧은 삶의 자세를 견지함으로 자신이 섬기는 황제조차 야웨를 인정하게 만든 것이다.

기독교 국가의 꿈★은 악몽이다

앞에서 언급한 구청장, 시장, 교사가 벌인 물의는 몇몇 개인의 헛발질이 아니라 개신교 기관장들의 모임인 '홀리 클럽Holy Club'을 중심으로 한 '성시화 운동'과 결부되어 있거나 적어도 이들 운동의 기반이 되는 기독교 국가의 이념과 일정한 연관이 있어 보인다. 이를테면 시 예산을 성시화 운동에 쓰겠다던 전 포항시장부터가 홀리 클럽 멤버이고, 실제로 시 예산의 십일조를 민족과 세계 복음화를 위해 쓰자는 것이 성시화 운동의 목표 중 하나이기도 하다. 또 수업 시간에 성경을 가르친 교사의 행동은 공교롭게도 성시화 운동 총재였던 김준곤 목사가 '민족 복음화의 꿈'에서 "학교 교실에서 성경이 필수 과목처럼 배워지기"를 꿈꿨던 것과 포개진다.

성시화 운동에서 꿈꾸는 민족 복음화의 비전은 한때 나의 꿈이었으며 이를 놓고 기도할 때마다 가슴이 벅차오르곤 했다. 하지만 잡도리하건대 이 아름다운 비전을 기독교 국가의 꿈과 오버랩해서는 절대 안 된다. 만약 이 나라의 거리마다 찬송 소리가 울려 퍼지고 기독교인이 90퍼센트에 이르는 일이 생긴다고 해도 도시를 성시로 선포한다든지 국교를 기독교로 정하는 것은 성경적이지 않을뿐더러 역사적으로도 그르다는 것이 증명되었다. 이제까지의 모든 기독교 국가Christendom는 신정 일치를 통해 하나님의 통치를 지상에 구현한다고 했지만 실제로는 인간의 욕망을 구현했을 뿐이다. 교회가 권력을 잡으면 하나님의 뜻을 빙자하여 세속 정치인보다 훨씬 더 잔인하게 국민을 다스렸고 불관용과 획일성이 지배하는 사회를 건설했다. 이는 기독교가 로마 국교가 된 뒤로 지겹도록 반복된 바이다. 내가 존경하기 마지 않는 칼뱅Jean Calvin도 제네바를 '성시화'하려다가 삼위일체의 오류를 지적한 스페인 신학자 세르베투스Servetus를 비롯한 숱한 사람을 고문하고 화형에 처하는 등 씻을 수 없는 오점을 남겼다. 이렇듯 기독교 국가의 꿈은 항시 악몽으로 끝났는데도 우리는 왜 지난날의 과오를 재방송하려는 것일까? 개가 토한 것을 도로 먹듯이(잠 26:11) 역사의 과오를 되풀이하는 우리의 근본적인 우매함 때문일까, 아니면 칼뱅의 오류를 피해 갈 수 있다고 자만하는 것일까? 우리는 예수님이 이 땅에 하나님의 나라를 선포하셨지만 당신의 나라가 이 세상에 속한 것이 아님을 천명함으로써 기독교 왕국을 거부하고 스스로 반기독교 국가주의자로 자리매김하신 사실을 명심해야 한다.

종교개혁을 일으킨 개신교는 구원의 근거를 교회의 권위에서 개인의 믿음으로 옮겨 놓았다. 신교가 교회 타락의 이유를 타락한 교권에서 찾았다면 재세례파는 기독교 국가라는 그릇된 신념에서 찾았다. 그들은 국가종교state religion라고 불리는 국가와 교회의 결탁을 깨뜨리지 않고는 참된 교회를 이룰 수 없다고 믿었고 이에 따라 모든 국민을 태어날 때부터 교인으로 만드는 핵심 장치인 유아세례를 거부하였다. 종교를 국가의 지배에서 벗어나게 하려는 그들의 급진성은 교회와 국가 모두에게 큰 위협이었고 신구교 양측에서 가혹한 핍박을 받았다.

반면 신교도들은 교회와 국가가 맺은 불륜 관계를 청산하려 들지 않았다. 신구교간 종교전쟁이 치열한 상황에서 목숨을 부지하기 위해서였다고 하지만 아나뱁티스트 자매형제의 학살에 가담한 것은 용납할 수 없는 일이었다. 그 결과, 중세 교회가 왕가의 권력다툼과 개인적 원한으로 시작된 수많은 전쟁을 성전이라 미화하고 승리를 기원해 주었듯이, 개신교 역시 똑같은 짓을 답습했다. 아브라함 카이퍼Abraham Kuyper는 보어전쟁을 승인했고, 쉐퍼Francis Schaeffer는 베트남전을 지지했고, 찰스 콜슨Charles Colson은 북한을 먼저 폭격하는 것이 신앙적으로 가하다고 럼스펠트에게 말했다. 반면, 학살에 살아남은 재세례파는 메노나이트, 브루더호프, 아미시, 후터파 등 평화교회peace church의 계보를 이어 가며 반전운동과 평화운동의 명맥을 지금까지 이어 왔다.

세속 국가와 세속 도시로 남으라

세속 국가 안에서 다원주의 시대를 살아가는 우리는, 교회 밖 시민들이 성시화 운동을 어떻게 받아들일지 생각해 보아야 한다. 우리가 꿈꾸는 민족 복음화와 사회 전 영역의 기독교화라는 구호가 교회 밖 시민들에게 불쾌와 위협이 됨을 인식해야 한다. 노골적으로 불자임을 표방하는 대통령과 사회 각계의 요직을 차지한 불자들이 온 나라에 대대적인 '불국토佛國土' 운동을 전개하겠다고 나선다든지, 내가 사는 도시를 '불시화佛市化' 하겠다고 공포한다면 '웃기고 있네. 누구 맘대로…' 하는 마음과 함께 '이거 정말 큰일인데' 하며 불안을 느끼지 않겠는가? 모르면 몰라도 드세기로 유명한 기독교인들은 종교 차별과 교회 탄압이라며 난리를 칠 것이다.

내 단언하건대, 대한민국은 기독교 국가가 아닌 세속 국가로 남아야 한다. 서울을 비롯한 모든 도시는 성시holy city가 아닌 세속 도시secular city로 남아야 한다. 심지어 모든 국민이 기독교인이 되어 만장일치로 찬성한다 한들 대한민국을 기독교 국가로 선포하고 법을 기독교식으로 고치고 공교육을 기독교화하는 것은 바르지 않다. 새로 태어날 우리의 자녀 중 누군가는 부모의 기대와는 달리 교회를 떠날 수도 있고, 그렇게 5천만 명 중 단 한 명이라도 내키지 않은 기독교 법을 지키고 달갑잖은 기독교 교육을 받는 것은 하나님이 원치 않기 때문이다. 존 스튜어트 밀John Stuart Mill의 말마따나 전체 인류 가운데 한 사람의 의견이 다르다고 해서 그 사람에게 침묵을 강요하는 것은 힘을 가진 한 사람이 전체에게 침묵을 강요하는 것만큼이나 용납될 수 없다. 그러므로 '민족 복음화의 꿈'만큼 아름다운 기도문도 없지만 "각급 학교 교실에서 성경이 필수 과목처럼 배워지고, 국회나 각의가 모일 때도 주의 뜻이 먼저 물어지게 하시고"에 나는 '아멘'으로 화답할 수 없다.

김준곤 목사는 다음과 같이 말한다. "지상에 일찍이 완전한 기독교 국가란 존재한 일이 없었습니다. 그렇지만 세상에 종말이 오기 전에 한 민족쯤은, 단 한 번만이라도 단 한 민족쯤은 그들의 모든 것이 송두리째 그리스도께 바쳐지고 쓰일 수 있다면 우리야말로 그 기적의 도전 앞에 서 있습니다." 충분히 가슴 뜨거운 구절이지만 한 민족의 모든 것이 기독교화하는 일은 일어나지 않을 것이며, 일어나서도 안 된다고 생각한다. 만약 그런 일이 일어난다면 그렇지 않아도 '제2의 이스라엘' 의식이 강한 우리 민족은 고대 이스라엘처럼 선민의식에 가득 차서 스스로 멸망의 길을 걷게 될 것이다.

도로테 죌레가 말한 기독파시즘Christofascism이 독일만의 일은 아니다. 톰 드라이버Tom F. Driver가 바르게 보았듯이 기독교는 항상 기독파시즘의 위험 가운데 있다. "그리스도는 이 나라와 사회의 왕이십니다"라는 연합 집회의 인기 멘트는 하나님 나라의 선포가 될 수 있지만 동시에 기독교 독재의 선포가 될 수도 있다. 다원주의 사회를 고려하지 않은 채 다른 종교와 문화에 규범적 그리스도normative Christ를 부과하려는 일방성은 승리주의적 기독교triumphalist Christianity의 폭력에 불과하다.

털어 버려야 할 과거

성시화 운동의 또 다른 문제는 과거에 발목을 잡히고 있다는 점이다. 성시화 운동본부 총재였던 김준곤 목사는 과거 유신 독재에 지독한 찬양을 연발했고 훗날 이를 두고 한 번도 사과한 적이 없다. 하나님의 말씀을 대언한다고 믿는 위험한 발상 때문인지는 몰라도 이름 높은 목사들은 지난날의 과오를 시인하고 용서를 구하는 일에 지독하리만큼 인색하다. 가장 존경받는 목회자인 한경직 목사도 독재를 옹호했던 전력에 끝까지 침묵했다. 목사들이 걸핏하면 이단이라고 정죄하는 로마가톨릭도 교황이 직접 십자군 전쟁, 마녀사냥, 나치에게 침묵 및 동조했던 과오를 참회하였다. 돌아가신 김준곤 목사의 비망록을 살펴보면 성시화 운동이 추구하는 '성시'가 '기독교 독재'일 것 같아 섬뜩해진다.

"박(정희) 대통령이 이룩하려는 나라가 속히 임하길 빈다"(제1회 국가조찬기도회).

"우리나라의 군사혁명이 성공한 이유는 하나님이 혁명을 성공시킨 것"(제2회 국가조찬기도회).
"10월 유신은 실로 세계정신사적 새 물결을 만들고 신명기 28장에 약속된 성서적 축복을 받은 것"(제6회 국가조찬기도회).

코다: 성시보다 양심을

하나님은 모든 사람이 그리스도의 십자가를 통해 구원받기를 바라지만 동시에 하나님은 그리스도인이든 아니든 자신의 양심에 따라 정직하게 살아가기를 바라신다. 우리 중 아무도 우리의 자유의지를 거스르거나 불이익이 두려워 예수를 믿지 않았다. 그분의 엄청난 사랑에 느꺼워 제 발로 예수 앞에 나와 무릎을 꿇은 것이다. 부활의 아침, 그 무거운 돌문도 열어젖히신 주님이 정작 우리 마음 문 밖에서는 문이 열릴 때까지 한없이 기다리신다(계 3:20)는 사실을 깊이 묵상해야 한다.

칼뱅 시대의 죄악을 깨달은 제네바 시민들은 세르베투스를 불태워 죽인 자리에 칼뱅의 결정은 종교개혁의 원칙인 '양심의 자유'에 어긋났음을 밝히는 자기반성의 비석을 세워 놓았다. 그렇다. 진정한 의미의 복음화란 양심의 자유가 확보되지 않는 한 결코 성취될 수 없다. 그러므로 나는 기독교 공화국을 지향하는 성시화 운동에 동참하는 것보다 "나는 당신의 견해에 반대한다. 하지만 당신이 그 견해를 말할 권리를 위해 끝까지 싸우겠다"고 한 볼테르Voltaire의 신념에 동참하는 것이 더 신앙적이라고 믿는다.

대한민국이여, 세속 국가로 영원하라.

세속 국가주의자 예수

스님과 함께 일하는 예수

———

하나님의 은혜로서의 불교

이명박 정부의 종교 차별로 불자들의 심기가 불편한 중에 기름을 끼얹는 일이 터졌다. 개그맨보다 더 웃긴다는 장경동 목사가 뉴욕에서 부흥회를 하는 중에 "불교가 들어간 나라는 다 못 산다"라고 하면서 "스님들은 쓸데없는 짓 하지 말고 빨리 예수를 믿어야 한다"라고 막말을 한 것이다. 장 목사는 "(이런 말 하면) 불교 비하한다고 하는데, 나는 바른말을 한 것이다"라고 했다. 어쩌면 이 글을 읽는 독자 중에도 '틀린 말 아니네, 뭐' 하는 분들이 있을지도 모른다. 사실 장경동 목사가 재수 없게 걸려서 그렇지 이런 말 하는 목사가 한둘이 아니다.

나도 보수 신앙을 고백하는 사람으로 예수만이 구원의 길임을 믿고 모든 사람이 주께로 나와야 한다고 믿는다. 그래서 구령의 열정에 휩싸인 사람에겐 스님들의 지난한 수행의 길이 구원에 하등 도움이 안 되는 멸망의 길로 보일 수 있다는 것을 이해한다. 하지만 아무리 그렇대도 '쓸데없는 짓'이 뭐냐. 같은 말이라도 이렇게 하면 안 되나. "스님들이 세속의 욕망을 끊고 수행에 정진하는 모습을 보면 같은 종교인으로서 배울 점도 많다. 다른 종교 성직자들에게 이렇게 말씀드리는 것이 결례일 수 있지만, 오직 예수만이 구원임을 믿기에 스님들도 예수님을 인격적으로 만날 수 있기를 진심으로 바란다." 뭐 이렇게까지 예의 바른 것은 바라지도 않는다. 그냥 '쓸데없는 짓'이란 말만 빼고 "스님들도 다 예수를 믿어야 한다고 생각한다"라고만 했어도 저렇게까지 물의를 일으키지는 않았을 것이다.

불교가 들어간 나라는 다 못 산다고 한 것에 대해선 한숨만 나온다. 일본이나 싱가포르의 예를 들 것도 없이, 그냥 입장을 바꿔서 이름난 스님 한 분이 "기독교가 들어간 나라는 경제적으로는 좀 부유할지 모르나 하나같이 황금만능주의, 소비주의, 환경 파괴, 과도한 경쟁과 성공지상주의로 고통받고 있다"라고 꼬집는다면 우리가 뭐라고 대꾸할 수 있겠는가? (자세한 내용은 뒤에 나오는 "웰빙 예수: 전인적인 참살이를 위하여"와 "유색인 예수: 흑인 예찬"을 참고해 주길 바란다.)

무례한 기독교, 호전적인 개독교

까놓고 말해 우리가 불교에 하는 짓을 보면 싸가지가 없다. 부흥사들이 스님을 아무렇지도 않게 '중놈'으로 부르질 않나, 남의 집 현관 '불자의 집' 스티커 위에 교회 스티커를 붙이질 않나, 길 가는 스님을 붙들고 "예수 천당 불신 지옥!"을 외치는 무례한 짓을 서슴없이 한다. 지들이 뭐 복음 구매를 강요하는 외판원이냐. 입장 바꿔 생각해 봐라. 법회에서 '먹사님들'이라고 부르고, 우리 집 현관 '성도의 집' 위에 '불자의 집'을 붙여 놓고, 목사라고 누누이 밝히는데도 "성불하시라"라고 되풀이하면 어떻겠는가. 예전에 서울 조계사 보시함 안에서 여의도순복음교회 헌금 봉투가 여러 장 발견되었는데 그 안에는 '예수 천당 불신 지옥'이라고 찍힌 천 원짜리 지폐가 한 장씩 들어 있었다고 한다. 만약 교회 헌금함에 '성불 없이 무간지옥'이라고 찍힌 지폐가 나왔다면 드세기로 유명한 기독교 신자들이 가만있지 않았을 것이다. 이런 짓거리들을 보면 리처드 마우Richard Mouw의 책《무례한 기독교》는 딱 한국 교회를 겨냥한 제목이다.

사실 이 정도는 양반이다. 몰래 불상 머리를 자르고 붉은색 페인트로 십자가를 그려 넣는 훼불毁佛도 모자라 사찰 방화까지 시도한다(이쯤 하면 미친 범죄자 수준이다). 국내론 성이 안 차는지 목사 일행이 태국에서 불상을 파괴해 현지 경찰에 잡히기도 한다. 하긴 예부터 장승이며 단군상을 아작 내던 못된 버릇이 어디 가랴. 만약 불교 신자들이 교회당에 잠입해 십자가를 부수거나 십자가의 사지를 꺾어서 만卍을 만들었다면 눈에 불을 켰을 인간들이 정작 자신의 행동은 바알과 아세라를 찍어 쪼개라는 말씀을 순교할 각오로 실천한 거란다. 그러면서 서로 장하다고 격려하는 인간들을 보고 있자면 솔직히 싸대기 한 대씩 올리고 싶다.

이런 와중에 2007년 부산에서 열린 'Again 1907 대회'는 기독교가 얼마나 호전적인 종교인지 화끈하게 보여 줬다. 대회 당시 부산 지역의 교회 부흥을 위한 기도 제목이 스크린에 이렇게 떴다고 한다. "금정구는 교회 113개가 부흥하고 사찰 94개가 무너지도록(범어사, 안국서원 등), 부산진구는 교회 100개가 부흥하고 사찰 129개가 무너지도록(삼광사 33만 신도), 이 땅 가운데 있는 모든 사찰이 무너질 수 있도록…." 이웃 종교에 얼마나 잔인한 폭력을 행사하고 있는지도 모르는 얼빠진 참가자들은 필시 "아멘!"으로 화답한 후에 절이 무너지게 해 달라고 주여 삼창으로 울부짖었을 것이다. 부흥의 열정은 꼭 이렇게 적대적으로 표현될 수밖에 없는 것인가? 아니, 그전에 이런 게 진정한 부흥이기는 할까? 요따위로 하나님을 이 세상에서 가장 못돼 먹은 신으로 만들어 놓고는 '개독'이라 부르지 말란다. 한 법회에서 주지스님이 "소망교회 무너지게 해 주십시오! 사랑의교회 무너지게 해 주십시오!"라고 부르짖고 신도들이 "나무아미타불!"이라고 했으면 교회가 가만있었겠는가. 모르긴 몰라도 '불교를 매장할 수 있는 절호의 기회이다' 싶어 각다귀처럼 달려들었을 것이다.

그나마 하나님께 감사한 것은 이 땅의 불자들이 기독교인보다 훨씬 너그러웠다는 사실이다. 덕분에 우리나라 같은 다종교 사회에서 세계적으로 보기 드물게 종교 간 평화를 누릴 수 있었다. 만약 불교계가 기독교처럼 똑같이 굴었다면 고질적인 남북 갈등, 지역 갈등, 계층 갈등으로 몸살을 앓는 우리 사회에 종교 갈등까지 겹쳐 국가 분열이 더욱 심해졌을 것이다.

세상에 무교가 어딨냐
그리스도인들은 불교는 거짓 종교라며 적대시하면서도 무교에는 너그럽다. '그래도 무교는 괜찮아. 최소한 불교도처럼 우상에게 절하진 않으니까'라고 생각하는 거라면 실로 무지의 소치가 아닐 수 없다. 사람이란 본디 믿음을 갖고 살아가는 '종교적 인간homo religiosus'이며, 타락으로 인해 하나님 아닌 다른 것을 기대어 살아가긴 해도 무언가를 의지하는 천성만큼은 사람에게 불치병과 같은 것이다. 그러므로 "저는 무교입니다"라고 하는 사람들도 특정 종교에 속해 있지 않을 뿐이지, 돈이든 빽이든 자기 능력이든 아니면 될 대로 되라 식의 운명이든 무언가를 '믿고' '신앙'한다. 말하자면 종교통계학적으로만 무교일 뿐이지, 종교심리학적으로는 전혀 무교가 아니다. 아브라함 카이퍼를 비롯한 개혁주의자는 물론 일반 종교학자가 실제적인 의미에서 종교가 없는 사람은 없다고 한 것도 이 때문이다. 종교가 없는 이들이 절에 가서 공양을 드리거나 새벽에 정화수를 떠 놓는 사람들보다 더 종교적일 수 있다. 제도화된 종교적 행위에 참석하지 않지만 과학기술이나 부귀영화 따위를 '숭배하는' 사람들이, 부적을 지니고 다니는 사람보다 훨씬 더 지독한 우상숭배자일 수 있다.

이런 맥락에서 보면 명절이나 기일에 드리는 제사를 우상숭배라며 비난하는 것도 어쩌면 공허한 싸움일 수 있다. 다들 일상에서 하나님 아닌 다른 것을 숭배하고 있는데 제사만 집요하게 문제 삼는 것은 스스로 생활과 신앙을 구별하는 이원론에 빠졌음을 실토하는 짓이다. 그런다고 가족들이 당장 주님께 돌아올 것도 아니잖은가. 실은 제사를 마치고 밥을 먹으면서 친족들끼리 자식들 성적 비교하고, 누구는 서울대 가겠다 부러워하고, 누구 아파트가 가장 크게 올랐는지 재 보고, 코인 투자로 대박 나서 좋겠다며 시샘하는 것이 진짜 우상숭배가 아니겠는가. 제사가 '귀신에게 절하는 짓'이라고 치더라도 제사 드리는 사람의 자유의지와 신념을 강요로 꺾으려 해서는 안 된다. 정중하면서도 간곡하게 설득은 할 수 있지만, 당사자들의 자발성이 확보되지 않은 상황에서 무조건 그만두라고 강요하는 것은 주님의 방법이 아니다. 그런 식으로 하니까 1년에 딱 한 번 일가친척들 어렵게 모인 자리에서 괜한 불화나 일으키고 기독교는 재차 미운털이 박히게 된다(이 대목에서 "내가 평화가 아니라 검을 주러 왔다"라는 말씀을 적용하는 이가 없기를 바란다).

　　불교 신자를 매몰차게 정죄하면서도 정작 종교가 없는 사람들을 잠재적 그리스도인으로 보고 다정하게 대하는 모순은 오늘날 교회의 속살을 들여다보면 너무나 자연스러운 귀결이다. 점을 치거나 오늘의 운세를 보는 '행위'는 우상숭배라며 펄쩍 뛰면서도 정작 자기 안의 '욕망', 즉 알아주는 대학과 두둑한 연봉과 강남의 부동산 같은 욕망은 우상으로 여기지 않는다. 이런 이중성은 바리새인들이 죄인의 행위에는 비분강개하며 종교적 순결을 부르짖었지만 정작 자신 안에서는 결코 포기할 수 없는 욕망, 즉 종교 지도자로서 존경받는 지위를 누리려는 욕망에는 눈을 감았던 것과 고스란히 포개진다. 나처럼 사찰로 신혼여행을 가고 제삿밥을 맛나게 먹는 행위가 문제가 아니다. 예수님 말마따나 안에서 밖으로 나오는 것이 문제이다. 세상을 이용하고자 하는 인간의 욕망이 물질화하여materialize 형체를 갖게 되면 바알과 같은 우상이 되고, 세상을 구원하고자 하는 하늘의 욕망이 육화하여incarnate 몸을 갖게 되면 아기 예수님이 되는 것이다.

불교와 함께 일하라

거듭, 되풀이해서 말하지만 지금 우리는 세속 국가에 발을 딛고 다원주의 시대를 살아간다. 사찰이 사라진다고 해서 불자들이 다 예수 믿고 거듭나는 제로섬 게임도 아닌데—대적 기도를 하는 이상 다른 종교로는 옮겨 가도 교회는 절대 안 올 것이다—왜 광기 어린 짓을 해서 불자의 증오를 사고 시민들에게도 "개독교는 저래서 안 돼. 언제까지 배타적·독단적으로 살려는지…" 하는 조롱을 받는지 모르겠다.

나 같으면 지역의 사찰을 존중하며 사이좋게 지내겠다. 나아가 지역사회를 섬기기 위해 불자들과 협력할 것이다. 복음주의 교회론의 대가 하워드 스나이더Howard Snyder가《그리스도의 공동체The Community of the King》에서 옳게 지적했듯이, 하나님 나라 성장과 교회 성장은 서로 관련이 있긴 하지만 반드시 일치하지는 않는다. 하나님의 통치는 '진리와 생명의 원리'로 실현되기 때문에, 그러한 원리를 따르는 비그리스도인들(간디가 대표적이다)을 통해서도 하나님의 나라가 확장된다는 것을 깨닫고 그들과 협력할 필요가 있다. 이를테면, 지역사회 약자들을 섬기는 복지사업이나 생태·평화와 같은 사안에는 얼마든지 협력할 수 있고 또 해야 한다.

아프간 성도 납치 사건으로 큰 시련을 겪고 지탄을 받은 샘물교회의 박은조 목사는 "교회 주변에 스님이 운영하는 복지관이 있는데, 이곳에서 후원금을 보내 달라고 요청했습니다. 당연히 지역 주민을 위한 복지 활동이기에 도움을 주기로 했습니다. 그랬더니 스님이 성탄절에 난을 보내왔습니다. 저희도 초파일에 답례 선물을 보내 주었습니다"라고 말한 적이 있다. 나도 성탄을 축하하러 스님이 교회에 찾아오신다면 답례로 부처님 오신 날 사찰을 방문하겠다. 담임목사의 그런 행보를 성도들이 받아들이지 못한다면 개인적으로 작은 선물이라도 보내겠다.

우리는 다른 사람의 성취를 축하한다. 사촌 동생의 대학 진학이든 비그리스도인 친구의 취업이든 국가대표 선수의 올림픽 메달이든 그들의 동기를 따지지 않고 진심으로 축하해 준다. 그러한 성취의 속살에 이른바 '영적 동기 탐지기'를 찔러 보면 실상은 입시라는 제단에 제물을 바친 것일 수 있고 부와 성공을 경배하는 행위로 밝혀질 수 있지만 우리는 그러한 '종교성'을 문제 삼지 않고 인간적으로 축하해 준다. 그렇다면 다른 종교인의 명절인 초파일을 유독 마뜩잖게 여기며 인사치레조차 할 수 없는 이유는 무엇인가? 다른 종교인들을 대할 때면 왜 우리는 이웃이기보다 경쟁 종교인이 되고 마는 것일까?

어떤 분들은 다른 종교와 좋은 관계를 맺는 것이 종교다원주의로 가는 길이 아니냐고 우려한다. 아니, 불교 신자들을 하나님의 형상이자 우리의 이웃으로 보고 애정과 존중으로 대하는 것이 모든 종교에 구원이 있다는 다원주의와 무슨 관련이 있는가? 다른 종교를 믿는 이웃에게는 하나님의 사랑을 보여 주지 말란 얘긴가? 나는 예수님이 이 시대에 오신다면 한 명의 이웃 종교인으로서 스님에게 정중히 예를 표할 거라고 믿는다. 앞으로 기독교가 다른 종교를 존중하고 지역사회를 섬기는 일 등에 협력하지 않는다면, 그리고 이러한 것을 적과의 동침이라고 보는 발상을 버리지 않는다면, 다종교 사회인 한국에서 기독교는 점점 '왕따 종교'가 될 수밖에 없다.

불교는 하나님의 은혜이다

일반은총의 측면에서 보면 불교도 하나님의 은혜이다. 하나님의 섭리 속에 불교가 이 땅에 전래되지 않았다면 우리 민족은 샤머니즘에 더 깊이 물들었을 것이다(민속학적으로 보면 우랄 알타이어족에 속한 나라에 샤머니즘 전통이 강하다). 알다시피 샤머니즘엔 윤리라고 할 만한 것이 없고(윤리란 관계에서 나오는 것인데 샤머니즘엔 신이나 영적인 힘을 '이용'하려는 욕망만 있고 인격적이거나 언약적인 '관계'가 없기 때문에 윤리가 돋아날 자리가 없다), 오직 자신과 제 피붙이들의 건강과 성공을 구하는 것밖에 없다(물론 불교도 샤머니즘화되어 이런 비판이 무색하긴 하지만 한반도에 전래된 지 겨우 백 년 만에 같은 꼴을 보인 기독교도 할 말은 없다). 이런 면에서 보자면 고등종교로서 자비에 의거한 생명철학을 설파하고 높은 윤리 수준을 요구한 불교가 우리 민족의 삶에 귀한 기여를 한 셈이다.

존경받는 기독교 역사학자인 이만열 교수는 복음이 들어가기 전에 불교나 유교가 있어서 그나마 우리나라가 샤머니즘화한 사회보다는 더 건강한 사회였고 그로 인해 불교를 주신 주님께 감사할 수 있다는 말씀을 한 적이 있다. 나는 여기에서 더 나아가, 유대교 율법이 훗날 기독교 신앙을 위한 몽학선생의 역할을 감당했듯이(갈 3:24, 개역한글) 유불선儒佛仙 3교가 우리 민족에게 복음을 이해하고 받아들이기 위한 인식론적 준비를 해 주었다고 본다. 스캇 펙M. Scott Peck도 역설의 종교인 선불교에 심취했던 경험이 하나님 은혜의 고갱이인 역설성逆說性을 실로 깊은 수준까지 이해하는 데 큰 도움이 되었다고 고백한 적이 있다.

모든 진리는 하나님의 진리이다

나는 그리스도만이 구원의 유일한 길이라고 고백하며 그것을 기독교와 다른 종교를 가르는 임계점으로 본다. 어떤 그리스도인들은 그리스도의 구속은 기독교에서만 배타적으로 주장하는 바이고 하나님(신)의 사랑은 모든 종교에서 말하는 것인데 왜 앞엣것을 고집함으로써 종교 간 우열과 갈등을 유발하느냐고 지적한다. 다원주의 신학자 존 힉John Hick처럼 구원이 그리스도를 통해서 온다는 '그리스도 중심주의Christocentrism'에서 하나님은 모두를 사랑하신다는 '신중심주의theocentrism'로 전환하자고 한다. 나는 이것을 받아들이기 어렵다.

다른 종교에도 구원의 가능성이 있다고 인정하는 진보적인 교회가 아니라면 기독교는 생득적a priori으로 배타적이다. 서강대 종교학과 길희성 교수의 지적처럼 유일신 신앙은 보편성과 배타성이라는 양면을 지니고 출발했다. "자기가 믿는 진리가 만인을 위한 구원의 진리, 전 세계를 위한 보편적 진리임을 확신하면서 그 진리를 모르는 모든 사람, 모든 민족에게 전해야 한다는 선교적 사명감이 강한 종교일수록 진리의 이름으로 '제국주의적' 폭력을 행사하기 쉽다"라는 그의 지적은 단순한 가능성이 아니라 역사적으로 이미 증명된 바이다. '오직 예수'라는 선포에 대해 우리는 '아멘'으로 화답하지만, 다른 사람들은 심한 배타성과 편협함을 느낀다는 점을 이해해야 한다.

그리스도의 유일성을 포기하지 않는다고 해서 다른 종교에 배타적이라는 법은 없다. 레슬리 뉴비긴Lesslie Newbigin이《다원주의 사회에서의 복음》에서 말했듯이, 우리는 "예수님을 주로 인정하지 않는 사람들의 삶 속에서 참빛에 의해 만들어진 모든 그림자를 찾아내고 그것을 반기는 것"은 기꺼이 할 수 있다. 물론 우리는 '몸소 하나님 나라auto basileia'이시며 '몸소 진리auto veritas'이신 그리스도를 인격적으로 알고 그분의 영을 모시고 살아가는 이에게만 구원이 있다고 믿는다. 하지만 전술했듯이, 일반은총의 측면에서 보면 다른 종교에도 진선미의 조각이 존재하며 그것은 하나님의 진선미에서 나온 것이다. 미국 복음주의권의 유명한 대학 휘튼—자칭 '하나님의 대학'이라는 한동대의 모델이기도 했던—의 교수였던 아더 홈즈Arthur F. Holmes의 책 제목처럼 "모든 진리는 하나님의 진리이다All truth is God's truth." 그러므로 불교에 구원이 없다고 해서 불교가 가진 선한 점조차 부정할 필요는 없다. 그것은 하나님의 주권이 다른 종교에는 미치지 않는다고 보는 심각한 하나님 모독이다. 불교가 지닌 빛light이 있다면, 그 역시 하나님의 빛Light에서 나온 것이다.

구원이 진리를 독점할 수는 없다

우리가 구원받은 하나님의 자녀라고 해서 그것이 기독교가 진리의 모든 빛다발을 독점했다는 뜻은 아니다. 이 땅에 속해 있는 이상 우리가 보는 것은 거울을 보듯 희미하고 우리가 아는 것은 언제나 부분적일 수밖에 없음(고전 13:12)을 겸손히 인정할 필요가 있다. 구원의 유무를 떠나 예수 안 믿는 사람이 거듭났다는 그리스도인보다 더 그리스도를 닮은 경우도 적지 않다. 과거 이랜드 사태에서 보듯 소위 하나님의 기업이라는 회사의 대표가 '노조는 빨갱이' 혹은 '노조는 사탄'이라고 주장해서 교회를 노동자의 적으로 몰고 간 반면, 이랜드에서 해고당한 비정규직원들과 아무 이해관계 없는 비기독교인들이 성금을 보내 그들의 복직을 돕는 모습을 보며 마음이 착잡했던 것은 나만이 아니었을 것이다.

더군다나 그리스도인이 아닌 이들이 주님을 모른다고 해서 그들의 삶의 진실성까지 매도할 권한은 없다. 후배 정종은 박사가 예전에 〈복음과상황〉에서 내가 하고픈 말을 시원하게 대신해 주었다.

하나님의 관점에서 진리는 배타적이다. 그러나 피조물인 이상 인간은 그 누구도 배타적인 진리를 독점할 수 없는바, 우리는 나 자신의 신앙과 생활이 진실한 그만큼 여타의 종교인들의 신앙과 생활 역시 정직하고 절실한 것임을 인정해야만 한다. 다시 말해서, 진리와 달리, 진실은 다원적이다. 병든 노부를 위해 매일 아침 목욕 재개를 하고 간절히 불공을 올리는 시골 아낙의 마음은 인간사의 그 어떤 양태보다 진실한 것이다. 만일 이러한 장면에서 당신에게 떠오르는 최초의 개념이 '대적 기도!'라면, 당신은 그리스도와 아주 멀리 떨어져 있는 그리스도인이다. 진실의 다원주의를 부정하고 진리의 배타주의에 고착된 당신, 당신은 선악과를 따먹고서 눈이 밝아져 이미 하나님처럼 되어 버린 사람이다. 인격적인 존재의 조건을 뛰어넘은 당신, 그리하여 인격적인 이웃들의 삶의 조건과 역사, 그리고 그 속에 진하게 배어 있는 살 냄새, 피 냄새, 땀 냄새를 단칼에 쳐 버리는 당신은 바로 신이다. 그러나 나는 결코 당'신'을 믿지 않는다.

뉴비긴이 지적하듯이 "어떤 그리스도인들은 예수 믿지 않는 사람의 삶 속에서 발견되는 신앙심이나 경건함, 고상함을 인정하기를 아주 꺼림칙하게 여기는데 이런 태도는 지극히 불쾌한 것이다. 이보다 훨씬 더 불쾌한 것은, 복음을 그들에게 전달하기 위해서는 그들의 감추어진 죄를 샅샅이 찾아내야 한다는 태도이다." 따지고 보면 이게 바로 정치권에서 쓰는 네거티브 전략이다. 상대 후보의 결점을 집요하게 물고 늘어지며 비방으로 도배하는 네거티브 전략에 눈살을 찌푸리면서도 정작 다른 종교를 욕하는 데 열을 내고 있는 것이 우리 모습이 아니던가. 하지만 생각해 보라. 복음이 이웃 종교를 격하해야만 상대적으로 더 괜찮아 보이는 그런 별 볼 일 없는 것인가! 복음을 전한다고 하면서 그리스도의 십자가를 욕되게 하지 말라. 그럴 시간 있으면 아무리 불교를 치켜올려 세워도 복음의 매력과 능력을 당할 수 없다는 것을 그대의 삶으로 보여 줘라.

성경을 다시 보면

아직도 십계명의 1, 2계명을 조자룡 헌 칼 쓰듯 타종교에 대한 원투 펀치로 휘두르는 교인들을 보면 이웃 종교에 대한 우리의 배타적·호전적 태도가 얼마나 깊게 배어 있는지 절감한다. 하지만 십계명을 다시 읽어 보라. 거기에는 타종교인과 원수를 맺으라는 말이 없다. 다른 신을 두지 말고 우상을 섬기지 말라는 첫 두 계명은 택한 백성 이스라엘, 즉 오늘날 그리스도인들에게 명하는 것이지, 다른 종교인들까지 억지로 그렇게 만들라는 것이 아니다.

바울은 세계 종교의 진열관과 같은 아테네에 가서 온갖 신을 섬기는 시민들에게 신앙심이 깊다(행 17:22)며 점잖게 접근했지, 너희는 우상숭배를 했으니 지옥행이라고 으르지 않았다. 예수만이 길이요, 진리요, 생명임을 알았지만, 한국 교회처럼 아무 때나 "예수 천당, 불신 지옥!"이라며 '경우 없이' 말하지 않았다. 바울이 언제 제우스 신상의 목을 베고 아프로디테 형상에 십자가를 그려 넣었던가? 오히려 바울은 할례를 고집함으로 예수의 십자가 공로에 물을 타는 유대계 교인이나 영육 이원론을 외치는 영지주의 이단에게 분노를 터뜨린 반면, 타종교에 대해서는 공격적인 태도를 내보이지 않았다. 베드로가 우리의 소망에 대해 알고 싶어 하는 이들에게 "공손하고 친절한 태도"로 설명해 주라(벧전 3:15-16, 쉬운성경)고 한 것도 같은 맥락에서 이해될 수 있다. 이런 말씀을 차치하고서라도 "남에게 대접을 받고자 하는 대로 너희도 남을 대접하라"(마 7:12)라는 주님의 황금률 하나만 실천해도 한국 교회는 '무례한 개독'이란 오명을 넉넉히 벗을 것이다.

코다: 대적이 아닌 이웃으로

사랑에 대한 요한의 유명한 가르침은 내게 "사랑 안에 두려움이 없고 온전한 사랑이 (다른 종교를 향한) 두려움(과 적개심)을 내쫓나니"(요일 4:18)라고 읽힌다. 부디 종교인이기 이전에 인간이 되라. 타종교인들을 경쟁자나 대적의 대상으로 보지 말고 사랑할 이웃으로 보라. 그 사랑 안에서 우리는 자신의 신앙을 지켜가되, 배타적이지 않을뿐더러 주님의 성품을 닮은 참된 선교의 길을 발견할 것이다.

투표하는 예수

정치적인, 너무나 정치적인

바야흐로 탈정치의 시대이다. 한국 사람치고 '정치'라는 말에 좋은 느낌을 갖는 이는 없을 것이다. 기분 좋은 자리에서도 정치 얘기만 나오면 분위기가 착 가라앉는다. 국민이 가장 신뢰하지 않는 사람은 단연 정치인이고, "한국은 정치 빼놓고 뭐든 잘한다"라는 말은 뉴스 기사의 단골 베스트 댓글이다. 이러니 선거 때마다 투표율이 낮지는 않을까 염려하는 게 당연하다. 한편으로 정치 혐오는 국민들로 하여금 정치에 무관심하게 만들어 지배층이 손쉽게 권력을 유지하려는 전략이란 지적도 나온다.

그리스도인들, 특히 젊은 그리스도인들 역시 정치에 대해서는 무심하고 무식하다. 별 시답잖은 연예인 소식이나 스포츠 경기 결과는 깍듯이 챙기고 명품 할인 소식이나 맛집 정보에는 눈빛이 달라지면서, 정치라면 노골적으로 따분하다는 표정을 짓는 친구들을 보면 솔직히 화가 난다. 이들이 사회정치적인 이슈에 관심을 가질 때는 자신의 이해와 관련이 있거나 흥미로운 가십 거리가 터질 때뿐이다. 이러니 닐 포스트먼Neil Postman이 《죽도록 즐기기Amusing Ourselves To Death》에서 오늘날엔 종교이든 정치이든 무조건 재미있어야 한다고 꼬집은 게 아닌가.

　이명박 정부가 4대강 공사를 강행할 때 강바닥을 파내고 공 구리를 치면 생명의 젖줄이 회복될 수 없다고 역설해도 남의 일 처럼 심드렁한 얼굴을 하다가—자기 목숨은 강과 아무 관련이 없을 것 같은가? 인간이 얼마나 의존적인 존재인지 뼈저리게 느 끼게 되리라—4대강 공사로 낙동강 녹조가 심각해져서 마이크 로시스틴이란 독성 물질이 급증했고 이에 따른 상수도 오염 문 제는 물론 그 물로 농사를 지은 벼도 독성이 잔존할 수 있다고 하 면 그제야 진짜냐고 반응하는 그리스도인을 보면 그 이기심에 가슴이 턱 막힌다. 이들이 정말 거듭난 그리스도인인지조차 의 심스럽다.

정치적이지 않은 죄

　다른 사람은 어찌하든 그리스도인이 정치에 무관심한 것은 죄이다. 정치는 부와 권력을 창출, 분배하는 구조를 결정짓고 백 성의 삶은 그에 따라 큰 영향을 받기 때문에, 정치에 적극적이 지 않는 이상 주님이 말씀하신 이웃 사랑은 물론, 구약의 하나님 이 입만 열면 말하는 공의를 이룰 수가 없다. 더구나 오늘날 우리 는 '일상의 정치학' 시대를 살아가고 있다. 건강보험료 인상, 내 신 성적의 대입 반영 비율, 안정된 주택 공급, 직장 내 성차별, TV

쿠바 아바나의 거리에서 헤수스Jesus라는 이름의 화가를 만났다. 자신의 작품을 내놓고 판매했는데, 십자가 처형을 그린 그림이 단연 눈에 들어왔다. 창에 찔린 예수의 옆구리에 체 게바라를 그린 점이 흥미롭다고 하자 "라틴 아메리카에서 체 게바라는 예수 그리스도"라는 말을 들려줬다. 교회가 불의한 사회구조에 침묵할 때 혁명가가 예수의 자리를 대신한다.

시사 프로그램의 논조, 장애인 및 다문화가정 지원, 저소득층에 대한 세금 감면에 이르기까지 정치와 관련되지 않은 문제는 없다. 환경과 생태 문제는 물론 안전한 먹을거리 문제조차도 정치적인 문제이다. 그런데도 입만 열면 이웃 사랑을 말하는 분들이 정치적 사안에 관심을 갖지 않고 어떻게 이웃을 사랑하겠다는 것인가? 열심히 전도하고 구제 헌금 좀 내면 이웃 사랑을 다하는 것인가?

작가이자 평화주의자였던 이블린 언더힐Evelyn Underhill은 기독교가 두려움의 반대급부로 봉사를 강조하는 경향이 있다고 지적했다. 정의를 강물처럼 흐르게 하려면 정치 참여가 필수이지만 이를 두려워하는 주류 기독교는 죄책감을 덜기 위해 봉사만을 강조한다. 한국 교회가 가난한 '개인'을 돕기 위해 기꺼이 '구제'하면서도 정작 가난한 '계층'을 돕기 위해 사회 '구조'와 '제도'를 바꾸려고 하지 않는 모순을 보이는 것도 이 때문이다. 하지만 불의한 사회 구조와 맞서 싸우지 않는 봉사와 구제는 기존 체제를 유지하고 강화할 뿐이다. 브레히트Bertolt Brecht는 그의 시 "임시 야간 숙소"에서 이렇게 노래했다.

듣건대, 뉴욕
26번가와 브로드웨이의 교차로 한 귀퉁이에
겨울철이면 저녁마다 한 남자가 서서
모여드는 무숙자들을 위하여
행인들로부터 동냥을 받아 임시 야간 숙소를 마련해 준다고
한다.

(중략)

몇 명의 사내들이 임시 야간 숙소를 얻고
바람은 하룻밤 동안 그들을 비켜 가고
그들에게 내리려던 눈은 길 위로 떨어질 것이다.
그러나 그러한 방법으로는 이 세계가 달라지지 않는다.
그러한 방법으로는 인간과 인간의 관계가 나아지지 않는다.
그러한 방법으로는 착취의 시대가 짧아지지 않는다.

더구나 한국 교회가 입만 열면 말하는 경건은 경건의 시간만으로는 얻어질 수 없다. 경건하고자 하는 자는 반드시 정치적이어야 한다. 야고보 사도에 의하면 경건이란 고아와 과부를 그 곤란 중에 돌보고 자신을 지켜 세속에 물들지 않게 하는 것이다(약 1:27). 고아와 과부란 사회경제적 보호 장치가 없는 약자, 오늘날로 치면 저소득층, 독거노인, 소년소녀가장, 미혼모, 이주노동자, 일용직과 비정규직 등이 해당할 것이다. 이들을 돕되 일회적 구호가 아니라 다른 약자를 돕는 자로 설 수 있는 수준의 자립을 꾀하려면 구조적 불의와 맞서 싸우지 않으면 안 된다. 한국 교회에서 이를 행하려는 자는 대개 '좌빨'로 찍혀 핍박받기 십상이지만, 보라. 경건하게 살고자 하는 자는 고난을 당한다고 하지 않았는가(딤후 3:12).

누구를 뽑아야 하는가
그리스도인이라면 어떤 당을 지지하는 것이 이웃을 사랑하는 길인지, 어떤 후보를 찍는 것이 '고아와 과부'를 신원하는 길인지 알아야 한다. 알지 못하면 내가 캐나다 살 적에 우리 동네한 백인 엄마처럼 다음 선거엔 서민들을 위해 보수당을 찍겠다며 호기를 부리게 된다. 전통적으로 보수가 있는 사람들을 위하고 진보가 없는 사람들을 위한다는 걸 모르는 소치이다. 미국에 가면 공화당과 트럼프를 지지하면서 인종차별이 여전하다며 불평하는 한인들이 있다. 전통적으로 보수가 백인 우월적이고 진보가 유색인 포용적임을 모르는 것이다. 그런 사람들은 한국에도 있다. 상류층에 속한 사람이 보수정당을 지지하는 것이야 자연스러운 일이겠지만 생활보호 대상자와 장애인들이 자신들을 위해 책정된 복지 예산을 보수정당이 삭감한 것도 모르고 맹목적 지지를 보내는 걸 보면 '무지가 죄'라는 탄식이 절로 나온다.

그럼 누구를 뽑아야 하는가. 하나님 나라의 가치인 정의와 평화를 북돋을 사람을 뽑아야 한다. 나와 내가 속한 집단의 이익을 제대로 챙겨 줄 사람이 아니라 사회적 약자와 소수자를 위하는 사람, 남북·동서·계급 갈등을 치유하고 화평을 가져올 사람을 선발해야 한다. 하지만 손봉호 교수가 지적하듯, 정의를 행할 강력한 의지는 있지만 그것을 정책에 반영하고 실현할 수 있는 능력이 없다면 착한 시민이 될 수는 있을지언정 정치가의 자격은 없다. 일부 정치인들은 그동안 지역감정만 부추겨도 '따 놓은 당선'이었기에 정책 개발에 게으르기 일쑤였고 내놓는 정책이라야 그 나물에 그 밥이거나 허황된 개발 공약이 고작이었다.

앞으로는 저소득층, 비정규직, 농민, 여성, 장애인, 이주노동자 및 생태계의 눈물을 닦아 주고 국민이 일한 만큼 정직하게 벌어 행복하게 살 수 있게 하는 실질적인 정책을 내놓는 사람을 뽑아야 한다. 이를 위해서는 시간과 수고를 들여 누구의 정책이 더 나은지 '공부'해야 한다. 이러한 기본적인 수고도 없이 입바른 소리로 "그놈이 그놈이지" 한다면 어떻게 이 땅에 그리스도의 계절이 오겠는가. 그러면서도 예배 시간에는 잘도 "이 땅 고쳐 주소서"라고 노래하더라. 그렇게 알아보고 나서도 찍을 사람이 마땅치 않다면 차선이라도 찍어라. 차선조차 없다면 차악이라도 찍어라.

지지 후보를 정함에 있어 한국 교회는 같은 교인을 도두보는 성향이 강하다. '그래도 기도하는 사람이 낫겠지' 하는 마음으로 붓두껍을 누른다. 하지만 결론부터 말하자면 장로 대통령이나 집사 국회의원은 잊어버려라! 물론 예수 믿는 사람이 앞에서 언급한 아름다운 정책을 실현한다면 더 바랄 나위가 없을 것이다. 그러나 한국 개신교는 뿌리 깊은 이원론으로 인해 교회 밖에서, 특히 온갖 음모와 술수가 가득한 정치판에서 올곧게 기독교적 가치를 구현할 만큼 성숙한 사람이 있다고 보기 힘들다. 이미 이승만, 김영삼, 이명박 세 장로 대통령을 경험하며 혹독한 대가를 치른 바 있건만 여전히 기독교 정치인에게 미련을 못 버린 사람들이 많은 것 같다. 세 번이나 나라에 망조를 들게 했으면 양심이 있어야지 무슨 낯짝으로 뻔뻔하게 또 장로 대통령, 전도사 출신 대통령 운운하는가. 하다못해 야구에서도 스트라이크 세 번이면 아웃이고, 쓰리 아웃이면 이닝 종료이다.

나의 신앙적 양심으로

누군가 자신이 지지하는 후보나 정당을 밝히면서 "OOO이 대통령이 되는 것이 하나님의 뜻"이고 "OO당을 지지해야 성경적"이라며 '홀리'한 수사를 동원한다면 한 귀로 듣고 한 귀로 흘려라. 이상하게 들릴지 모르지만 순수하게 신앙적이고 성경적인 관점이란 없다. 우리는 '자신의 신앙적 양심'과 '자신이 속한 교회의 전통'에 따라 사회정치적인 영역에서 하나님의 뜻을 헤아리게 된다. 예를 들어 기독교의 정치 참여가 활발한 서구 사회를 보면, 진보적인 기독교 정당은 성장 대신 분배 중시, 유색인과 이민자에 대한 친화적인 정책, 반핵반전, 노동자 지지, 여성의 자유를 중시한 낙태 허용, 세금 증가 및 복지 확대 등의 입장을 고수하는 반면, 보수적인 기독교 정치인들은 분배 대신 성장 중시, 백인 중심적이고 민족주의적 정책, 핵무장 지지, 자본가 지지, 태아의 생명을 중시한 낙태 금지, 세금 삭감 및 복지 감소를 주장한다. 양쪽의 입장 모두 성경적인 근거를 끌어올 수가 있는데 한쪽이 절대선이고 다른 쪽이 절대악이라고 누가 말할 수 있겠는가? 한국의 경우를 보면 한 교회 교인이라고 해도 개인과 집안의 성향(보수적이냐 진보적이냐), 억압과 착취의 경험(공산주의에게 당했느냐, 아니면 독재, 미군, 재벌에게 당했느냐), 출신 지역(전라도이냐 경상도이냐), 거주지(농민이냐 도시민이냐), 계층(고소득층이냐 저소득층이냐)에 따라 정치색이 달라질 수밖에 없다. 그런데도 자신의 정치적 입장을 성경적이라며 가르치는 목회자는 비난받아 마땅하다.

프랑스의 그리스도인 사상가 폴 리쾨르 Paul Ricoeur 는 "그리스도인이기 때문에 왕당파이다"라고 한 폴 라베르기스에 반대해 "그리스도인이기 때문에 사회주의자이다"라고 말하되 자신의 정치적 입장을 종교적 수사로 채색하지 않았다(노파심에 하는 말인데 리쾨르가 말한 유럽식 사민주의를 북한식 사회주의로 간주하지 말라. 북한 체제는 사회주의의 탈을 쓴 최악의 전체주의에 불과하다). 리쾨르는 자본주의는 이기주의와 이해관계의 극치이며 인간이 서로를 적대하는 정글이기 때문에 그리스도인은 자본주의를 거부할수밖에 없다고 했다. 그는 자본주의의 대안으로 사회주의를 선택했지만 그것을 '자신의' 정치적 입장이라고 했지, 일부 한국 교회 목사들처럼 하나님의 뜻 운운하며 미화하지 않았다. 그의 이러한 신중함과 솔직함은 사회주의를 택한 그의 '개인적' 지향을 한결 더 '기독교적'으로 보이게 한다.

보수와 진보의 조화로운 역동성

그리스도인들은 보수적일 수도 있고 개혁적일 수도 있고 혁명적일 수도 있다. 하나님 역시 보수적 속성, 개혁적 속성, 혁명적 속성을 다 가지셨고, 자신의 모습을 따라 이 세상에 보수파와 개혁파와 혁명파를 고루 허락하셨다. 알다시피 보수가 득세하고 진보가 미약하면 사회가 고인 물처럼 썩어들어 간다. 반면 진보가 절대다수가 되어 보수를 억누르면 계속된 변화로 사회가 불안정해진다. 그러므로 양자 간의 역동적인 균형과 조화가 중요하다.

하지만 한국은 분단과 독재라는 특수한 상황으로 진보 정치가 정착할 수 있는 여건이 조성되지 못했다. 리영희 선생이 우리

사회의 근본 모순이 '분단 모순'(남북 분단)이라고 지적했듯이 정부를 비판해도 빨갱이, 북한과 대화하자고 해도 빨갱이, 자본주의의 문제점을 비판해도 빨갱이, 노동운동을 해도 빨갱이로 낙인찍혔고 지금도 크게 다르지 않다. 우리나라에선 중도 개혁 혹은 중도 좌파 성향의 김대중, 노무현, 문재인 정권을 진보로 보는데 이는 긴 세월 극우 보수적인 분위기에서 살아온 탓에 약간의 좌파적 성향조차 진보로 간주하는 것이다. 우리나라 정치 구도가 영남 대 호남의 지역 대결 구도가 아닌 보수, 중도, 진보의 정책 대결 구도로 바뀌려면 민주당보다 더 진보적인 기치를 든 정당이 더 많은 표와 의석을 차지해야 한다고 생각한다.

아 그리고, 신앙적 보수가 정치적 보수를 의미하지는 않으며 그럴 필요도 없다. 그런데 현실을 보면 보수 교회는 기득권층을 대변한다는 비판을 받을 정도로 정치적으로도 보수 일색이다. 그러다 보니 교회 안에서 정치적 다양성을 인정하지 않고 진보적 정치색을 가진 형제자매를 정죄하기까지 한다. 이러한 실정에서 김회권, 이문식 목사님처럼 복음주의 신앙을 고백하면서도 사회정치적으로는 진보적 입장을 가진 목회자들이 더 많이 나왔으면 좋겠다. 오래전 미국의 이라크 침략에 반대하여 인간 방패로 간 유가일같이 복음주의 출신의 반전평화운동가도 나오고, 존 스토트처럼 복음주의 신학자이면서 양심적 병역 거부자인 사람도 나왔으면 좋겠다.

코다: 온몸으로 투표하라

때로 우리의 정치적 선택은 어리석기도 하고 편견에 가득

차기도 한다. 내가 틀릴 수 있다고 인정하면서 겸손하게 신의 조명과 인도를 구해야 하는 이유가 여기에 있다. 하지만 기도한다고 해서 나의 정치적 선택을 종교적 어휘로 덧칠해서는 안 된다. 깨어 있는 시민으로 자신의 신앙적 양심에 따라 투표하되 우리 개개인의 선택이 이 땅을 향한 하나님의 섭리라는 퍼즐의 한 조각으로 아름답게 사용되기를 바란다.

내가 행사하는 한 표가 얼마나 소중한지, 한 표를 행사하는 의미가 무엇인지 가슴 뜨겁게 밝혀 주는 헨리 데이비드 소로우의 말로 글을 맺는다.

당신의 온몸으로 투표하라. 단지 한 조각의 종이가 아니라 당신의 영향력 전부를 던지라.…소수가 무력한 것은 다수에게 다소곳이 순응하고 있을 때이다.…그러나 소수가 전력을 다해 막을 때 거역할 수 없는 힘을 갖게 된다.

동네 예수

___

지역적인, 너무나 지역적인

이웃 사랑을 강조하지 않는 교회는 없지만, 이웃을 제대로 아는 교회도 별로 없다. 대부분의 교회는 자신이 속한 지역사회를 알려는 노력은 물론 기도도 부족하다. 보수 신앙을 고백하는 교회는 더욱 그러하다. 보수적인 교회에 기도가 부족하다니 무슨 소리냐며 발끈하겠지만 지역사회를 품고 섬기려는 구체적인 기도가 충분한지 묻는다면 흔쾌히 답하지는 못할 것이다.

여러분은 자신이 사는 지역의 시장이나 군수, 구청장의 이름을 알고 있는가? 이 정도는 답하는 분이 꽤 될 것이다. 그렇다면 대통령을 위해 기도하듯이 시장과 구청장의 이름을 불러 가며 기도하는가? 아마 별로 없을 것이다. 자기 동洞에서 선출한 시의회의원의 이름을 물어보거나 동사무소의 동장을 위해서 기도하느냐고 물어보면 멋쩍게 웃는 사람이 대다수일 것이다. 하물며 동네 저소득층의 비율이 얼마나 되는지, 소년소녀가장이나 독거노인, 다문화가정의 수는 얼마나 되는지 알고 있을 리가 없다. 이래서는 지역사회를 위한 중보와 섬김이 바른 방향을 잡을 수가 없다.

복음서를 보면 예수의 가르침과 치유 사역은 항상 지역 공동체local community에 초점이 놓여 있었다. 예수님이 가버나움을 갈릴리 사역의 전초기지로 삼았던 점이나 사마리아 사역을 수가성 여인에게서 시작한 점은 한 지역을 이해하고 그 지역에 밀착된 사역의 본을 보여 주는 것이다.

알면 사랑하게 되고 사랑하면 알고 싶어진다

지역에 뿌리내린 사역을 하려면 아무래도 지역의 뿌리부터 알아보는 게 순서렷다. 내가 몸담은 지역의 역사, 지명의 유래, 명승지, 역사적 인물 등을 검색해 보라. 내가 속한 땅을 알아 가는 것은 무척 즐거운 작업이다. 지역의 자연과 생태도 알아보라. 식물도감이나 식물 어플리케이션에서 우리 동네 가로수와 길섶에 피는 꽃의 이름을 찾아보라. 집 주위에서 흔히 마주치는 잡초의 이름을 익히면서 버스 정류장에 돋아난 풀 한 포기에게도 '우리 동네 풀'이라는 애틋함을 갖게 되었다. 지역 생태계를 정리한 자료를 참고하면 더 좋다. 소싯적 서울 변두리 광명시에 살았던 나는 광명의 생태 자료를 구할 수는 없었지만 대신 거의 같은 자연환경을 가진 이웃 도시 안양에서 펴낸 《안양의 자연》을 입수해서 지역 생태계에 대한 이해를 도모했다. 그게 20대 초반이니 벌써 30년 전 일이다.

우리 지역의 교회사도 알아보라. 지역사회에 복음이 처음 들어온 게 언제인지, 존경할 만한 신앙 인물은 누구인지 공부해 보라. 기독교 유적이나 역사가 오래된 교회가 있다면 더할 나위 없이 좋은 산교육의 장이 될 것이다. 더불어 지역사회의 종교 현황을 포함해 우리 지역에 특별히 강한 종교색이 무엇인지 파악할 필요가 있다. 이런 지식이 구비되면 지역의 영성에 대한 감수성이 자라나고, 지역의 독특한 영들에게 보다 효과적으로 대비할 수 있게 된다.

나아가 지역사회를 통전적·입체적으로 섬기기를 원한다면, 지역 주민의 직업 및 소득 분포는 물론이고 주민들이 어떤 부분에서 버거워하고 목말라하는지 연구할 필요가 있다. 특히 구제와 섬김을 베풀기에 앞서 우리 지역의 누가 구약에서 말하는 '고아와 과부'인지 알아봐야 한다. 이를 위해 지역사회의 시민단체나 시(구)청 및 동사무소 방문은 필수이다. 캐나다 시절 몸담은 흑인 커뮤니티 교회에서도 지역사회를 알기 위한 공부를 반년 이상 열심히 했다. 지역사회의 복지사social worker를 찾아가 이야기를 듣고 각종 자료를 구해 읽으며 지역 주민들의 실제적인 필요를 파악하려고 했다. 교회에서 매번 성경 공부만 하지 말고 지역 공동체를 이해하려는 노력을 꾸준히 해 나간다면 이후 모임의 질과 방향이 달라지는 경험을 할 것이다.

이렇게 지역사회를 알게 되면 사랑하게 되는 것은 당연한 수순이다. 사실 지역사회에서 많은 시간을 보내는 것보다 우리 동네를 향한 애정을 북돋는 것도 없다. 지역 공동체 시설을 자주 이용하고 동네 사람들과 자주 마주치라. 공원, 약수터, 산책로,

도서관, 문화쉼터 등을 즐겨 찾고, 하다못해 골목길 평상이나 놀이터 벤치라도 자주 이용하라. 식당과 카페도 강남이나 이태원으로 건너가지 말고 사는 동네에서 보물찾기처럼 발굴하라. 걸어갈 수 있는 거리에 맘에 드는 카페와 서점이 있는 것만으로도 삶의 질이 확 올라간다.

　지역을 답사하는 것도 좋은 방법이다. 고등학교 시절 엉터리 록밴드인 '지랄그룹'을 할 때 친구들과 동네 구석구석을 걸어다니며 내가 발붙이며 살던 곳을 사랑하려고 했던 기억이 난다. 연애도 마음 푸근한 동네에서 하면 좋다. 시내 유명한 데이트 코스도 좋고 연인이 즐겨 찾는 명소도 좋지만, 나중에 시간이 지나고 보면 늘 거닐던 동네 골목에서 쌓은 추억이 가장 오래간다. 우리 마을의 좋은 점을 열 가지씩 써 보는 것도 애향심을 먹이는 데 큰 도움이 된다. 동네 사람들이 다정해서, 지척에 산과 개천이 있어서, 정겨운 재래시장이 있어서, 산동네라 전망이 좋아서, 가성비 좋은 맛집이 있어서, 대중교통이 편리해서, 집값이 싸서, 어려서부터 자라난 곳이어서 등등 무엇이든 좋다.

지역교회가 '지역'교회 되기 위하여

　지역교회는 말 그대로 지역의, 지역에 의한, 지역을 위한 교회이다. 그런데도 정작 구제와 섬김을 실천할 때 보면 지역사회가 아닌 매스컴에 알려진 곳에 재정과 인력을 보내는 경우가 잦다. 그래서는 진정한 의미의 지역교회가 되기 어렵다. 코스타스 Orlando E. Costas가 말한 대로 이웃을 사랑할 때에는 가장 가까운 이웃에서부터 시작하라. 그런 발로에서 나는 한국에 있을 때는 우리 동네 야학과 옆 동네 장애인 공동체를 섬겼다. 프랜차이즈보다 동네 가게를 즐겨 이용한 것도 가까운 지역 사랑의 표현이었다. 토론토에서는 여름이면 옆집 잔디를 깎아 주고 겨울이면 앞집 눈을 치워 줬다. 뜻 있는 주민들이 공원 청소를 할 때면 같이 어울려 쓰레기를 주웠다. 한국에 돌아오기 전에는 토론토에서 가난하고 위험하다고 알려진 지역의 교회(흑인이 90퍼센트 이상인 다인종교회)를 다니면서 어떻게 지역 주민을 섬길까 궁리했다.

지역사회를 내 몸처럼 사랑하는 지역교회가 되려면, 돈과 물건을 전달하는 단순 구제에 그쳐서는 안 된다. 하나님의 정의와 평화가 지역사회에 돋아나려면 사회적·경제적·생태적·문화적 실천이 뒤따라야 한다. 이를테면, 가난한 이들을 위한 지자체의 조례 개정에 힘을 보태고, 실업이 증가할 때 교회가 파트타임 일거리를 제공하고, 지역의 부동산 투기를 막는 일에 교회가 나선다면 얼마나 귀하겠는가. 개발우선주의에 맞서 지역 생태계를 보호하고, 지역의 문화예술 활동을 후원하고, 생협 운동을 통해 건강한 먹을거리를 공급한다면 얼마나 멋지겠는가. 사교육이 버거운 저소득층 자녀들을 위한 공부방을 운영하고, 이주노동자와 다문화가정을 돕기 위한 바자회를 열고, 지역 갈등을 해결하는 피스메이커 사역에 앞장선다면 얼마나 아름답겠는가.

교회가 지역사회를 위해 감당해야 사역은 셀 수 없이 많다. 이를 위해 지역단체장은 물론 지역시민단체 및 다른 종교 기관과 즐겨 협력하라. 하나님은 사람을 사용함에 있어 제약이 없으시고 주님을 인정하지 않는 이들을 통해서도 즐겨 일하신다. 바벨론 왕 느부갓네살을 이스라엘 심판을 위해 사용하시되 하나님

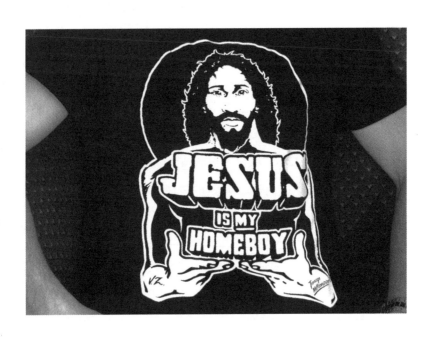

'홈보이'는 아주 가까운 친구 혹은 고향 사람을 뜻한다. 이 글의 맥락에선 예수님이 우리 동네 친구이길 바라는 맘을 담았다. "Jesus is my homeboy"는 한때 제시카 심슨, 브래드 피트 등이 입어서 화제가 되기도 했다.

을 알지도 못하던 그를 수차례 "내 종"(렘 25:9)이라고 부르셨음을 염두에 두라.

리처드 호슬리의 말대로 주님의 공생애 사역은 철두철미하게 작은 마을 단위로 이루어졌다(막 1:38). 큰 비전과 작은 실천을 좀체 함께 가져가지 못하는 우리와 달리 주님은 인류의 대속을 위해 십자가에서 전 지구적으로globally 죽으셨지만 실제 사역에 있어서는 철저히 지역적으로locally 섬기셨다. 오늘날 지역교회가 주님의 본을 따라 지역사회의 선한 풀뿌리가 되고자 하는 노력을 묵묵히 해 나간다면, 대형교회들이 어이없는 짓거리로 국민의 지탄을 받더라도 "우리 동네 교회는 아냐. 내가 교회는 안 나가지만 얼마나 훌륭한데…"라는 소리를 듣게 될 것이다. 교회가 살아나는 것이 곧 지역이 살아나는 것이 되는 날이 온다면 백성에게 칭송받는 것은 물론 구원받는 이의 수도 늘어날 것이고(행 2:49) 하나님께도 큰 영광이 될 것이다.

동네 가게를 아끼는 그리스도인

아주 사소한 일로 보이지만 대형마트 대신 동네 가게를 이용하는 것도 지역사회를 섬기는 한 몸짓이다. 이것은 단순한 취향의 문제가 아니라 자본의 공세에 무너져 가는 지역 경제local economy와 그에 기반을 둔 지역성locality을 살리려는 고귀한 실천이다.

동네 미용실이나 안경원에도 대기업의 진출을 허용하여 서비스의 질을 높여야 한다는 분들이 있다. 규제를 철폐하고 자율경쟁에 맡겨야 한다는 주장은 신학적·인문학적으로 볼 때 지역성을 전혀 고려하지 않은 발상이다. 기독교 작가이자 사상가인 웬델 베리Wendell Berry는 유독 지역성에 주목한다. 그에 의하면 프랜차이즈는 지역사회에 돈을 순환시키지 않는다. 변두리의 돈을 펌프질해서 중앙으로 퍼 올릴 뿐이다. 프랜차이즈가 없었던 시절에 우리가 동네 가게에서 쓴 돈은 지역을 돌며 지역민을 살렸지만, 오늘날 내가 대형마트와 프랜차이즈에 뿌린 돈은 내가 발 딛고 살아가는 곳을 살리지 못한다. 살리기는커녕 부의 집중화로 작은 가게를 죽인다. 옛말에도 천석꾼 하나 나면 삼십 리 안이 다 망한다고 하지 않았는가.

웬델 베리는 《섹스, 경제, 자유, 커뮤니티 Sex, Economy, Freedom and Community》에서 말한다. "당신이 당신을 모르는 사람에게 의존하고 있고, 당신을 모르는 이가 당신의 생필품을 지배하고 있다면, 당신은 자유롭지 않으며 안전하지도 않다." 그 단적인 예로 우리는 대형 식품 회사에 의존하는 우리의 먹을거리가 안전하지 않음을 알고 있다. 지역 공동체는 외부의 자본에 종속될 때 파괴된다. 그리고 지역성의 파괴는 묘하게도 섹스의 타락을 가져오고 참된 자유의 개념을 앗아 간다는 것이 베리의 통찰이다.

《88만원 세대》의 공저자 우석훈이 제안한 대로 젊은이가 동네 커피숍을 차리고 같은 세대인 젊은이가 스타벅스 같은 프랜차이즈 대신 그 커피숍을 이용한다면 청년 실업 문제가 해결되고 대형 자본의 횡포에 굴복하지 않는 가능성을 발견하게 된다. 커피숍뿐이겠는가. 가능한 가게는 무수히 많다. 비록 일본의 사례이기는 하나 《가난뱅이의 역습》을 쓴 마스모토 하지메와 그의 친구들은 그러한 가능성을 유쾌 상쾌 통쾌하게 현실화해 냈다.

뜻 있는 젊은 그리스도인들의 실천으로 돈이 청년들 안에 돌기 시작하고, 마침내 자신들의 세대를 살리고 무너져 가는 지역사회를 살릴 수 있다면 얼마나 근사하겠는가.

코다: 이는 내 사랑하는 도시요

헨리 나우웬Henri Nouwen은 그의 생애 마지막 해의 일기를 담은《안식의 여정》에서 내가 10년 가까이 살았던 도시 토론토를 향한 사랑을 이렇게 고백하였다.

> 9월 13일 수요일 (…) 토론토를 사랑한다는 기분이 들기는 처음이다! (…) 토론토에서 9년을 산 후 이제야 나는 여기가 나의 도시요 내가 속한 곳이라는 기분이 들기 시작한다 (…) 이번 주에 토론토의 스카이라인을 여러 번 보면서 나도 모르게 이런 말이 새어 나왔다. "여기는 나의 도시요 나의 집이다. 가슴이 벅차다. 아름다운 곳이다. 여기 산다는 것이 뿌듯하다." 놀라운 느낌이다. 소속감이다. 어젯밤 나는 두 친구 캐리와 제프를 CN 타워 꼭대기의 회전 식당으로 초대해 저녁을 함께 먹었다. (…) 그렇게 도시를 굽어보노라니 이곳을 더 알고 싶은 마음, 이곳을 진정 내 도시요 내가 사랑할 수 있는 도시로 삼고 싶은 열망이 생겼다.

하늘 높은 날이면 뒷동산에 올라가 동네를 내려다보라. 하나님이 당신을 부르신 그 땅에, 하나님이 당신을 심으신 그곳에 눈으로 입맞춰 보라. "이곳이 나의 집이요, 나의 마을이요, 나의 사랑하는 도시이다!"라고 외쳐 보라. 주님이 거기에 계심이 느껴지지 않는가. 섬겨야 할 사람들이 보이지 않는가. 그 땅이 기뻐하는 소리가 들리지 않는가.

웰빙 예수

못나게 살아가려는 이들을 위한 노래

요즘에도 설교를 듣다 보면 가끔 이렇게 말하는 목사님들이 있다. "기독교가 들어간 나라는 하나님 복 받아서 잘살고 다른 종교를 믿는 나라는 저주를 받아서 못 산다. 한눈에 봐도 개신교 국가가 제일 잘살고 천주교 믿는 나라가 그다음, 불교 믿는 나라가 제일 못살지 않나. 아직도 그걸 모르고 우상을 섬기는 나라를 보면 정말 어리석다." 나는 그런 말을 들으면 창피해서 얼굴이 벌게진다. 막스 베버Max Weber의 《프로테스탄트 윤리와 자본주의 정신》이 밝혀 주듯, 기독교가 근대 산업 자본주의 발전의 정신적 동력이 된 것은 맞다 쳐도 소위 기독교 국가가 독점하고 있는 부富가 복음적 가치가 구현된 결과라기보다는 식민주의와 같은 맘몬 숭배의 결과물이 아닌가.

기독교 국가의 더러운 치부

서구 열강(과 그 뒤를 따른 한국)이 부를 축적해 온 과정의 이면을 살펴보면, 그네들의 풍요로움이란 것이 식민지 경영 이후 뺏고 죽여서 이룬 것이고, 산업혁명 이후로는 노동자를 착취하고 자연을 파괴하면서 이룬 것임을 알게 된다. 초기 공장 노동자들은 하루 18시간 이상 중노동에 시달렸고 비인간적인 노동환경 속에 허다한 약자들, 특히 어린이 노동자들이 숱하게 죽었다. 멀리 갈 것 없이 1970년대 우리나라 미싱공들이 그런 처지에서 일했고, 그 여공들을 위해 눈물로 기도하던 기독 청년 전태일은 분신을 택했다. 21세에 와서도 다국적기업은 제3세계 노동자와 어린이에게 여전히 몹쓸 짓을 한다.

공장을 돌리는 대신 돈을 굴려 돈을 버는 금융 자본주의 시대에도 변한 것이 없다. 월스트리트를 중심으로 한 금융 제국주의는 합법적인 금융 투기를 통해 가난한 나라를 등쳐먹는다. 핫머니의 유입을 통해 어지간한 나라 하나쯤 쥐락펴락하는 것이야 일도 아니란 걸 한국 역시 IMF 시절 경험한 바 있다. IMF 시절 대량 정리해고의 후유증으로 깨진 수많은 가정과 자살한 실직자들은 악마적 자본의 직접적인 피해자들이었다.

경제개발과 소비문화를 위해 고통받은 것이 사회적 약자만은 아니었다. 생태적 약자인 자연 역시 처참하게 부서졌다. 산업화 이후 알량한 돈벌이를 위해 어머니 자연을 어떻게 강간하고 능멸했는지는 굳이 쓰지 않아도 다 알 것이다.

강대국들은 자신들의 국익을 위해서라면 다른 나라에 대한 내정간섭은 물론이요 고분고분하지 않은 정부를 전복시키기도

한다. 켄터키의 농부이며 작가이자 기독교 사상가인 웬델 베리가 9·11 사태가 터지고 나서 쓴 영감 깊은 글 "공포의 임재 속에서In the Presence of Fear"에서 지적한 것처럼, 미국이 자국의 소비 수준을 유지하기 위해 약소국을 억압하고 착취하는 '폭력의 경제'를 지속하는 한 필연적으로 피억압 국가의 반미운동을 불러오고 9·11 같은 테러 공격을 유발하게 될 것이다.

하나님은 우리의 삶의 질이 높아지기를 원하시며 거기에는 어느 정도의 물질적 풍요로움도 포함된다고 생각한다. 하지만 그것이 서구의 소비주의와 같은 것은 결코 아닐 것이다. 세상 모든 나라가 미국 수준의 물질적 풍요를 누리려면 지구가 서른 개라도 모자란다는 연구 결과가 있다. 한쪽이 물질적 풍요로움을 포기하지 않는 한 착취는 불가피하고 당하는 쪽은 역사가 증명하듯 언제나 약자이다. 도스토예프스키의 말마따나 "나의 행복을 위해서 타인의 불행을 전제로 하는" 수밖에 없는 것인가.

우리가 대체 무슨 짓을 하고 있는 건지

한국은 서구를 뒤좇아 산업화의 길을 치열하게 밟았고, 채 반세기가 못 되어 대단한 풍요를 누리고 있다. 하지만 우리가 진실로 복음적인 참살이wellbeing를 누리고 있는가 생각해 보면 탄식이 절로 나온다. 절대빈곤에서 벗어나 전에 없던 넉넉한 생활을 구가하고 있지만, 우리가 이룬 세상은 과연 아름다운가. 부익부 빈익빈이란 말이 차라리 정겹게 느껴지는 강자 독식의 세상, 자신의 삶과 소중한 이들을 돌아볼 겨를도 없는 분주한 세상, 초등학생 아이에게 꿈이 무엇이냐고 묻자 정규직이라고 말하는 세상, 소비가 가장 중요한 자기 정체성의 구축 방법이 되고 쇼핑이 가장 신성한 권리가 되는 세상(이는 우리나라만 아니라 전세계적인 현상이다. 9·11 사태 이후 부시가 패닉에 빠진 자국민에게 전하는 대통령 담화에서 제일 먼저 한 얘기가 무려 쇼핑을 계속하라는 것이었다!), 생태계 파괴로 지구 곳곳에 기후 재앙이 발생하고 방사능 유출로 해물을 맘 놓고 먹지 못하는 세상이 되지 않았는가.

부단히 노력한 덕에 우리는 확실히 전보다 더 잘 먹고 더 근사한 집에서 산다. 하지만 실상은 농약과 항생제로 오염된 채소와 고기를 먹으며 온갖 화학물질을 뿜어내는 집에서 자는 것이 아닌가. 그래서 이번엔 웰빙이란 말을 들고 나와서 유기농 먹거리니 친환경 황토방이니 하며 야단이다. 과거엔 유기농이란 말이 없었지만 농약이나 화학비료도 없었고, 황토방이라고 해서 특별할 것도 없었다. 죽어라 경제 발전하고, 죽어라 환경을 파괴한 대가로 힘들게 돈을 모아서 기껏 한다는 짓이 산업화 이전으로 돌아가는 것이니 이런 똥멍청이가 있을까 싶다. 오염된 환경과 각박한 경쟁 속에 아등바등 살 바에야 물질적으로는 불편해도 자연과 공존하며 풀뿌리 공동체의 우애와 환대 속에 살아가는 부탄—국가 행복 지수 1위로 뽑혔다—같은 나라가 더 복되다고 생각하는 이가 나만은 아닐 것이다.

'버림의 철학'을 설파하는 책《가장 소중한 것부터 버려라》에 나오는 이야기만큼 이러한 모순을 잘 보여 주는 것도 없다.

어떤 여행자는 여행 중 따사롭게 내리쬐는 햇살을 받으며
배에 앉아 꼬박꼬박 졸고 있는 한 어부를 보았다. 그 여행자는

어부에게 왜 고기를 잡지 않고 졸고 있느냐고 물었다. 그러자 어부는 오늘, 내일, 모레, 3일 동안 잡을 분량을 아침에 벌써 다 잡았다며 자랑을 하는 것이 아닌가. 여행자는 이해할 수 없었다. 그렇게 물고기가 많다면 왜 더 잡으려고 하지 않을까? 여행자는 그 어부를 위해 사업 시나리오를 구상해 주었다. 우선, 모터 달린 배를 구입한 후 물고기를 많이 잡아 그것을 팔아서 그것으로 다시 물고기를 더 많이 실을 수 있는 모터 달린 범선을 하나, 아니 두 개 정도 사서 물고기를 더욱 많이 잡아 물고기 가공 공장을 차려 국제무역을 하는 것이 어떻겠느냐고 말이다. 여행자는 자신의 아이디어에 열광했다. 그때 어부가 물었다. 그 모든 것을 다 이루고 나면 무엇을 하느냐고. 그러자 여행자는 곰곰이 생각하더니 한가로이 햇볕을 쬐면서 바다나 바라보면 되지 않겠느냐고 했다. 그러자 어부는 자기가 벌써 그렇게 하고 있지 않느냐고 대답했다.

소박한 녹색의 생활방식

머지않은 과거에 우리는 참으로 가난했다. 일제강점기에 이광수가 "민족개조론"을 쓸 정도로 패배감과 열등감에 휩싸여 있었다. 그러다 보니 서구인들이 전해 준 복음과 함께 그들이 들여온 물질문명을 복음인 냥 받아들였다. 안타깝게도 120여 년이 지난 지금, 서구 물질문명에 대한 성경적 안목을 갖지 못한 한국인 선교사들이 서구식 근대화·산업화를 불변의 진리인 양 제3세계에 확대·재생산하고 있다. 그 결과 오랜 삶의 터전인 창조계가 파괴되고 수천 년을 내려온 지역 공동체가 해체되고 있다. 이전에 우리나라가 그러했던 것처럼 말이다.

아합왕, 오므리왕, 여로보암 2세 치하에서 최고의 번영을 구가하던 시대, 하나님의 예언자들은 역설적이게도 자연 및 이웃과 평화롭게 공존하는 농업적 세계관을 대안으로 제시했다. 그중 미가 선지자는 부자와 권력가들이 가난한 농민의 땅을 접수하여 대규모 농장(라티푼디움, 오늘날로 말하면 기업농)을 추구하는 것에 맞서 소농의 권리를 지켜 내려 싸웠다. 이들 선지자들은 오늘날 우리에게 무엇을 말해 주는가?

하나님이 주시려는 전인적인 참살이the whole wellbeing를 누리려면 근본적으로 다른 삶의 방식이 요구된다. 이를 위해 우리가 취할 수 있는 한 가지 방법은 아미시Amish나 브루더호프Bruderhof 같은 공동체에서 세상의 흐름과는 완전히 다른 삶의 방식으로 살아가는 것이다. 리처드 니부어H. Richard Niebuhr의 《그리스도와 문화》에 나온 교회와 문화의 관계 중 '변혁모델'만이 최고라고 배워 온 한국의 대다수 그리스도인들처럼, 나 역시 아미시 같은 공동체를 시대 부적응자들의 도피성으로 조롱하며 그들에겐 세상을 바꿀 능력도 의지도 없다고 속단했다. 하지만 대부분의 변혁모델이 '변질모델'로 전락하는 것을 목도하면서 분리모델로 간주되는 재세례파 형제자매들의 삶이 얼마나 영향력이 있는지 깨달아 간다. 오늘날의 가장 위대한 신학자인 하우어워스Stanley Hauerwas의 말대로 교회 공동체가 공동체다움을 지키는 것이야말로 어떤 변혁적 시도보다 더 변혁적이다.

더구나 숲속 오두막에서 안빈낙도가 무엇인지 보여 준 《월든》의 헨리 데이비드 소로, 자본주의를 거슬러 자발적 빈곤과 자급자족의 삶을 몸소 실천한 헬렌과 스코트 니어링Helen and Scott Nearing, 산살림, 들살림, 갯살림이 어우러진 변산에서 농촌 공동체를 일구는 윤구병 선생, 켄터키에서 기계농을 거부하고 소박하게 농사를 짓는 이 시대의 선지자 웬델 베리,《정의의 길로 비틀거리며 가다》를 쓴 기독교 아나키스트 리 호이나키Lee Hoinacki를 접하면서 생태적 소농을 비롯한 자족의 삶이야말로 이 시대를 향한 하나님의 부르심 중 하나임을 확신하게 되었다.

하지만 우리 모두가 이러한 구별된 공동체에서 살도록 부름받은 것은 아닐 것이다. 어떤 이들은 성공, 물질, 기술, 속도, 경쟁, 가공, 편리, 첨단, 소비, 풍요, 축적과 같은 것을 추구하는 세상 속에 거하되 세상과는 다른 모습으로 살아가라는 부름을 받는다. '거진이진居塵離塵' 즉, "먼지 속에 거하되 먼지와 떠나 있다"라는 말이 바로 이러한 삶이다. 하지만 안타깝게도 많은 이들이 제국을 거스르는 삶의 방식을 빚어 가기보다는 세상의 흐름을 타는 경쟁에서 앞서 나가는 것으로써 그리스도를 드러내려고 하였다. 이제는 "예수 믿는 이들이 잘돼야 전도도 된다"라는 핑계로 일류대와 전문직, 고급 아파트를 추구한 삶의 방식을 참회하고, 평화, 나눔, 생태, 녹색, 공생, 느림, 공동체, 검소, 묵상, 관상과 같은 생활방식을 추구해 나가야 한다. 그것이야말로 이 세대를 본받지 말고 우리의 몸을 산 제사로 드린다(롬 12:1-2)는 의미일 것이다.

코다: 못난이들의 간증
한때 교계에서 가장 인기 있는 책은 믿음의 세속화된 형태인 긍정적 사고와 생활 습관만 가지면 누구든 성공할 수 있다고 외치는 《긍정의 힘》이었고, 지금도 교회 안에서 울려 퍼지는 메시지는 크게 다르진 않다. 역할모델로 소개되는 이들은 하나같이 하나님 잘 믿어 서울대, 하버드대에 갔다는 사람이거나 신앙의 힘으로 크게 성공했다는 사람들이 아닌가? 그런 책과 그런 분들의 삶이 주는 메시지를 송두리째 부정하자는 얘기가 아니다. 다만 이제는 예수 믿고 유명해진 사람, 예수 믿고 주류 사회에 진출한 사람 대신 예수 믿고 나서 올곧게 살다가 보란 듯 실패한 사람, 예수 믿고 나서 자발적 가난을 선택한 사람, 예수 믿고 나서 느림과 평화, 녹색의 삶을 살게 되었다는 사람들이 간증되고 회자되면 좋겠다. 그리고 이 책을 읽는 이들 가운데 그런 분들이 많이 나오면 좋겠다.

유색인 예수

———

다민족국가를 준비하는 노래

외국 나가면 다 애국자 된다는 말이 있다. 나도 캐나다에 살 적에 거리를 달리는 한국 차를 볼 때나 전자제품 매장에서 톱 브랜드로 진열된 한국 제품을 보면 뿌듯함을 느꼈다. 우리나라가 하루도 조용한 날이 없는 데다 말도 많고 쌈도 많은 탓에 '우리는 안 돼'라는 냉소적인 기조도 팽배하지만 나는 이것도 긍정적으로 본다. 서구와는 달리 국민들이 나라 돌아가는 일에 관심도 많고 똑똑한 사람도 많다 보니 좀 시끄럽긴 하지만, 이것도 다 나라를 바른길 가게 하는 힘이라고 생각한다. 이웃 나라를 소환해서 미안하지만 일당 독재 치하에서 비판의 목소리를 내기 어려운 중국이나 넷우익을 제외하면 소신껏 자기 목소리를 내는 사람이 적은 일본보다는 훨씬 건강하다고 생각한다. 실제로 세계 2차대전 당시 식민지였던 나라 중에 민주화와 경제 성장을 동시에 이룬 유일한 나라가 한국이다. 여기에 케이 팝 등 한류의 전 세계적 확산으로 점점 커져 가는 한국의 소프트 파워와 문화 강국 이미지는 국민들을 '국뽕'에 취하게 만들었다.

경제 하나만 놓고 봐도 70년 전 전쟁의 폐허 위에서 시작해 한국이 이뤄 낸 것을 따져 보면 자부심을 가질 만하다. 반도체, 조선, 전자, 철강, 자동차, IT 등에서 세계 수위를 차지하더니 2020년엔 G8의 경제 대국이 되었다. 미국의 투자은행 골든만 삭스에 의하면, 2050년에는 미국에 이은 두 번째 부국이 될 것이라 하니 실제로 그렇게 될지 안 될지를 떠나 흐뭇하다. 한국의 발전상은 통계로만 나타나지 않는다. 한국 물건이 얼마나 좋은지, 한국의 정보화 수준이 얼마나 대단한지, 한국의 거리가 얼마나 화려하고 안전한지, 인천 공항이 얼마나 훌륭한지, 서울의 대중교통이 얼마나 편리한지 알 것이다.

한국인으로서 우리가 이룬 성취를 자랑스러워하는 거야 자연스러운 반응이지만, 경제 수치와 같은 숫자놀음으로 한 나라가 얼마나 뛰어난지를 판단하는 것은 복음적이지도 성경적이지도 않다. 문제는 산업혁명을 통해 오늘날의 물질문명을 이룬 백인이 제일 뛰어난 인종이고, 그 뒤를 바짝 쫓아가는 동양인이 다음이요, 서구식 근대화에 뒤처지거나 아예 그 길을 따르지 않는 종족이 가장 열등하다고 보는 시각이 좀체 바뀌지 않는다는 데 있다. 자기는 그렇지 않다고 하는 사람도 한국인이 동남아인보다 우월하다는 인식을 부정하지는 못할 것이다. 이런 생각은 그리스도인이 더 심한 것 같다. 선교에도 대놓고 말하진 않지만 미개한 미전도종족을 서구식 내지 한국식으로 계몽하고 발전시켜야 한다는 믿음이 깔려 있다. 사실 서구에서는 독실한 기독교 신자일수록 백인우월적이고 인종차별적이라는 통계가 있다. 하지만 말이다, 하나님이 과연 어떤 민족은 우등하고, 어떤 민족은 열등하게 지었을까?

〈녹색평론〉 발행인 고 김종철 선생이 지적하듯 문명과 야만, 선진국과 후진국이란 구분은 원래 존재하지 않으며, 선진국과 후진국을 가르는 '발전'이란 개념부터가 미국이 유포한 이데올로기에 불과하다. 《경제성장이 안 되면 우리는 풍요롭지 못할 것인가》의 저자 더글러스 러미스C. Douglas Lummis에 의하면, 미국은 2차 세계대전이 끝나고 마땅한 투자 대상을 찾지 못하자 해외로 눈길을 돌리게 되었고, 서구식 산업화 과정을 거치지 않은 국가를 저개발underdevelopment로 명명함으로써 열등감을 조작해 냈다. 이후 선진국developed country, 개발도상국developing country, 후진국underdeveloped country이라는 범주는 나라와 민족의 우열을 보여주는 절대적 지표가 되었고 교회도 이를 충실히 받들어 왔다.

민족과 국가마다 여하한 사정이 있다

독일과 함께 세계에서 가장 기술이 뛰어나다고 간주되는 일본을 예로 들어보자. 일본 차를 손보던 토론토의 한 자동차 정비공이 결함을 찾아내며 "그들도 인간이네요"라고 할 정도로 일본인의 기술력은 감탄의 대상이지만, 그들이 태생적으로 다른 민족보다 우월한 것은 결코 아니다. 일본에는 막부 시대부터 사무라이의 칼 하나를 만들더라도 기술력이 축적될 수 있는 특수한 역사적 배경이 존재한 데다가 칼을 만든 대장장이가 자신의 결함에 대해 죽음(할복)으로 책임지는 전통이 더해져서 오늘날 '기술 일본'이 만들어졌다. 한국과 중국이 일본보다 뒤처진 것은 전통적인 기술 천시 문화에 더해 서구식 산업화를 뒤늦게 시작한 탓이지, 두 나라가 열등해서가 아니다. 실제로 지금은 많은 분야에서 일본을 앞질렀거나 맹렬히 따라잡고 있다.

다음엔 유럽으로 건너가서 스위스의 예를 들어보자. 왜 옛날부터 스위스 하면 '시계'일까? 주위에 기술의 독일도 있고 오랜 세월 유럽 최강국으로 군림한 오스트리아도 있는데 어떻게 해서 스위스 시계가 그렇게 유명해진 걸까? 여기에도 여하한 사정이 있다. 교회개혁자 칼뱅은 직접 제네바를 다스리면서 이전까지 팽배했던 내세 지향적 세계관을 배격하고 지상에서 받은 소명(직업)을 따라 열심히 노동하는 삶을 설파했다. 이에 따라 유럽의 다른 어떤 곳보다 시간을 아껴 쓰고자 하는 새로운 '시간관념'이 생겼고, 이것이 정확한 시계를 만들고자 하는 동기가 되었다. 이에 더해 칼뱅이 여성의 귀금속 착용을 금지함에 따라 일거리를 잃은 보석 세공사들이 시계 제조업으로 전향한 것도 시계 산업 발전에 크게 기여했다.

이번엔 규모를 키워서 세계 전체를 예로 들어보자. 오늘날 선진국인 유럽은 18세까지 거의 모든 면에서 중국을 중심으로 한 동아시아에 뒤졌다. 그러던 유럽이 식민지 침탈과 산업혁명을 거쳐 물질적·군사적으로 앞서 나가게 된 배경에는 서구인들의 고질적인 침략주의적 성향과 물질 중심적 가치관이 있었다. 《수량화 혁명》의 저자 앨프리드 크로스비Alfred W. Crosby에 의하면 실재라는 것을 수량화된 개념으로 정리하는 유럽인들의 사고

방식이 19세기 유럽 제국의 패권을 가져왔다고 말하는데, 이 역시 수긍이 가는 설명이다. 유럽인들은 지식을 개념화·수량화·통계화했고 이를 금속활자 인쇄술을 통해 대량 보급함으로써 지식의 축적을 폭발적으로 증가시켰다. 반면, 우리나라를 비롯한 동양의 경우 지식이란 '스승과 제자' 간의 도제식 학습을 통하여만 전수될 수 있다고 믿었던 데다가 물질을 정신보다 천시하는 전통과 맞물려져서 서구의 산업혁명과 같은 것이 일어날 수 없었다.

말이 나온 김에 조선 기술이 훨씬 더 발달해 있던 중국이 아니라 유럽이 신대륙을 발견할 수 있었던 배경도 이야기해 보자. 고려대학교 강수돌 교수의 설명처럼 중국은 명나라 시절 정화의 원정대가 아프리카까지 진출한 적도 있었지만(이 당시 정화의 배는 동시대 유럽의 배와 비교하면 과장 좀 보태서 항공모함급이었다), 땅덩어리가 워낙 크다 보니 항시 중앙집권이 주요 관심사였다. 그러니 해외 진출을 도모함으로 발생하는 해상 거점은 중앙 집권 체제에 커다란 짐이 될 수밖에 없었다. 여기에다가 '오랑캐에게 무슨 선한 것이 날 수 있느냐'는 특유의 중화사상도 해외 진출에 회의를 갖게 하였을 것이다. 실제로 중국은 비단길 무역을 통해 접한 서구 문물에 시큰둥했고 무역 흑자는 늘 중국의 차지였다. 반면, 유럽은 좁은 땅에서 경쟁이 심하다 보니 시야를 외부로 돌리게 되었고 결정적으로 편서풍이 무사히 대서양을 가를 수 있게 해 주었다.

다시 일본으로 돌아가 보자. 이번엔 기술력 대신 도덕성을 논해 보자. 일본인은 세계에서 가장 예의 바르고 공중도덕을 잘 지키는 국민으로 알려져 있지만, 이 역시 국민성이 본래 다른 나

캐나다의 한 산파 사무실에 걸린 작품이다. 컬러가 아니라 느낌이 덜하지만, 지구 별에서 다양한 인종이 어우러져 더불어 사는 모습을 담은 작품이다. 참고로 우리 집 애들은 안방에서 태어났다.

라보다 더 뛰어나서가 아니다. 일본은 전통적인 전체주의적 사고방식으로 인해 개인이 전체에 폐를 끼치면 절대 안 된다는 '메이와쿠迷惑' 풍토가 강하고, 가정이든 회사이든 자신이 속한 집단의 명예를 해친 사람은 응분의 이지메를 당하기 때문에 남의 눈을 거스른 행동을 하기가 어렵다. 휴지 하나 없이 깨끗한 일본 거리를 보면서 그들의 도덕성에 감탄만 할 것이 아니라, 거기에 스며든 전체주의적 억압을 볼 필요가 있다. 유럽에서 가장 윤리적이라는 독일이 일본처럼 파시즘의 역사를 갖고 있는 것은 결코 우연이 아니다.

필립 얀시는《놀라운 하나님의 은혜》에서 처자식을 둔 한 일본 남자가 교도소 출감 이후 자살한 이야기를 전한다. 이 남자가 수치스러운 죄를 짓고 감옥에 들어가자 그의 가족은 지역사회에 폐를 끼친 범죄자 가족으로 낙인이 찍힌다. 그의 가족은 자신들에게 폐를 끼친 남편과 아버지에게 면회 한 번 가지 않았을 뿐더러, 출소 이후에도 내내 차갑게 대한다. 사회에서는 물론 가족에서도 받아들여지지 못한 이 남자는 끝내 자살로 생을 마감하고 만다. 얀시는 이 비극을 예로 들며 일본을 은혜 없는 사회로 규정한 다음, 겉보기에는 탁월한 일본의 도덕성이 실상은 집단주의에 기초한 일본식 율법주의 때문임을 고발한다. 내가 이런 말을 하는 것은 값싼 반일 감정 때문이 아니다. 기술이든, 도덕성이든 한 나라에 무언가 뛰어난 것이 있다면 거기에는 반드시 특정한 배경이 있다는 것을 말해 주고 싶을 따름이다.

인종도 마찬가지이다. 예로부터 추위와 맞서 싸워야 했던 백인들은 일찍이 생존을 도모하기 위한 기술 문명이 발달한 반면, 연중 산물이 풍부한 열대에서는 흑인들의 여유로운 성품에 맞춰 산업 대신 음악이 발달했다. 내가 이런 말을 하면 미국 흑인들의 범죄율과 빈곤율을 거론하며 도덕과 능력 모두 열등한 인종으로 낙인찍는 분들도 있지만, 애정 어린 상상력을 조금만 발휘해 봐도 그런 무식한 소리를 할 수 없다. 생각해 보라. 150년 전 노예해방 당시 요즘처럼 보상을 해 준 것도 아니고 이제 자유를 줬으니 알아서 살라는 건데, 교육과 취업 기회도 없는 이들이 어떻게 살아가란 얘긴가? 그렇다고 오늘처럼 복지 개념이 있던 것도 아니다. 자본과 기술이 없는 흑인들은 입에 풀칠이라도 하려면 농장에 남아 종살이를 이어 가야 했다. 굶어죽으면 죽었지 백인에게 굽신거리는 짓은 못하겠다며 도시로 떠난 이들은 슬럼이라 불리는 빈민가로 모였고 거기에서 범죄가 늘어났다. 오랜 노예살이로 윤리적 주체성을 상실한 데다가(일본 강점기 식민지 경험이 우리 민족의 도덕성을 얼마나 황폐하게 했는지 모른다. 지금도 가끔 그 잔재가 보인다. 하물며 짐승 같은 노예 생활이랴) 중산층 백인들은 한 번도 경험해 보지 못한 열악한 환경, 그리고 짐 크로 법Jim Crow laws이라고 치가 떨릴 정도로 악랄한 차별법이 1960년대 마틴 루터 킹 목사 시절까지 공식적으로 존재했고, 비공식적으론 오늘날까지 이어진 현실이 흑인들을 범죄자로 만들었다고 하면 내가 약자라고 감싸 주기만 하는 것일까? 30대 이상 흑인 남성 중 65퍼센트가 최소한 한 번은 체포된 경험이 있다는 통계치를 접하면서 우리는 인종 편견을 확증할 것이 아니라, 아직도 인종 평등으로 갈 길이 요원하다는 것을 절감해야 한다.

  이것은 흑인만의 이야기가 아니다. 식민 통치를 겪은 나라는 대개가 다 그렇다. 이민자의 도시 토론토에서 거짓말하고 예의 없다고 욕먹는 사람들은 대개 식민 통치를 겪은 나라 사람들이다. 인종차별과 식민 통치를 당해 본 적 없는 백인들은 그들을 비난하기 전에 과거 자신들이 어떻게 한 국민의 도덕과 정신을 파괴했는지 뉘우쳐야 한다. 북미 원주민을 생각하면 눈물만 난다. 조상 대대로 수천 년간 살아온 땅을 백인에게 뺏기고 보호구역에 갇혀 사는 그들의 실상을 통계로 보면 경악스럽다. 마약중독 1위, 알코올중독 1위, 성폭행 1위, 자살률 1위, 교육 수준은 최저이며 삶의 질이나 만족도도 바닥이다. 이게 다 원주민이 열등해서 그런 것인가?

직분의 민족적·인종적 다양성

나는 성령이 교회 공동체의 지체마다 각양 다른 은사를 주시듯이 지구 공동체에도 인종마다 각양 다른 은사를 주셔서 이 초록별이 한쪽으로 치우치지 않는 풍성한 별이 되게 하셨다고 믿는다. 백인이 지식과 기술의 측면에서 인류에 공헌했다면 흑인들은 춤과 음악과 스포츠의 영역에서 우리네 삶을 가멸게 했다. 내게 "다 사도이겠느냐 다 선지자이겠느냐"(고전 12:29)라는 말씀은 "다 백인이겠느냐 다 흑인이겠느냐"라는 말씀으로 읽힌다. 천한 직분, 귀한 직분이 따로 있는 것이 아니라, 우월한 인종, 열등한 민족이 따로 있는 것이 아니라, 부름받은 모습을 따라 교회 공동체를 섬기듯이 지음받은 모습을 따라 지구 공동체를 섬기는 것이다.

서구 문명에 젖은 우리는 백인들의 기여를 절대적으로 보지만 기실 백인들의 해악이 훨씬 더 컸다. 백인 문명이 우리에게 선사한 것이 무엇인가. 내가 좀 부정적인 면만 부각하는지는 몰라도 악랄하기 이를 데 없었던 제국주의와 식민주의, 지구를 수천 번이라도 끝장낼 수 있는 핵무기와 온갖 무차별 살상 무기, 지독한 성차별과 인종차별, 그리고 처참한 생태계 파괴가 아니었나. 역사상 가장 잔인한 인종 학살, 이를테면 7천만 북미 원주민 학살로부터 시작해 3천 5백만 잉카 원주민 학살, 6백만 유태인과 집시 학살도 다 백인의 짓이었다.

나는 백인과 황인이 만든 첨단 기기가 없어도 불편한 대로 살아갈 수 있지만, 흑인이 선물한 소울, 블루스, 알앤비, 레게, 힙합, 재즈, 삼바, 살사, 보사노바, 룸바, 그리고 록앤롤(백인 음악으로 알려졌지만 원류는 역시 흑인 음악이다)이 없는 세상은 상상하기 힘들다. 게다가 마이클 조던의 페이더웨이 슛이나 호나우지뉴의 발기술이 없으면 무슨 재미로 스포츠를 보겠는가. 만약 지난 백년간 스탈린, 히틀러 같은 백인들만 있었고 마틴 루터 킹, 투투 주교, 넬슨 만델라, 간디(넓게는 인도인이 흑인으로 취급되기도 한다)와 같은 흑인들이 없었더라면 이 세상이 어떻게 되었을지 상상만 해도 끔찍하다.

우리 시대의 선지자들

우리는 보통 모든 판단의 기준을 서구에 두고 있지만, 하나님도 그렇게 보실지 나로서는 의문이다. 탈식민주의postcolonialism까지 운운하지 않더라도 우리의 실생활을 조금만 비판적 시각으로 둘러보면 온통 서구의 것이 기준임을 발견하게 된다. 의식주와 대중문화는 물론이거니와 세련됨의 정의, 미에 대한 안목, 성공의 지표도 다 서구의 것이다. 책꽂이에 꽂혀 있는 세계문학전집도 실은 서구문학전집이고, 세계미술사나 세계음악사도 실은 서양미술사나 서양음악사이다. 대학의 학제와 커리큘럼은 물론이거니와 고전과 교양도 다 서양인들이 정해 놓은 것이다. 동서양을 막론하고 학위를 받으려면 논문을 써야 하는데 서구에서 건너온 논문이라는 방식의 글쓰기가 지식을 담아내는 최상의 그릇인지 의문이다. 당장 동아시아권만 해도 경의經義, 서론書論, 문답問答, 도설圖設, 잡설雜設 등 다종다양한 글쓰기가 존재하지 않았나. 지금의 서구식 논문이란 것은 데카르트 이후의 학문관과 지식관에 부합하는 지식을 생성하기 위한 글쓰기 장치일 뿐이다. 보다 근본적으로 지식의 정의부터 문제가 있다. 지식이란 것이 서구 학문에서 말하듯 반드시 오감에 의해 경험되고 또 논리적인 분석과 논증을 거쳐야 하는 것일까. 하나님에 대한 지식만 해도 그런 지식과는 거리가 멀잖은가.

한 아프리카 학자가 바르게 지적한 것처럼, 서구만이 누구의 삶이 더 진보한 것이며 더 문명화한 것인지 판단할 수 있다고 보는 것은 매우 그릇된 생각이다. 잠시도 가만있지 않고 끊임없이 자원을 가공하여 생산을 계속하고 소비를 계속하는 서구의 물질문명은 우상숭배에 빠질 위험이 훨씬 더 크지만, 화려하고 풍요로운 것을 무조건 더 좋다고 보는 탐욕스런 우리의 죄성이 "보암직도 하고…탐스럽기도 한"(창 3:6) 서구의 생활방식을 우위에 둔 것뿐이다. 어쩌면 서구식 물질문명을 따르지 않은 나라와 민족이야말로 참된 문명국가이며 선진 민족일지도 모른다.

마치 무한 경쟁 사회에서 소박한 시골 소농의 삶이 우리에게 더 많은 것을 가르쳐 주듯이 말이다. 일반은총의 관점에서 보자면 서구화되지 않은 나라들은 탐욕을 숭배하지 말고 이웃 및 자연과 더불어 소박하게 살아가라고 외치는 우리 시대의 선지자들이라 할 수 있다.

코다: 종말론적 수치를 피하여

한나와 마리아라는 두 여성의 위대한 노래가 가르쳐 주듯, 하나님은 교만한 자를 낮추시고 비천한 자를 높이시는 분이다. 지독한 선민의식을 품었던 유대인들은 교만과 불순종으로 인해 구원의 자장 밖으로 밀려나고 정작 그들이 사람 취급을 하지 않던 이방인들이 먼저 십자가 구원의 은혜를 입게 되었다. 흔히 역사는 반복된다고들 한다. 만약 서구인들이 그네들의 혈통과 문명에 대한 우월의식을 버리지 않는다면 머지않아 수치를 당하고, 그들이 열등하다고 깔보는 유색인종들이 존귀하게 될 날이 올 것이다. 그리고 우리 한국인 역시 인간을 착취하고 자연을 파괴하면서 성공, 물질, 풍요, 속도, 편리, 첨단을 좇는 서구 물질문명만을 전부로 여긴다면, 또 우리처럼 능숙하게 서구화되지 않은 다른 민족을 무시한다면, 언젠가는 백인들과 함께 종말론적 수치eschatological shame를 맛보게 될 것이다. 대신 근대화 및 산업화되지 않았다는 이유로 서구인들에게 멸시받는 동료 유색인들과 연대solidarity하여 평화, 나눔, 공생, 정의, 검약, 녹색의 삶을 추구한다면 주님 오실 날 높이 들림을 받을 것이라고 믿어 의심치 않는다.

부록: 다민족국가의 문지방에 서서

20년 전 필리핀에서 온 노동자 델핀Delphine과 친구로 지낸 적이 있다. 필리핀에 계신 부모님께 대신 돈을 부쳐 드리고, 월급 떼먹은 회사 사장한테 전화해 말싸움을 하고, 우리 교회에 초대해 같이 예배하고 밥 먹고, 쉬는 날이면 노래방에서 함께 고성방가를 하고, 나중엔 불법체류자가 된 그의 출국을 돕고자 출입국관리사무소에 다녀왔던 그 시절만 해도 델핀과 같이 다니면 흘끗 쳐다보는 사람이 적지 않았다. 그런데 이제 버스에서 이주노동자를, 거리에서 결혼이주여성을, 학교에서 다문화가정 자녀를 마주치는 것은 일상사가 됐다.

2018년 처음으로 다문화가정 가구원이 100만 명이 넘었다. 2040년이면 다문화가정에 속한 인구가 352만 명에 달할 정도로 우리 사회는 급속히 다민족사회로 옮겨 가고 있다. 그런데 우리의 묵은 의식은 이러한 현실을 끌어안기에는 너무 메꽃다. 후진국에서 온 촌스런 애들이 이상한 말을 하며 다니는 게 거슬린다는 사람, 반만년 동안 이어 온 자랑스러운 단일 혈통이 더럽혀질 거라고 흥분하는 사람, 심지어 노동력과 시골 처녀만 부족하지 않으면 다 쫓아내고 싶다는 사람도 적지 않다. 교회에 다니는 사람들의 시각과 심정도 별다르지 않은 것 같다. 교회는 이주노동자를 복음으로 변화시켜 본국에 복음전도자로 파송하고자 하는 선교적 관점만 갖고 있을 뿐 우리와 더불어 이 땅을 살아가며 하나님 나라를 함께 이루어 갈 동반자로 보는 데에는 여전히 서툴다.

이방인 예수

성경은 '이방인 됨paroikia'의 이야기로 가득하다. 아브라함은 본토 아비 집을 떠난 이민자였고 이삭과 야곱은 이민 2세와 3세에 해당한다. 요셉은 아동 인신매매를 통해 외국에 팔려 간 경우이고, 야곱 일가는 가족 초청 이민으로 이집트 영주권을 취득한 사례이다. 미디안 광야로 달아난 모세는 정치적 난민에 다름 아니고, 이집트에서 혹사당하던 이스라엘 백성은 3D 업종에서 일하다 산업재해를 당하는 이주노동자로 볼 수 있다. 기생 라합은 유흥업소에서 일하는 이주여성을 생각나게 하고, 나오미는 이민 나갔다가 실패하고 돌아온 역이민자의 전형이다. 룻은 결혼이주여성에 가깝고 룻과 보아스의 증손으로 태어난 다윗은 다문화가정의 자녀인 셈이다. 다니엘과 느헤미야는 귀화한 사람 중에 고위직에 오른 인물에 속하고 에스더는 미모 덕분에 신분 상승한 외국 여성쯤 될 것이다. 이들은 모두 밖에 남아 배제되는 경험을 하며 소속되지 못하는 느낌 sense of unbelongingness에 시달렸다.

하나님은 히브리인들이 이방 풍습을 받아들이지 않도록 엄중하게 경고하셨지만, 한국처럼 단일민족의 신화에 사로잡힌 그들이 쇼비니즘chauvinism에 빠지지 않도록 여러 장치를 설치해 두셨다. 이방인들을 히브리인의 역사와 생활 속에 심어 놓으신 것이다. 예수 그리스도의 족보에 앞서 언급한 라합과 룻, 두 이방인 여성이 떡하니 이름을 올린 것, 출애굽 때 선택받은 히브리인 외에 허다한 다른 민족이 동행한 것(출 12:38, 'other people'을 '잡족'으로 옮긴 개역개정 성경의 어휘 선택부터가 배타적이다), 가

나안 정복전쟁 시 기브온 거주민이 이스라엘과 화친하여 여호와의 단을 위해 섬기게 하신 것(수 9장)을 생각해 보라. 또 극심한 기근 중에 하필 이방인인 사렙다 과부가 택함을 받고 수많은 한센병자 중에 외국인인 나아만 장군이 나음을 입은 것, 사마리아 땅이 앗시리아의 통혼 정책으로 다문화지역이 되게 허락하시고 이를 통해 유대인들의 배타적인 국수주의를 책망하신 것, 다윗과 예수님에게만 주어진 "내 목자"(사 44:28)라는 호칭을 페르시아의 고레스에게 선사하시고 기름부음받은 자(사 45:1)로 삼아 메시아를 예표하게 하신 것, 그리고 이방인 중에서 제사장과 레위인을 세울 거라는 폭탄선언을 이사야를 통해서 하신 것(66:21)을 상고해 보라.

예수님 역시 민족주의의 반대편에 서 계셨다. 그 자신이 하늘에서 이 땅에 온 이민자Jesus is immigrant par excellence였고 실제로 태어나자마자 이집트로 도망가서 난민refugee으로 지내셨다. 이러한 예수님이 외국인 혐오증xenophobia을 깨뜨리고 외국인 애호증xenophilia을 몸소 행하신 것은 당연한 귀결이다. 아기 예수를 제일 먼저 뵙고 경배할 수 있는 영광이 동방박사에게 주어진 것은 그 시작에 불과하다. 사마리아 여인, 나인성 과부, 수로보니게 여인, 로마 백부장의 경우에서 보듯이 그분은 민족주의의 문지방을 걷어차고 구원의 자장 밖에 소외된 이방인들을 끌어안으심으로 오만한 유대주의자들이 도리어 역차별을 겪도록 하셨다.

위협이 아닌 선물로서의 이방인
예나 지금이나 언어와 문화, 피부색과 종교가 다른 이방인들은 기존 정주민들에게 해롭거나 위험한 존재로 간주되고 차별과 혐오를 견뎌야 한다. 이 땅의 이주노동자, 결혼이주여성, 다문화 가정, 귀화자, 난민은 롯이 소돔 사람—이 말을 했던 소돔의 망나니들은 신나치주의자를 비롯한 배타적 민족주의자의 원형이다—에게 들었던 이 말을 여전히 듣고 있다. "이놈이 우리 땅에 들어와 몸붙여 사는 주제에!"(창 19:9, 표준새번역 및 현대인의성경)

정언定言하건대, 여러 형태의 이주자와 다문화가정은 우리를 위협하는 존재가 아니다. 알고 보면 이들은 하나님의 선물이다. 우리 안의 거짓된 단일민족 신화와 그에 기초한 국수적 민족주의를 바꿔 줄 선지자들이며, 성경에서 그렇게 강조하는 이방인을 향한 환대hospitality를 실천하게 해 줄 복덩이들이며, 조금만 다르면 억압이 가해지는 한국 사회의 전체주의적 획일성을 고쳐 줄 치유자들이며, 사회정치적 약자들을 들어 강자를 부끄럽게 하시는 하나님을 경험하게 해 줄 사역자들이며, 주류 사회에서 외면당하는 다른 소수자들을 우리보다 더 잘 돌보아 줄 수 있는 선한 사마리아인들이다.

다시 코다: 얼굴의 명령을 들으라

그들의 얼굴은 여전히 우리에게 낯설고 불편한 것이 사실이다. 하지만 우리보다 훨씬 더 '상처받기 쉬움vulnerability' 속을 살아가는 그들의 얼굴을 정직하게 대면한다면 레비나스Emanuel Levinas가 말했듯 그 연약한 얼굴이야말로 우리에게 이웃 사랑을 명령하는 예수님의 목소리임을 알게 될 것이다.

그 목소리를 듣고 이 땅의 지극히 작은 이방인 한 명을 환대하면 훗날 우리 주님이 오셔서 양과 염소를 가를 때에 환히 웃으며 이렇게 말씀하시는 것을 듣게 될 것이다. "너희는 내 아버지의 복을 받은 사람들이니 와서 세상 창조 때부터 너희를 위하여 준비한 이 나라를 차지하여라. 너희는 내가…나그네 되었을 때에 따뜻하게 맞이하였다"(마 25:34-35, 공동번역).

목수집 큰애 예수

———

My Best Friend Was Born in a Manger

고요한 밤 거룩한 밤. 내가 10년간 거한 북미의 성탄절은 사람들의 씀씀이가 한국과 겨룸이 되지 않는다. 어찌나 돈을 마구 써 대는지 심하게 말하면 이날 쓰고 죽자는 식인 것 같다. 실제로 쇼핑몰은 크리스마스 시즌에 연 매출의 반을 올린다고 하고, 소비자는 이때 펑펑 긁은 카드빚을 갚느라 1년 내내 일한다고 한다.

선물과 과소비로 도배가 된 성탄절의 모습은 어제오늘 일이 아니다. 미국의 작가 싱클레어Upton Sinclair는 오래전에 이렇게 탄식했다. "이날 수억 명의 사람들이 쓰지도 않을 십억여 개의 선물을 사고, 수천 명의 상점 직원들은 물건 파느라 힘들어 죽을 지경이고, 서구 세계의 모든 아이들은 과식으로 병에 걸린다. 이런 일들이 겸손한 그리스도의 이름으로 행해진다."《멋진 신세계》를 쓴 헉슬리Aldous Huxley 역시 20세기 초에 이런 글을 썼다. "디킨스의 시대에는 그리스도의 성탄일을 과식과 만취로만 축하했었다. 종들을 제외하고는 아무도 선물을 받지 않았다. 오늘날 크리스마스는 우리 자본주의 경제의 하나의 주된 도매상이다.…모든 사람이 다른 모든 사람들과 선물을 강제적으로 교환하게 되고, 그 결과 상인들이나 제조업자들만이 큰 치부를 하게 되었다." 그러니 내가 일전에 페이스북 담벼락에 올린 "산타 오셨네, 예수 우셨네Santa Came, Jesus Wept"라는 말이 한 번 웃고 지나갈 말이 아닌 것이다.

서양의 크리스마스가 소비문화의 결정판이라면 한국의 크리스마스는 음주문화와 섹스문화의 결정판이다. 성탄이면 주主의 은총을 상징하듯 거리가 하얀 눈에 덮이기를 바라지만, 실상은 주酒의 은총을 상징하듯 취객의 구토로 덮여 있다. 성탄이면 우리 마음이 온기로 젖어 있길 바라지만, 성탄聖誕이 아닌 성탄性誕인지 모텔 침대는 죄다 분비물로 젖어 있다. 연중 콘돔이 가장 많이 팔리는 시기가 성탄절이고, 바캉스 베이비보다 크리스마스 베이비가 더 많단 말이 빈말이 아닌 듯싶다. 이러한 성탄절의 성적 문란과 소비 행태는 우리 시대의 압축 파일이다.

성육신에 대한 묵상

예수님을 1년에 한 번 놀게 해 주는 분으로 여기는 사람들이야 그렇다 치더라손, 왜 그리스도인들조차 교회 행사를 빼놓으면 별 다를 바 없는 성탄을 보내는 것일까. 예수 믿는다는 것이 반문화주의자나 금욕주의자가 되는 것이 아닌 이상, 캐럴과 트리에 기분이 들뜨고 선물과 데이트에 마음이 설레는 것이야 그리스도인도 일반일 것이다. 안타까운 것은, 그런 것들 없이는 크리스마스 같지도 않다는 말을 교회에서 듣는 것이다. 왜 주님이 이 땅에 오셨다는 사실이 그런 것보다 우리를 흥분시키지 못하는 것일까?

성탄에 앞서 4주간 대림절Advent을 지키며 주님 맞을 준비를 하면 좋으련만 교회력을 따르지 않는 교회에서는 의무 방어전 치르듯이 달랑 성탄절 예배 한 번과 부대 행사가 전부이다. 그래서일까, 교회를 그리 오래 다녔는데도 성육신에 대한 묵상의 깊이가 너무 천하고 박하다. 하나님이 아기로 이 땅에 오신 것에 대한 정서적 반응도 빈곤할 따름이다.

유대인 아버지와 과거 침례교 신자였던 어머니 사이에서 태어나 정통 유대교로 개종한 뒤, 다시 그리스도인이 된 특이한 신앙 경력의 소유자 로렌 위너Lauren F. Winner는, 그녀의 진솔하고 재미난 회심 이야기《소녀, 하나님을 만나다Girl Meets God》에서 성육신에 대한 진한 묵상을 보여 준다. 위너는 골수 유대교인으로 살아가던 자신이 기독교인이 된 것은 전적으로 성육신 덕분이라고 고백하면서 자신이 믿는 기독교를 "격하게 성육신적인 것 radically incarnational"이라고 표현한다. 그녀의 묵상을 우리말로 옮겨 보자.

하나님은 너무 위대하고 온전해서 우리는 결코 그분을 알 수 없다. 우리는 그분을 가질 수 없고 파악할 수 없다. 모세는 시내산에 올라가서 하나님 얼굴의 광채를 보았을 때 이를 깨달았다. 하지만 하나님은 우리와 너무나 사귀고 싶어서 우리가 조금이라도 그분을 알 수 있도록 스스로 자신을 작고 초라하게 만드셨다.

사람으로 태어난 것이 그분이 작아진 첫 번째 사건은 아니다. 하나님은 시내산에서 율법을 계시하면서 이미 작아지신 적이 있다. 그분은 무한한 자신을 인간의 유한한 언어(히브리말) 안으로 축소시켜서 우리가 그분의 길을 갈 수 있게 계명을 주셨다. 이어서 그분은 사람 아기의 크기, 즉 구유의 유한성으로 줄어드셨다.

제인 야르몰린스키는 이렇게 썼다. "사람의 형태를 취하신 하나님에 대한 모든 개념과, 그것에 관한 전례와 의식儀式이 내게는 전혀 이해가 되지 않았다. 굉장했던 어느 날, 나는 그것이 너무나 단순하기 때문임을 깨달았다. 육체를 지닌 사람에게, '사랑'과 같은 중요한 것들은 육체적(혹은 물질적)인 것으로 구현되어야 한다have to be embodied. 그렇지 않으면 사람들은 억만년이 지나도 사랑에 대해 알지 못할 것이다. 억만년이 지나도, 절대로.

초고층 빌딩 앞의 개미가 그 건물이 얼마나 큰지 가늠할 수 없듯이 우리는 타고난 유한성 더하기 타락 때문에 하나님의 사랑을 볼 수 있는 비전을 상실했다. 그러자 하나님은 우리를 바꾸는 대신 먼저 자신을 바꾸셨다(모든 사랑은 자신을 먼저 바꾸려 든다). 사랑이 말씀을 육신이 되게 하셨다. 보고 듣고 만질 수 있는 물질이 되셨다. 그리고 마침내는 우리를 위한 먹을거리(참된 양식)와 마실 거리(참된 음료)가 되어 주셨다. 그분이 우리를 위한 물질이 되어 주셨다면 다른 무슨 물질이 더 필요하겠는가?

가장 큰 역설

하나님은 사람의 몸으로 오시되 타자의 도움 없이 살 수 없는 갓난아기로 오셨다. 사실 결혼하기 전까지는 '아기 예수'란 말이 얼마나 큰 은혜인지 잘 몰랐다. 아이 넷을 낳고 키우고서야 '전지전능한' 하나님이 '무지무능한' 아기로 오신 것이 얼마나 큰 사랑인지 발견한다. '스스로 계신' 분이 '스스로 살 수 없는' 신생아로 오신 것이 얼마나 큰 신비인지 알게 되었다. 마리아와 요셉을 죽이기도 하시고 살리기도 하시는 분(삼상 2:6)이 자신의 생사여탈권을 되레 그들에게 넘겨준 역설을 어떻게 설명해야 하는 것일까.

묵상 시간에 대개는 잠자고 있기 일쑤인 우리의 상상력을 조금만 더 가동해 보면 하나님이 아기로 오셨다는 그 흔한 발화가 얼마나 경악스러운 일인지를 깨닫는다. 우리를 신령한 젖과 땅의 소산으로 친히 먹이시는 엘 샤다이(젖가슴을 지닌 하나님)의 하나님이 한 여인의 젖을 빨아 생존과 성장을 도모한 역설, 우리의 모든 언행 심사를 불꽃같은 눈으로 감찰하시는 엘로이(하나님이 감찰하시다)의 하나님이 요람에 눕혀져 그 몸짓 하나하나가 육신의 부모에게 감찰되는 역설을 어떻게 설명해야 할까. 우리의 모든 허물을 씻기신 여호와 카데쉬(여호와가 거룩하게 하시다)의 하나님이 사람의 손으로 몸이 씻기고 똥오줌이 닦이는 역설, 인간의 모든 쓸 것을 채워 주시는 여호와 이레(여호와가 준비하신다)

의 하나님이 인간 부모의 손으로 모든 필요를 공급받는 역설, 인간에게 평화를 주시는 여호와 샬롬(하나님은 평강이다)의 하나님이 사람의 자장가를 들으며 평화롭게 잠든 이 역설을 대체 어떻게 설명해야 하는가?

더욱 기가 막힌 것은 예수님께서 아기로 오시되 하늘에서 툭 떨어진 옥동자로 오신 것이 아니라, 엄마 배 속에서 열 달 동안 지음을 받았다는 것이다. 온 세상의 창조주이신 분이 친히 오장육부를 지어 준(시 139:13) 피조물에 의해 다시 오장육부를 지음받은 것이다! 생명의 근원이 되신 그분께서 자궁 안에서 2개월에 2센티미터, 3개월에 9센티미터 하는 식으로 자라나는 과정을 거친 이 신비 앞에 말문이 막히는 것은 나만이 아닐 것이다. 더구나 잘못되면 세상 빛도 못 보고 유산될 수도 있는, 게다가 이 악한 세대에는 쉽게 지울 수 있는 태아로 오셨다는 사실 앞에 엄숙해지지 않을 사람은 없으리라. 오스왈드 챔버스Oswald Chambers는 《주님은 나의 최고봉》에서 성육신의 경이는 주님이 평상의 유년 시절을 보낸 데 있다고 했지만 내 보기에 성육신의 최고봉은 주님이 태아로 양수 속에서 헤엄치신 데 있다.

갓난아기의 고난

심지어 주님은 우리 주위의 여느 아가들이 받는 환영과 축하조차 받지 못했다. "예수/ 아기 예수여/ (중략)/ 그대는 조롱받는 하나의 태아에 불과했으리!"라고 한 보들레르Charles Baudelaire의 시 "교만의 죄"의 한 구절대로 예수님은 미혼모의 배 속에서 손가락질받는 사생아였다. 요셉이 만삭으로 거동이 힘든 마리아를 굳이 머나먼 베들레헴까지 데려간 것은 처녀가 임신한 것을 두고 주위 시선이 곱지 않았기 때문이었다. 내가 네 아이의 아버지라서 잘 아는데, 배냇아기도 자신이 사람들에게 기쁨인지 아닌지를 느낀다. 시므온에게서 사람들의 배척을 받을 것이라는 예언을 받았던(눅 2:34) 아기 예수님은, 태어나기도 전에 이미 배척을 받았다.

예수님의 탄생은 또한 어떠한가? 갓난아이에게 어울리지 않지만 고난이란 말 외에 더 적합한 말을 찾기가 힘들다. 요셉과 마리아가 호적을 하러 몰려든 사람들로 때아닌 호황을 맞은 여관을 이곳저곳 전전하다가 끝내 마구간에서 출산한 것은 내남이 다 아는 사실이다. 그런데 우리는 마구간을 흔히 영화나 성탄 카드에 나오듯 나무로 지어진 다분히 낭만적인 모습의 농장 건물로 생각한다. 고증에 의하면 당시 여관의 마구간이라는 것은 여행객들이 몰고 온 말과 당나귀를 넣어 두는 동굴이었다고 한다. 습하고 음침하며 횃불 한두 개를 밝혀 놓아 겨우 어둠을 면하게 한 어두컴컴한 동굴을 그려 보라. 바닥에는 말이 싸 놓은 똥과 각종 오물로 범벅이 되고 환기가 되지 않아 냄새가 진동하는, 아기를 받는다고는 도저히 생각할 수 없는 바로 그런 곳에서 예수님이 태어나신 것이다. 어디 그뿐인가. 당시의 말구유 역시 돌로 만든 것이라고 하니 예수님을 거기 뉘였을 때 겉옷(강보)과 건초를 깔았다 해도 싸늘한 냉기를 다 막을 수는 없었을 것이다. 태어난 후에도 고난은 이어졌다. 헤롯의 칼날을 피해 갓난아이와 산모가 출산 후유증도 가시지 않은 채 이집트까지 그 먼 길을 도망갔으니 얼마나 큰 고생이었겠는가?

우리 딸 화니가 '우주복'을 입고 교회 크리스마스트리 앞에 선 모습. 텔레토비를 떠올린 교회 청년이 화니 머리 위에 부츠 한 짝을 올렸다. 척 봐도 '나는 안전해요. 사랑받고 있어요'라는 눈빛이 느껴지지 않는가. 예수님의 험악한 탄생을 생각하면 고맙고 죄송할 따름이다.

가이사의 성탄, 아기의 성탄

신학자 리처드 호슬리에 의하면, 예수님 당시의 연말 풍속도는 오늘날과 상당히 흡사했다고 한다. 로마의 연말연시는 무력과 전쟁으로 온 천하에 평화를 가져다준 신적 구원자인 가이사의 탄생을 축하하는 축제로 수놓아졌다. 거리 행진과 자선 식사, 화려한 게임이 행해졌고 세계 각처에서 들어온 진귀한 사치품과 산해진미가 축제의 기분을 더해 주었다. 그 와중에 저 멀리 변방의 땅 팔레스타인에서 초라하기 그지없는 전혀 다른 성격의 구세주가 태어났다. 모두가 우러러보던 로마의 구주는 땅에서 시작한 인간이되 '신격화'되어 하늘로 높여진 반면, 아무도 거들떠보지 않은 아기 구주는 하늘에 계신 하나님이되 '성육신'하여 땅으로 낮아졌다. 전자는 부귀와 권력으로 추종자에게 번영과 풍요를 가져다준 반면, 후자는 낮아짐과 죽음으로 추종자에게 구원과 평화를 가져다주었다.

영화에 나오는 미국의 전형적인 성탄절 장면을 떠올려 보자. 가족이나 친구들이 화려하게 장식된 트리 곁에 둘러앉아 있다. 벽난로에서 타고 있는 장작불은 따스한 기운을 더해 주고 잔잔한 캐럴과 은은한 조명은 성탄 분위기를 돋워 준다. 창밖에는 하얀 눈이 소복소복 쌓이는데 만찬을 준비하는 냄새가 마음을 더 훈훈하게 해 준다. 만약 우리의 크리스마스가 이런 다복한 시간을 누리는 것으로 그칠 뿐 아기 예수가 겪은 고난이나 낮아짐이 없는 것이라면, 예수님이 아닌 가이사의 탄생을 축하하고 있는 것이라 한들 틀리지 않으리라.

보내는 성탄에서 사는 성탄으로

성탄은 아기 예수님의 오심을 기뻐하는 잔치의 시간이면서 동시에 그분의 낮아짐과 고난을 배우는 특훈 기간이다. 그럼 구체적으로 어떻게 해야 하냐고? 소소하지만 작은 것부터 바꿔 보자. 집에 트리를 세우되 예수님의 오심을 맞이하는 신부의 마음으로 꾸미자. 카드도 예수님 빠진 공허한 카드 말고 구주의 탄생을 기리는 카드를 고르자. 케이크를 먹는다면 아기 예수님의 탄생을 축하하며 촛불을 밝히자. 선물을 준비한다면 우리끼리 나누지 말고 동방박사처럼 보배로운 선물을 아기 예수께 드리자. 그런데 우리 집 애들의 말마따나 예수님이 우리 선물을 직접 받아 가는 것도 아닌데 어떻게 주님께 선물을 드릴 수 있는가?

바로 이 대목에서 지극히 작은 자에게 한 것이 바로 내게 한 것이라는 주님의 말씀을 떠올려야 하리라. "너희는 내가 굶주렸을 때에 먹을 것을 주었고 목말랐을 때에 마실 것을 주었으며 나그네 되었을 때에 따뜻하게 맞이하였다. 또 헐벗었을 때에 입을 것을 주었으며 병들었을 때에 돌보아 주었고 감옥에 갇혔을 때에 찾아 주었다. 이 말을 듣고 의인들은 이렇게 말할 것이다. '주님, 저희가 언제 주님께서 주리신 것을 보고 잡수실 것을 드렸으며 목마르신 것을 보고 마실 것을 드렸습니까? 또 언제 주님께서 나그네 되신 것을 보고 따뜻이 맞아들였으며 헐벗으신 것을 보고 입을 것을 드렸으며, 언제 주님께서 병드셨거나 감옥에 갇히신 것을 보고 저희가 찾아가 뵈었습니까?' 그러면 임금은 '분명히 말한다. 너희가 여기 있는 형제 중에 가장 보잘것없는 사람 하나에게 해 준 것이 바로 나에게 해 준 것이다' 하고 말할 것이다"

(마 25:35-40, 공동번역).

주님이 우리를 위해 가용可用한 물질이 되셨듯이, 우리 역시 우리를 필요로 하는 이들에게 쓸 수 있는 물질이 되어야 한다. 성탄이 되어도 찾아갈 사람도 찾아올 사람도 없는 외로운 사람들, 즐거운 캐럴 소리가 도리어 부담이 되는 가난한 사람들, 연말연시가 되어도 사랑하는 이들을 볼 수 없는 갇힌 사람들, 세상 모든 사람이 행복하게만 보이는 이날조차 억압과 착취로 신음하는 사람들에게, 볼 수 있고 만질 수 있고 먹을 수 있는 물질이 되어야 한다. 그리고 그것이야말로 주님에게 드리는 최고의 성탄 선물이 될 것이다.

이러한 점에서 성탄은 보내는 것이 아니라 사는 것이라고 말할 수 있다. 세상은 세상대로 막 나가지만 신앙인만큼은 거룩한 성탄을 보내자고 하는 건 좋은데 안타깝게도 '그들만의 축제'로 그치는 것 같다. 음란과 소비로 치닫는 세상과 달리 칸타타와 새벽송을 즐기고 감사의 선물을 나누는 것은 분명 아름다운 일이다. 하지만 그것은 성탄을 잘 보내는 것일지언정 성탄을 잘 살아 내는 것은 아니다. 성탄은 매년 치르는 절기나 행사가 아닌 우리가 평생을 살아 내야 할 삶의 방식인 것이다.

코다: My best friend was born in a manger

강렬한 메탈 사운드를 자랑하는 디씨 토크dc talk의 노래 'Jesus Freak'의 한 대목처럼 우리의 고백도 이러해야 하리라. "내 가장 친한 친구는 구유에서 태어났지My best friend was born in a manger."

변두리 예수

———

postlude

이 시대의 변두리 성자들에게 바치는 노래

"당신이 만난 하나님은 어떤 하나님인가요?"

우리는 교회에서 종종 이런 질문을 듣곤 합니다. 사랑의 하나님, 치유의 하나님, 여호와 이레의 하나님 등 여러 답변이 나옵니다. 제가 만난 하나님을 묻는다면 저는 망설임 없이 '변두리 하나님'이라고 대답할 겁니다. 1990년대 후반 동료 사역자들과 가난한 서울 구로동 연립주택 지하에 교회를 개척, 한부모가정의 아이들과 지낼 때부터 빈자와 약자를 들어 부자와 강자를 부끄럽게 하는 하나님이 저의 하나님이 되었습니다. 변두리의 주목받지 못하는, 남들처럼 돈도 빽도 없고 가방끈도 길지 못해서 정말 예수 없이는 '이노무' 세상에서 아무런 소망도 없고 아예 소망을 가질 자격도 없는 사람들을 들어, 세상을 자기 맘대로 주무를 수 있다고 믿는 강남 선민들의 우월감을 수치로 바꾸시는 그런 하나님 말입니다.

변두리 인생을 높이 드시는 하나님은 한나나 마리아 같은 여성들의 노래나 예수님의 메시아 취임선언문에 이르기까지 성경 속에서 도도한 한 흐름을 이루고 있습니다. 그런데 오늘날의 기독교는 가난하고 무시받는 이들에게 기쁜 소식이 되는 종교가 아니라 중산층 이상의 종교, 먹고살 만해야 다닐 수 있고 남에게 조금은 내세울 것이 있어야 다닐 수 있는 그런 종교로 귀착되는 것 같습니다. 아무리 강단에서 하나님은 모든 사람을 부르신다고 외쳐도 솔직히 돈 없는 이들, 배우지 못한 이들에게 교회는 내 집처럼 편하게 드나들 수 있는 곳이 아닙니다. 아니, 그 이전에 최소한의 생계유지 때문에 일요일에도 교회에 올 수 없는 사람이 허다합니다.

본디 기독교는 가난하고 억압받는 자들의 종교로 출발했습니다만 콘스탄티누스가 기독교를 로마의 국교로 정하면서 원초적 야성을 잃어버리고 부와 권력에 길들여졌습니다. 그 흐름이 지금까지 이어지면서 아직도 많은 기독인은 지배층의 신학, 즉 유럽과 북미의 중산층 백인 남성 신학Euro-American white male middle class theology의 영향 아래 예수 그리스도가 이 땅에서 얼마나 지독한 바닥 인생을 살았는지 체감하지 못합니다. 그분은 이 땅에 오실 때 미혼모에서 태어난 사생아 취급을 받았고, 유년기를 이집트에서 난민으로 지냈고, 갈릴리에 돌아와서는 빈민가의 노동자로, 공생애 사역 중에는 머리 둘 곳조차 없는 홈리스이자 기존의 체제를 위협하는 반정부인사로 간주되는 등 철두철미하게 변두리 인생으로 살아가셨습니다. 베트남 출신의 미국 아시아신학자 피터 판Peter Phan 교수는 예수를 '최고의 변두리인the marginalized person par excellence'으로 칭하기까지 합니다. 그러한데도 우리 주님의 구원 사역을 이러한 변두리성과 관련 없이 가르치거나 심지어 주류 사회에 속한 그리스도인의 입맛에 맞도록 길들이는 것은 가장 비성경적이고 비역사적인 '예수 읽기'라고 할 수 있습니다.

예수의 변두리성

주류 교회의 설교에만 익숙한 사람들은 이런 이야기가 무슨 자유주의 신학처럼 불편하게 들릴지도 모릅니다. 하지만 예수님의 변두리성peripherality에 대해 대충 떠오르는 것만 스윽 적어 봐도 이렇게나 차고 넘칩니다.

0. 예수님은 배냇 시절부터 그 어미의 입을 통해 보잘것없는 이들에게 희망을 주는 이로 노래 불렀다(눅 1:51-53). 오늘날에도 그런 예수가 노래 불리기를.

1. 마리아는 주위 사람들에게 미혼모 취급을, 태중의 예수님은 사생아 취급을 받았다(성령의 잉태라는 말을 누가 믿었겠는가!). 남자만 가면 되는 호적 등재에 굳이 여자인 마리아가 그것도 만삭의 몸을 끌고 장거리 여행에 따라나선 것은 요셉 없이 주위의 따가운 시선을 견뎌 내기 힘들기 때문이었으리라(눅 2:5). 미혼모와 사생아들에게 이 시대의 마리아와 예수들이 나오기를.

2. 예수님은 해산이 임박해 온 마리아에게 방을 비워 주는 사람 하나 없는 야박한 인간들의 외면 속에 마구간으로 쓰이던 춥고 눅눅한 동굴에서 태어났다(눅 2:8). 혹독한 곤경 속에 도움의 요청조차 거부당한 이들이 사회를 향한 증오심을 씻어 내고 작은 예수로 거듭나기를.

3. 그의 탄생을 제일 먼저 보러 온 것은 당대 사회에서 거칠고 못된 부류로 취급받던 목동들이었다(눅 2:15-20). 오늘날도 바닥 인생들이 먼저 주의 영광을 보게 되기를!

4. 예수님은 출생하자마자 헤롯의 칼을 피해 이집트로 정치적 망명을 떠났고 거기에서 난민으로 지냈다(마 2:13-15). 민주화운동의 희생자를 비롯한 억압받는 이들과 함께하는 주님, 이 땅의 난민, 이주노동자, 결혼이주여성 등 이방인과 함께하는 주님을 발견하게 하소서.

5. 예수님이 태어나고 첫 번째로 받은 예언은 많은 이들에게 사랑과 환영을 받는 인기인이 된다는 것이 아니라, 사람들을 분열시키고 엄청난 배척과 반대를 받는 눈엣가시로 살게 된다는 것이었다(눅 2:34-35). 그분은 실제로 중심부의 암살 위협에 시달리는 변방의 '미운털'로 살아가셨다. 한국 교회가 약한 자 편에 서서 기득권층의 배척과 반대를 당할 수 있다면, 불의와 맞서 싸우다 암살 위협을 받을 수 있다면 얼마나 영광스러울까. 혼 소브리노Jon Sobrino가 간파한 대로 나사렛 예수는 급진 혁명파의 지도

자였던 바라바보다 기존 사회에 더 큰 위협이었다. 우리가 급진적인 정치 세력보다 기득권층에 더 위협이 되지 않는다면 예수님을 닮기에는 한참 멀었음을 깨닫게 하소서.

6. 예수님의 가족은 수도 예루살렘에서 먼 갈릴리 촌구석, 그것도 빈민굴과 우범지대로 악명 높은 나사렛에 정착했다. 나사렛에서 무슨 선한 것이 날 수 있느냐는 발언에서 그곳이 당대 최악의 주거지임을 새삼 자각한다(요 1:46). 그런 환경에서 자란 예수님은 공생애 사역의 대부분을 종교, 문화, 정치, 경제의 중심인 예루살렘이 아닌 갈릴리의 가난하고 낙후된 동네와 이방 지역을 돌며 복음을 전했다. 지방 출신과 빈민가 출신이 강남의 선택받은 귀족을 부끄럽게 하기를.

7. '목수집 큰애' 예수님은 천한 육체노동자의 맏아들로 가족의 생계를 거들었다. 실제로 그들은 제물로 겨우 비둘기를 드리는 가난한 집안이었다(참고. 눅 2:24; 레 12:8). 주님, 저는 비정규직 노동자들이 근무 시간 중에 눈치가 보여 화장실도 제대로 못 가다가 방광염에 걸렸단 말을 듣고 눈물이 납니다. 하루라도 결근하면 잘릴까 봐 10년간 부모님 제사에도 못 갔단 말을 들으면 의분이 솟구칩니다. 비정규직 부모, 육체노동자인 부모를 둔 가난한 집안의 청년들에게 복음이 현실 도피적 위로가 아닌 실제적 구원이 되게 하소서.

8. 예수님은 메시아사명선언문Messianic mission statement(눅

4:18-19)에서 가난한 자와 눈먼 자와 눌린 자와 종된 자에게 복음과 눈뜸과 자유와 희년을 가져다줄 것을 공포함으로써 그의 복음이 낙오자와 실패자loser를 위한 복음임을 분명히 하였다. 우리가 누구를 위해 살고 누구를 위해 일하는지 돌아보게 하소서. 우리도 모르는 사이에 지배층과 불의한 시스템을 섬기며 약자들을 억압하고 있는 것은 아닌지 돌아보게 하소서.

9. 예수님은 당신이 메시아인지 새삼 확인하고 싶어 하는 세례 요한에게 병든 자가 나음을 입고 가난한 자에게 복음이 전파된다는 말로 당신이 메시아임을 확인해 주었다(마 11:5). "당신은 그리스도인입니까?" 하는 질문에 "저는 가난한 이들에게 복음을 전합니다"라는 말보다 더 좋은 대답을 찾지 못하는 한국 교회가 되게 하소서.

10. 예수님은 거듭해서 천국이 가난한 자들의 것임을 분명히 하였다(눅 6:20). 심령이 가난한 자가 복이 있다고 한 마태와 달리 누가는 아무 수식 없이 가난한 자가 복이 있다고 하였다. 가난한 이들에 대한 하나님의 편애God's partial love를 믿는 우리가 되게 하소서.

11. 예수님의 사역은 대부분 실제로 상종 못 할 인간들(창녀, 세리), 가난하고 병든 이들, 사회적으로 외면당하는 이들(한센병자), 사회적 약자들(어린이, 여자, 이방인)을 중심으로 이뤄졌다. 이들을 가까이하기 위해 기꺼이 "먹보와 술꾼"이 되었으며 "죄인의

친구"란 별명이 생길 정도였다(마 11:19). 한국 교회는 이들을 위해 돈을 보내고 기도는 하되 정작 그들을 가까이하지는 않습니다. 용서하소서.

12. 그리고 결정적으로 예수님은 '성문 밖'에서 죽음을 당했다(히 13:12). 우리도 거기서 죽게 하소서.

성문 밖의 예수

그분이 성문 밖에서 죽었다고 하는데, 그렇다면 예수가 죽은 성문 밖은 어떤 곳인가요? 그곳은 성전에서 제사를 드릴 때 쓰고 남은 희생의 찌꺼기를 버리는 곳이자 성 안의 지배층이 배출한 분뇨와 쓰레기를 투기하는 곳이었습니다. 사람들이 꺼려 하는 불결하고 위험한 곳slum이었고, 성 안에서 거할 수 없는 거지, 범죄자, 한센병자와 같은 상종 못 할 인간들이 머무는 곳이었습니다. 놀라운 것은, 코스타스가 《성문 밖의 그리스도Christ Outside the Gate》에서 밝혔듯이 예수님이 해골이라 불린 성문 밖 언덕에서 대속의 죽음을 이루심에 따라 구원의 장소가 성전(사회 중심부)에서 성문 밖(변두리)으로 이동했다는 것입니다. 즉, 죄 사함과 구원의 선포라는 성전의 기능을 자신의 몸으로 손수 감당함에 따라 지배층의 종교적 배설물(희생 제물의 사체)과 경제적 배설물(상류층의 생활 쓰레기, 참고로 당대 대부분의 사람은 배출할 쓰레기조차 없었다)을 뒤적이며 연명하던 굴욕의 땅이 지성소로 바뀌었습니다. 할렐루야!

사무엘상 2장 1-10절에 소개된 한나의 노래를 잘 알 겁니다. 나는 그 시에서 "거름더미에서 뒹구는 빈민을 들어 높이셔서 귀족들과 한자리에 앉게 하시고"라는 구절을 읽을 적마다 가슴이 뜁니다. 고대 사회에서 거름더미란 무엇이겠습니까? 다름 아닌 성문 밖에 쌓아 놓은 인분 무더기입니다. 이렇게 한나는 1,100년 전에 이미, 성문 밖에서 죽음으로써 변두리 인생들의 희망이 되신 분의 성취를 예언한 것입니다.

성문 밖의 주께로 나아오라

성문 밖에 죽은 예수를 소개한 히브리서 저자가 우리에게도 그 길을 가자고 요청하는 것은 놀라운 일이 아닙니다. "[성문] 밖에 계신 그분께 나아가서 그분이 겪으신 치욕을 함께 겪자"(히 13:13, 공동번역)라고 초대하는 것은 극히 자연스러운 귀결입니다. 아버지께서 아들을 보내셨던 것처럼 아들 역시 우리를 보내어(요 20:21) 버림받은 땅을 구원과 생명이 넘치는 곳으로 바꾸기를 바라십니다.

별똥별 같은 높은 곳에 있는 물체가 낮은 곳으로 떨어지면 그 낙하의 폭이 갖는 위치에너지만큼의 빛과 열을 발산하듯이, 우리가 높은 수준의 생활을 포기하고 낮은 데로 내려오면 그 낮아짐의 폭만큼 빛과 열을 발산할 수 있습니다. 그렇습니다. 우리가 마땅히 누릴 수 있는 기득권을 포기하는 만큼 어둔 세상에 빛을, 차가운 사회에 열을 전할 수 있습니다. 예수님이 누구보다도 밝은 빛과 뜨거운 열이 되신 것은 가장 높은 보좌 위에서 가장 낮은 십자가의 자리까지 누구보다도 큰 낙하를 감행하셨기 때문입니다. 마찬가지로 우리의 사회적 영향력은 정확하게 중심부의

저 높디높은 보좌에서 이 지상의 별로 오신 예수님.

안락한 삶을 접고 변두리로, 광야로 나아가는 그 거리만큼의 영향력입니다. 오늘날 예수를 따라 성문 밖으로 나아가는 사람들, 로버트 맥카피 브라운Robert McAfee Brown의 표현을 빌리자면 '하나님의 지하 조직God's underground'이라 불리는 공동체가 이 땅 곳곳에 심어져서 자본(맘몬)과 국가(권세)의 통치에 균열을 내기를 기도합니다. 또한 주류 기독교의 넓은 길을 버리고 좁은 길을 따라 걷는 영적 게릴라spiritual guerilla들이 강호 곳곳에 출몰하여 하나님 나라 삶의 방식을 번식시키기를 기도합니다.

코다: 변두리 축도

상류층에 올라가려고 애쓰지 말고 도리어 사회의 낮은 자들과 즐거이 연대하라(롬 12:16)는 말씀을 받들어,

the powerless	힘이 없어서 원통한 일을 당하는 이들의 눈물을 닦고
the voiceless	자신의 목소리를 내지 못하는 이들의 목소리가 되고
the helpless	아무런 도움을 받을 길이 없어 막막한 이들의 도움이 되고
the hopeless	몸부림쳐도 삶이 더 나아질 것 같지 않다는 절망 속에 사는 이들에게 희망이 되고
the outcast	내어쫓기어 아무도 벗할 이 없는 이들의 곁이 되고
the marginalized	여기에도 저기에도 속하지 못하고 경계선에서

몸 둘 곳 모른 채 살아가는 이들의

거처가 되고

the invisible 아무런 존재감도 없어 눈에 뜨이지 않는

이들을 밝히고 드러내는 빛이 되기를 바라는,

그래서 성문 밖 변두리 땅이야말로 하나님이 가장 즐겨

거하시는 땅임을 경험하고 증명하기로 결단하는 이 시대의

모든 '분닥세인트들'에게

변두리 성자이신 예수님의 은혜와 변두리 성부이신 하나님의

사랑과 변두리 보혜사이신 성령님의 사귐이 함께 있을지어다.

아멘.

개정판

욕쟁이 예수: 미처 보지 못한 예수의 25가지 민낯

박총 지음

2022년 8월 29일 초판 1쇄 발행

펴낸이 김도완
등록 제2021-000048호
   (2017년 2월 1일)
전화 02-929-1732
전자우편 viator@homoviator.co.kr

펴낸곳 비아토르
주소 서울시 종로구 삼일대로 428, 500-26호
   (우편번호 03140)
팩스 02-928-4229

편집 이지혜
제작 제이오

디자인 김진성
인쇄 (주)민언프린팅

제본 다온바인텍

ISBN 979-11-91851-39-7 03230